泉州师范学院桐江学术著作出版基金资助出版

企业创意人才
生态系统健康研究

QIYE CHUANGYI RENCAI
SHENGTAI XITONG JIANKANG YANJIU

林 剑◎著

中国财经出版传媒集团

经济科学出版社
Economic Science Press

图书在版编目（CIP）数据

企业创意人才生态系统健康研究/林剑著．－－北京：
经济科学出版社，2022.12
ISBN 978－7－5218－4493－1

Ⅰ.①企… Ⅱ.①林… Ⅲ.①企业管理—人才管理—
研究 Ⅳ.①F272.92

中国国家版本馆 CIP 数据核字（2023）第 014263 号

责任编辑：杜 鹏 常家凤 刘 悦
责任校对：王苗苗
责任印刷：邱 天

企业创意人才生态系统健康研究

林剑 著

经济科学出版社出版、发行 新华书店经销
社址：北京市海淀区阜成路甲 28 号 邮编：100142
编辑部电话：010-88191441 发行部电话：010-88191522
网址：www.esp.com.cn
电子邮箱：esp_bj@163.com
天猫网店：经济科学出版社旗舰店
网址：http://jjkxcbs.tmall.com
固安华明印业有限公司印装
710×1000 16 开 17.75 印张 250 000 字
2022 年 12 月第 1 版 2022 年 12 月第 1 次印刷
ISBN 978－7－5218－4493－1 定价：98.00 元

前　言

创意人才是 21 世纪最宝贵的资源。本书以创意人才为研究对象，以生态理论为研究视角，采用理论演绎和理论归纳、实地调研和系统分析、实证研究与规范研究相结合并适度突出定量分析的方法，从构建企业创意人才生态系统健康理论模型入手，通过实证分析来发现系统健康与企业绩效之间的作用路径和影响效果，不仅为创意企业竞争优势的挖掘与提升提供现实依据，而且为创意理论研究的深入与拓展提供理论支撑。本书的主要创新性工作及结论概括为以下几个方面。

（1）对创意及创意人才进行概念界定。将创意界定为以人类创造力思维为基础、以科技为动力、以文化为背景、以管理为手段的价值实现过程。同时，认为创意人才是源于创新人才、创造性人才、知识型人才的一个溯源和延伸概念，是具有创业意识、创新精神和创造能力，能够胜任岗位要求，利用文化资源与科学技术来从事产品的策划、生产和经营管理的劳动群体。

（2）构建企业创意人才生态系统。首先，基于生态系统内在构成与演化规律提出企业创意人才生态系统概念，构建了以创意人才为主体、创意组织为结构、利益相关群体互动为环境的三位一体生态模型。其次，从生态位宽度、重叠以及维度三方面揭示了创意人才在组织中所处的位置及发挥的功能。最后，基于复杂适应系统（complex adqptive systems，CAS）原理分析了系统七大特征，即"聚集""非线性""流""多样性""标识""内在模式""构造模块"特征。

（3）提出企业创意人才生态系统健康命题。本书认为，在宽容的创意氛围、适度多样的胜任主体和高效运转的管理机制共同作用下，创意企业能够通过管理手段来快速适应嬗变的企业环境，以维持较高企业绩效水平的一种稳定状态或动态过程。同时，本书提出支撑系统健康的内在机理，即自组织耗散、多样维持、冗余调节、进化发展、学习适应和竞合共生。

（4）揭示企业创意人才生态系统健康影响因素的内在运行规律。实证研究除了验证以创意人才胜任力为主体因素、创意企业双元能力为组织因素以及创意氛围为环境因素的实证模型，还揭示了系统健康内部构成要素与绩效之间的复杂关系。第一，系统健康能够直接促进绩效的提升，且对长期绩效的提升效果明显大于短期绩效；第二，从整体上看，创意人才胜任力能够直接促进绩效的提升，但知识、能力以及特质三个对绩效的影响效果不同，尤其得到了创意知识对绩效影响效果不显著的结论；第三，创意企业双元能力对绩效具有直接效应，体现为探索能力对长期绩效具有显著正向影响，而利用能力对短期绩效具有显著正向影响；第四，创意企业双元能力在创意人才胜任力与绩效之间起中介作用，体现为创意企业探索能力在创意人才胜任力与长期绩效之间起中介作用，创意企业利用能力在创意人才胜任力与短期绩效之间起中介作用；第五，创意氛围在创意人才胜任力与绩效之间以及创意企业双元能力与绩效之间能够部分起到正向调节作用，其中，政策氛围对创意人才胜任力的调节效应以及文化氛围对创意企业双元能力的调节效应均不显著，这与已有研究结论相反，可成为日后研究的一个重点与方向。

林剑

2022 年 11 月

目　录

第 1 章

绪论

1.1 问题的提出

21 世纪是创造力的世纪，以思维和观念为核心的创意不仅改变着人类的日常生活，而且将成为未来世界经济发展的主要驱动力。作为改革开放的总设计师，邓小平同志的新发展观给中国社会带来了巨大的变化，毫无疑问，没有大胆创新，今天的中国也不会有如此巨大的成就。2019 年 3 月 10 日，习近平总书记在参加十三届全国人大二次会议福建代表团审议时强调：要营造有利于创新创业创造的良好发展环境。要向改革开放要动力，最大限度释放全社会创新创业创造动能，不断增强我国在世界大变局中的影响力、竞争力。美国国家政策创新大师刘易斯·M. 布兰斯科姆教授也曾经说过未来世界的成功不是取决于技术、政府、管理或者是权力，而是完全取决于像科学家、艺术家、企业家等其他富有创意的人才以及彼此之间的新型互动关系。

创意人才是现代社会发展的推动者和实践者，创意人才的集聚会自然产生技术、投资和就业等经济增长源。能否拥有大量创意人才，汇聚创意源，将成为影响企业发展、产业升级、城市繁荣和经济转型的关键因素。以创意企业为例，这种新兴的企业形态结合了历史文化积淀、人类智慧结晶和现代科技成果，其创意含量密度之高，扩散之快，已经迅速发展成为创意经济时代市场的引领者。创意人才是创意企业的核心力量，是创意企业人力资源的重要组成部分。在对企业创意人才生存和发展问题的理论探讨中，从生态学视角阐释人力资源与企业、环境的互动现象和演变规律，已经逐渐成为战略讨论、学术研究及企业应用的普遍范式[1]。

1.2　研究背景

1.2.1　创意经济浪潮的兴起

1.2.1.1　生产要素的变迁为创意经济的发展提供基础来源

由联合国贸易和发展会议组织发布的《创意经济展望：创意产业国际贸易趋势》公布的数据显示，2010～2015 年世界创意商品和服务贸易总金额达到创纪录的 9 641 亿美元，增长 129.66%，远高于商品贸易增速。发展中国家创意商品的出口增长势头则更为强势。我国文化产品国际市场占有率高达 33%，且呈现连年攀升趋势。[2]创意经济已经开始成为世界经济增长的新引擎。厉无畏在《创意改变中国》一书中对创意经济的内涵给出了较为明确的界定，他认为，创意经济是工业化演化升级的产物，以文化创意为支撑、以消费需求为导向，通过创新和创意的转化来促使产业升级、经济增长以及社会发展[3]。笔者认为，创意是知识、技术和文化的结合体，创意经济是人类创造能力不断进步的产物，是相对于农业经济、工业经济的一种新经济形态，它的出现不仅使经济增长方式有了新的改变，更重要的是对人类的思维方式和工作方式产生了颠覆式的影响，如图 1.1 所示。农业经济时代构建在对自然资源和体力劳动高度依赖的基础之上，而工业经济则以投资为主要经济驱动要素，大规模的投资和生产催生了对资金、劳动力以及土地的大量需求。在知识经济时代，生产要素发生了改变，有形的投资驱动逐渐被知识、信息、技术等无形资产所替代，对知识劳动者的需求也日益增多。创意经济是知识经济纵深发展的新阶段，与传统单纯依赖资本、土地等实体资源来驱动的经济发展模式不同，创意经济建立在知识、技术、信息尤其是文化资源基础之上，更加强调对蕴藏在人脑中创意思维的激发和运用，更加突出人的主体地位，使创意人才逐渐成为新兴经济价值实现的动力和源泉[4,5]。

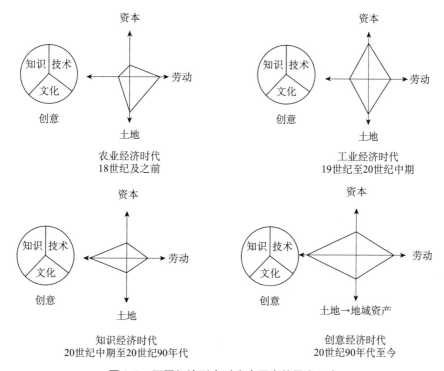

图 1.1　不同经济形态对生产要素的需求组合

1.2.1.2　创意氛围的合力为创意经济的发展提供必要条件

创意经济特别强调地区创意氛围的重要作用。理查德·佛罗里达提出区域经济增长的驱动力是由技术（technology）、人才（talent）和宽容度（tolerance）

所构成的，即著名的"3T"理论，他认为一个具有包容性、开放性和创造性的社会氛围在激发创意源的同时，能够吸引大量不同类型的创意人才集聚，而创意人才又将会带来丰富的知识和技能来促使技术的进一步创新，最终实现区域经济的持续增长。近年来，在"3T"理论的基础上，佛罗里达又增加了支撑创意经济发展的第四个元素，即地域资产（territory assets）。地域资产有别于传统经济学对有形土地资源的认识，是对宽容度（tolerance）的进一步细化和延伸，是某个地区内建筑环境、自然环境、文艺活动、人群互动等有形和无形环境因素构成的独特区域生态氛围[6]。创意生态环境是创意人才生存和发展的基础，创意人才喜欢聚集在拥有开放精神、充满朝气活力和富有美感触动的城市和国家中，偏爱历史古迹、文化场馆或者街头艺术活动，热衷居住在拥有洁净空气、杰出建筑、顺畅交通、独特景观的创意社区中，由此也汇聚更多创意资源，吸引了众多企业纷至沓来，从而使文化资本的价值得到最终实现。"3T"到"4T"的演变突破了对创意经济的线性思考，其内涵变化的实质正是创意活动本身对地域环境依赖程度越来越高的必然产物。"3T 理论"与"4T 理论"的逻辑关系如图 1.2 所示。

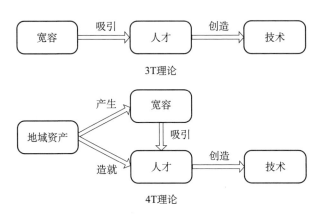

图 1.2　3T 理论与 4T 理论的内在联系

　　创意经济的发展与文化资源密不可分。文化作为一个民族精神力量的内在表现以及社会物质财富的集中反映，其重要的战略地位已经日益凸显，文化竞争逐渐演变成当今世界各国综合国力较量的新角力场。一个拥有优势文化并善于组织和运用文化资源与生产关系相结合，进而推动技术和制度创新的国家，往往能够在激烈的国际竞争格局中处于主导地位。20 世纪 90 年代，随着世界经济格局的不断调整变换，以文化资源为基础，融合先进科学技术以及现代经济发展模式的新兴产业形态——创意产业应运而生。西方国家如英国、美国、德国以及亚洲的韩国、日本、新加坡等经济发达国家都相继把发展创意产业作为本国产业结构调整、增加就业保障以及经济转型发展的新战略，并以此在世界经济竞争中赢得主动。以美国为例，作为世界文化市场最发达的国家，美国文化产业产值占其 GDP 的比重在 25% 以上，仅好莱坞电影就长期占有全球电影市场 70% 的份额。

在世界创意经济浪潮的影响下，我国企业发展也面临重要的战略期。传统一味依靠大规模资源开发以及低附加值产品来支撑企业发展的经营模式日益受到挑战，中国企业作为世界工厂的主导地位备受威胁，中国制造需要向中国智造转变。因此，从管理实践的角度来看，企业转型发展必须融入更多的创意元素，更加突出文化、知识与智力在企业生产要素中的核心地位。

1.2.2　文化强国战略的实施

1.2.2.1　创意产业大发展是文化强国战略的重要内容

由于历史原因，我国对创意产业的重视比较晚。1998 年，国家在文化部设了文化产业司，专门负责文化产业发展政策的制定以及具体指导，这标志着我国文化强国战略的初步确立。2001 年，《国民经济和社会发展"十五"规划纲要》提到了"深化文化体制改革，完善文化经济政策，推动有关文化产业发展"。2002 年，党的十六大报告从政治高度上提出了"加快文化体制改革和文化产业发展"，表明了 21 世纪文化经济时代的到来。2006 年是中国创意产业发展的元年，《国家"十一五"时期文化发展规划纲要》首次提出"文化创意产业"概念并对产业发展做了重要部署，由此拉开了我国创意产业大发展的序幕。2007 年，党的十七大报告再次强调了发展文化产业的重要性，将文化建设与政治建设、经济建设和社会建设列入实现小康社会目标的重要手段。2009 年，国务院颁布了《文化产业振兴规划》，从而确立文化强国战略的正式形成。2010 年，文化部制定的《全国文化系统人才发展规划（2010－2020 年）》将创意人才开发纳入文化强国的战略规划中，提出未来 10 年，我国"要培养造就规模宏大、门类齐全、结构合理、梯次分明、素质优良的文化人才队伍这一宏伟目标"。

党的十八大以来，以习近平同志为核心的党中央高度重视文化产业发展，我国创意产业进入高速发展时期，出现了文化创新创业创造的新浪潮，文化与数字技术高度融合，逐渐形成了区域创意产业生态圈[7]。2021 年 6 月，《国家"十四五"时期文化产业发展规划》提出"坚持以创新驱动文化产业发展""构建创新发展生态体系""深入实施高质量产业人才培养扶持项目"等重要举措，为新时代创意生态的高质量发展指明了方向。

1.2.2.2 创意人才竞争力不强制约文化强国战略的实施

通过 10 多年的努力发展，创意产业作为文化强国战略实施的重要手段，其活力已经愈加明显。《中国创意产业发展报告（2020）》的研究数据也表明，我国创意产业近年来的发展呈现出与以往不同的态势：规模空前、增速明显、结构优化。2019 年，我国文化及相关产业增加值突破 4 万亿元，占 GDP 比重为 4.5%。在许多行业增速都放缓的情况下，创意产业的发展充分展现了我国创意产业的活力。然而，与此形成鲜明对比的是，创意人才总量不足、质量不高是目前制约我国创意产业发展的主要瓶颈。

美国专业创意人员数量超过 500 万人，而整个创意阶层总数达到 3 850 万人，创意人才总量占总就业人口的 30% 以上；日本有超过 5 000 万人受过创意培训，创意从业人员在总就业人口的比例超过 15%[8]。我国创意产业主要集中在经济发达地区，创意人才也主要分布在北京、上海、广州等大城市。以上海为例，上海目前各行业的从业人员有 1 376.2 万人，其中文化创意产业所属领域的从业人员不到 200 万人，占总就业人口不到 2%。如果具体到全国，这个比例更低。此外，由于目前国内绝大部分创意产业是从传统行业转型而来的，相关从业人员对创意知识的理解和创意实践技能都比较薄弱，整体素质偏低，普遍存在着受教育程度不高、技术等级过低、地区分布不均、知识结构单一等问题。从学历上看，我国创意产业从业人员学历水平主要集中在高中和大专；从技术等级看，绝大部分从业人员仍处于初级水平；从区域分布看，从业人员仍主要集中在沿海经济发达地区，西部内陆地区相关从业人员比重不足 1%，而且人才流失现象日益加剧；从专业结构看，从业人员仍集中在策划和设计等传统文化行业，动漫游戏、工艺时尚等新兴创意产业从业人员较少，整体从业人员的知识结构比较单一，至于精通管理、法律和外语的复合型经营管理人才或者是高端创意人才更是凤毛麟角[9]。创意人才整体竞争力不强导致创意企业发展滞后，绩效水平难以提升。

创意企业是创意人才开发的主要力量，承担着人才使用与发展、创意生产和转化的重要任务。如何发挥创意企业对文化资源的整合能力？如何实施创意企业的人力资源管理？如何提升创意人才的创意能力？这些不仅是创意企业发展中亟须解决的问题，更是国家文化事业大发展中面临的重要议题。

1.2.3　管理与创意日益融合

天马行空的创意与中规中矩的管理从表面上看是相互矛盾的。但是，随着生产要素内涵的不断丰富，以人类创造力为本源的要素驱动模式催生了经济转型，而以文化、知识和技术为内核的创意则突破了艺术领域的专属，逐渐以生产力的角色在商业领域中发挥重要作用。因此，为了使零散式的创意能够真正实现市场化并创造经济价值，就迫切需要规模化和规范化的产业运行机制来进行干预。与此同时，微观视角里的组织管理为创意完成产业赋予的目标提供了实现条件和保障手段，创意与管理相互交融，创意管理成为企业管理理论发展的新阶段，对员工创业意识、创新精神和创造能力的塑造和培养成为管理框架中的核心部分[10]。

1.2.3.1 企业管理焦点的转变

从企业管理理论的演进脉络来看，创意作为企业管理的焦点日益显现。

第一阶段，以劳动分工为中心阶段（18 世纪 60 年代到 20 世纪初）。亚当·斯密在他的古典经济学说《国富论》（*The Wealth of Nations*）中主张把工作分解为简单和重复性的任务。他认为，劳动分工不仅提高了工人的技术水平和灵巧性，而且直接促进了节约劳动的机器发明。该时期围绕生产工具革新以及对工人技能的差别管理蕴含了创新的基本理念。

第二阶段，以大规模生产为中心阶段（20 世纪初到 20 世纪 30 年代）。随着生产设备的不断优化，以弗雷德里克·温斯洛·泰罗为代表的学者提出科学管理方法，倡导在成本、效率与质量平衡的基础上实现规模化生产。该时期不断强调通过生产流程的重组与再造来提升企业的生产运作效率，体现了对生产规模创造的原始创意思想。

第三阶段，以组织管理为中心阶段（20 世纪 30 ~ 60 年代）。在工业化大生产中，人与工作以及环境的互动关系日益复杂。企业开始重视人的因素，试图通过发挥计划、组织、领导和控制等基本职能来实现组织管理的创新。现代经营管理之父亨利·法约尔提出的 14 条管理原则以及马克斯·韦伯的官僚行政组织代表了这一时期企业经营者的管理模式创新诉求[11]。

第四阶段，以顾客满意为中心阶段（20 世纪 60 ~ 90 年代）。在第三次科技革命的背景下，一方面，西方各国企业加大研发力度，新产品竞相上市；另一方面，政府大力推行高福利、高消费政策，市场供需发生变化，管理的焦点由企业中心转变到以消费者为中心，开始重视从产品、价格、渠道以及促销等营销手段的组合创新来为顾客创造价值[12]。

第五阶段，以全面创意为中心阶段（20 世纪 90 年代至今）。新经济的纵深发展不仅促进了企业产品的多样化与个性化，同时也激发了消费者个人诉求的多元化。不论是消费者的个性需求还是企业员工的创意设想，都俨然成为企业竞争优势的最终来源。对产品功能的开发、信息感知的识别以及情感关系的维持成为现代企业管理的焦点，创意管理逐渐成为组织管理的新主题[13]。

1.2.3.2　创意是管理发展的诉求

笔者认为，创意管理是一种原生态的管理，在强化智力资源的基础上，突出了人在提供生产条件以及创造生产工具上的主导性作用，给传统的企业管理模式带来了新变革。

（1）管理对象交叉化。管理语境下的创意在本质上已经不仅是个人单纯的心理活动，而是一个由具备不同胜任力水平的众多创意人才所组成的集体行为。企业部门之间、企业之间甚至行业之间，创意人才的管理边界变得越来越模糊，管理对象的交叉化使得团队管理职能的比重越来越高，将创意人才集体潜能的激发变成管理的首要使命。

（2）管理目标多元化。创意灵感的获取以及创意价值的实现既涉及多个利益主体，如设计者、生产者、管理者和消费者，又受多重因素制约，如文化背景、技术条件、艺术氛围和目标市场等。因此，创意管理的目标具有多元的利他导向，管理目标的结构、层级和关系更复杂，更强调创意的内容以及过程，力求在平衡更多利益相关者诉求的基础上来实现创意价值共享。

（3）管理过程复杂化。管理过程是一系列进行中的决策和工作活动，在这个过程中，管理者从事计划、组织、领导和控制等基本职能。因此，从本质上说，创意管理也具有规范化和流程化的一面。此外，在创意产业框架内，企业内部流程呈现出动态、多变的特征，灵活、高度适应性的管理模式导致管理过程更加复杂，尤其是针对富有激情、创新求变的创意人才的管理，更是一项独具艺术的工作[14]。

总而言之，创意活动使管理工作变得更加复杂和不确定，同时也给管理理论的发展注入新的内容。为了应对管理发展所带来的问题与挑战，我们不仅要对创意的基本内涵以及逻辑关系进行辨析，同时更需要从创意产业发展以及创意人才等更加具体和微观的层面来探寻创意商业价值与文化价值的共生机理，以便清晰认识创意管理的特殊性和一般规律。

1.3　研究意义

由于创意企业目前在我国还属于新生事物，理论界与实务界对企业创意管理以及创意人才等相关问题的研究也处于探索阶段。因此，本书试图通过运用生态学的视角来诠释创意人才与企业以及环境之间的互动现象以及演变规律，同时通过实证研究挖掘以创意人才为核心的组织生态系统与组织绩效的相关关系，以期能够为创意企业的人力资源管理工作提供理论支持和实践指导。

1.3.1　现实意义

人力资本是创意经济时代最宝贵的资源。创意经济建立在内生增长理论基础上，不再一味强调物质资本的决定性地位，而是凸显了对新型人力资本的深层次需求，即创意人才。由于创意人才的多元化特征以及创意企业面临的环境复杂多变等原因，在实践中，很难寻找到一个通用的管理模式。本书立足上述事实，通过文献探讨和实地调研，将以创意人才为核心的组织视为一个生态系统，通过挖掘集聚在企业中的创意人士的性格特质、思维方式和工作特征，进而探索创意人才与组织以及环境的和谐共生机制，一方面为创意企业的人力资源管理实践指明了方向，另一方面也为创意经济发展的关键，即如何培养和壮大创意人才队伍提供了具体指南。此外，本书将焦点放在了集历史文化积淀、人类智慧结晶和现代科技成果而成的现代新兴创意企业上，探究企业管理行为与创意人力资源的互动耦合，不仅能够为创意企业竞争优势的挖掘与提升提供现实依据，而且能够为我国创意产业的振兴与发展提供组织保障。

1.3.2 理论意义

现代管理理论的发展历程证明，组织就如同一个生命有机体，处于不断变化的环境中。人是组织当中最活跃和最主要的生态种群，组织的一切活动都围绕着人而展开，也由人来完成。因此，现代组织的成功主要取决于通过人力资源管理来不断进行自我调整以适应组织环境，并实现组织内部特性与环境契合的能力。本书以"创意人才"为研究对象，针对企业创意价值实现路径进行深层次挖掘和系统性解释，并通过文献探讨以及实地调研来对该特殊劳动群体的概念以及特征进行界定，不仅是对创意阶层理论研究的细化，而且是对企业价值创造模式的新诠释。此外，本书以"创意生态"为研究视角，深入创意企业的微观层面，将创意人才这一群体纳入组织生态系统中，以生态系统健康运行的机理为突破点，探讨了创意人才生态系统中主体因素、环境因素以及组织因素彼此之间的逻辑互动关系，构建了创意人才生态系统健康的理论模型，并通过实证分析来发现该系统健康与企业绩效之间的作用路径、影响强度和效果，不仅拓展了现代企业人力资源管理的研究视角，而且丰富了创意生态理论的研究范围。

1.4 研究目标

本书以创意生态为切入点，以企业创意人才为研究对象，以生态系统健康为研究视角，探索企业创意人才生态系统健康的内在运行机理，进而了解相关影响因素的互动关系及其与企业绩效的相关性。具体而言，本书研究目标如下。

（1）探究企业创意人才生态系统健康的运行机理。通过生态系统理论的研究视角，借鉴自然生态系统结构和功能原理，构建企业创意人才生态系统，分析企业创意人才生态系统健康的内涵、基本特征和内在运行机理。

（2）识别影响企业创意人才生态系统健康的相关因素。通过对企业创意人才生态系统结构的剖析，从主体因素、组织因素以及环境因素入手，识别影响系统健康运行的相关因素以及各因素之间的互动作用机制，建立创意人才生态系统健康评价的基本理论模型。

（3）分析企业创意人才生态系统健康对企业绩效的影响效果。通过运用实地调研、专家访谈、问卷调查等方法收集相关数据，并利用 SPSS 和 AMOS 等统计工具对调查数据进行处理分析，以验证理论分析的可靠性。

（4）明确创意人才管理的核心和重点。通过实证分析结果并比较借鉴发达国家关于创意人才开发与管理方面的先进经验，提出具体管理建议。

1.5　研究思路与方法

1.5.1　研究思路

首先，通过对创意阶层、创意生态、生态系统健康等领域相关文献资料的探讨，结合理论界与实务界的访谈调研来确定研究主题。其次，在文献探讨与理论推演的基础上，嵌入生态系统理论，构建企业创意人才生态系统，提出企业创意人才生态系统健康命题，并通过生态系统演变机理来确定影响系统健康的相关影响因素及内在关系。再次，通过对企业创意人才生态系统健康概念模型的量化来进行实证分析。其中包括研究假设提出、测量量表设计、小样本预调研、大规模调研以及研究假设验证等几个部分。最后，根据实证分析结果，结合理论研究基础和管理情境，提出维持企业创意人才生态系统健康的具体管理建议。

本书研究的基本思路与技术路线如图 1.3 所示。

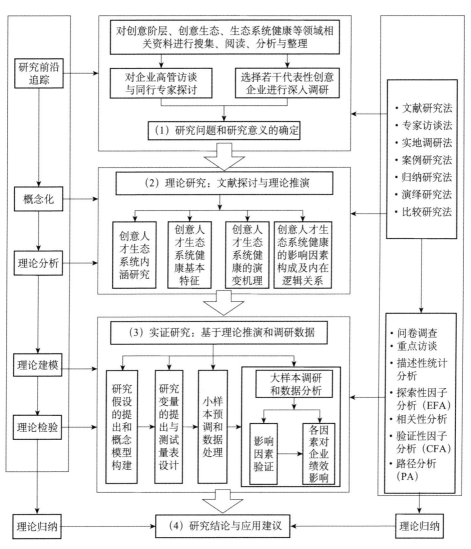

图 1.3　本书研究的思路与技术路线

1.5.2 研究方法

本书将遵循科学研究的规律，按照从文献研究、现象观察、概念界定、机理探究、模型构建、数据验证到理论形成的逻辑顺序，以理论研究为基础，采用理论演绎和归纳、实地调研和系统分析、实证研究与规范研究相结合并适度突出定量分析的研究方法。主要采用的研究方法如下。

1.5.2.1 文献研究与访谈调研相结合

国内外关于创意经济、创意产业方面研究的文献比较丰富，但是专门立足以企业创意人才为研究对象的文献并不多见。在对创意阶层、创意生态、生态系统等核心主题文献的搜集、整理和分析基础上，笔者还通过对重点创意企业的实地调研、高层访谈、专家访谈等方式，力求将研究理论与企业现实情境结合。

1.5.2.2 定性描述和定量分析相结合

本书除了在研究背景、相关理论阐述上运用定性描述之外，在研究假设的提出以及测量量表的设计上，也充分考虑理论演绎和归纳的重要性。此外，本书的实证部分以定量分析为主要研究方法，大量采用统计分析方法，如 SPSS 和 AMOS。

1.5.2.3 交叉学科与跨学科分析相结合

本书由于涉及创意经济、创意管理与生态系统方面的研究，因此，除了运用以上相关分析工具之外，还将密切结合创意经济理论、劳动经济学理论、发展经济学理论、自然生态系统理论、深层生态理论、复杂性系统科学理论、人力资源管理理论等多学科的最新理论、技术方法和研究路径来处理研究中可能涉及的重点和难点，以力求突出研究的前瞻性、科学性和可操作性。

1.6　研究结构与内容安排

本书研究结构是按照"绪论—文献综述—理论分析—实证分析—结论与展望"的逻辑顺序展开，进而确定研究的基本内容。

第 1 章绪论。本章从创意经济浪潮、文化强国战略以及企业创意管理三个方面阐释了本书研究的现实背景和理论背景，进而确定了研究意义和研究目标，最后提出本书研究的具体思路和方法。

第 2 章文献综述。本章对创意的概念进行界定，进而回顾和梳理了国内外学界对创意阶层、创意生态以及生态系统健康理论的研究，为本书研究命题的提出奠定理论基础。

第 3 章理论分析。本章基于生态理论构建了企业创意人才生态系统模型，并利用生态位原理以及复杂适应系统理论对系统内在结构进行分析，进而提出企业创意人才生态系统健康命题，最后分析了几种支撑系统健康运行的内在机理。

第 4 章实证模型的构建以及研究假设的提出。本章利用文献综述以及理论分析的研究成果，构建了企业创意人才生态系统健康实证模型，进而根据研究情境以及理论分析提出本书研究的理论假设。

第 5 章研究设计。本章根据实证研究的需要对问卷设计流程、基本内容以及发放和回收做了说明，进而在参考国内外学者相关文献的基础上，结合具体管理情境，确定了测量量表的具体题项，形成了初始调查问卷。

第 6 章小样本预调研及数据处理。为了确保实证研究的结果的准确性，本章对初始问卷进行了小样本预调研，通过信度分析、效度分析以及探索性因子分析等工具，删减了测量量表的部分题项，最终得到正式调查问卷。

第7章大样本实证研究分析。本章通过大规模调研获取数据，利用描述性统计分析对数据基本质量进行初步检验，进而利用结构方程中的验证分析、路径分析以及多群组分析等方法对实证模型的构成维度以及相关研究假设进行验证，并结合理论分析和回访调研对研究结果进行详细解释，最后提出管理建议。

第8章研究总结。本章对理论分析以及实证分析中的主要工作和研究结论进行了概括性总结，同时指出研究的创新点和不足之处，并对未来的研究进行展望。

第 2 章

研究理论基础与相关文献探讨

本章围绕"创意人才生态系统健康"主题，从"创意"概念的界定这一核心问题入手，通过对国内外创意阶层理论、创意生态理论和生态系统健康理论相关研究的文献回顾和梳理，明确研究主题的理论基础，为后续企业创意人才生态系统健康模型的构建以及研究假设的提出提供理论依据。

2.1 创意的基本内涵与逻辑关系

2.1.1 创意的定义

不论是创意经济、创意产业、创意企业还是创意人才，其核心点都是"创意"。在中文字典里，创意可以区分为动词和名词两种解释。从名词的角度，创意可以理解为是一种具有创造性的构思或者想法，也称为创造性思维。从动词的角度，创意则指的是提出具有新颖性和价值性构思或想法的一项高级思维活动。而在英文中，"creativity"虽然仅仅代表名词，但却包含中文里名词和动词的两种含义，即创造性的思维、想法、主意或点子，以及产生点子或想法的具体过程。可以说，不论从中文的语义还是英文的解释，创意都是人类的一种基本行为方式和思维成果，既包含结果，也涵盖过程。也正是由于创意活动本身复杂性和多元性，创意被理解成一个非常宽泛的概念，对创意现象的研究学者来自不同领域，对创意内涵的探讨也呈现出百花齐放的景象。本书立足于经济学、管理学、教育学、社会学、心理学、管理学等学科，将创意的定义研究分为四大学派，如表2.1所示。

表2.1 创意概念的研究分类

代表学派	代表性观点	观点评价
心理学派	创意是一种创造力的思维过程 （斯腾伯格，2005、2013；波诺，1992；康沃尔，2016；郭有遹，2002；林崇德，1991；林崇德和胡卫平，2012；李娜，2021）	突出人脑的作用，但对创意思维是人类的共同特征还是归属于特定人群尚未达成共识
应用学派	创意是一项对创意产品进行构思、甄选和运用的实用性工作 （多斯塔和克罗斯布，2001；米卡尔，2008；权和伊藤，2019；李喆，2009；祝帅和郭嘉，2011）	认为创意工作属于某些特定人群，带有将创意"专利化"的倾向
经济学派	创意是一种经济资源 （布尔迪厄，1973；联合国贸发会议，2010；佛罗里达和蒂纳利，2004；索佐，2019；香港大学文化政策研究中心，2004；肖永亮和姜振宇，2010；吕庆华和芦红，2010；金元浦，2021）	摆脱线性思维局限，开始将研究视角延伸到对创意商业价值的探讨上，是对"创意"内涵研究的一次质的突破
管理学派	创意是一种管理方式 （比尔顿，2006；徐芳琪和里卡兹，2007；比尔顿和卡明斯，2010；魏秋江，2012；杨张博和高山行，2013；林炳坤、吕庆华等，2019）	一方面延续经济学派对创意商业价值的认可，同时又突出企业管理手段对创意的影响作用，是对创意概念进行的系统性思考，是当前研究的趋势与主流

2.1.1.1 心理学派的定义

心理学派对创意的研究起源较早，成果也较丰富。该学派将创意界定为一种创造力的思维过程。相关研究主要集中在创意心理过程分析以及创造力培养方法两个方面。例如，斯腾伯格（Sternberg，2005、2013）[15,16]认为，创意是艺术设计的本源，并进一步指出，创意一方面需要提出或者是产生具有创新性的事物，另一方面这些成果必须具备特定的适用性。他还通过认知心理学的研究视角，提出人类智力的三元理论，即分析性智力、创造性智力以及应用性智力，并强调通过教育学习方式来培养和提升人类的创造能力。波诺（Bono，1992）[17]认为，创意是人类的一种特殊的智力，是艺术创造领域最稀缺最珍贵的资源。该研究还进一步指出创意取决于发散思维，并利用人脑的工作机理致力于创造力的培养研究提出著名的"水平思维法"（lateral thinking）以及"六项思考帽"（six thinking hats），该研究成果被广泛地运用到教育以及企业管理领域。安娜和彼得（Anna & Peter，2004）[18]从学习阈的角度对创意进行界定，认为创意既是一种学习的过程也是一种学习的结果，而创意教学环境的营造是创意思维训练的关键，这包含创意素材、评价手段和学习方法几个要素。中国台湾学者郭有遹（2002）[19]较早开展创意心理学方面的研究，他对人类创造的生物基础、动机以及思维过程和方法等问题作了较为系统的分析。学者林崇德（1991）[20]早期对国外经典心理思维理论的介绍给我国创造力的心理学研究提供了前瞻性的指导，其研究成果被广泛地运用到人才的培养上。林崇德和胡卫平（2012）[21]将创新人才的成长过程进行分类，指出创造性思维、创造性人格和创造性的社会背景是创意的内涵，并强调创造力是目前建设创新型国家的焦点。近年来，李娜（2021）[22]从专业化知识搜寻与团队认知能力的整合视角探究创造性创意产生机制。

心理学派的研究主要集中在对隐藏在人内心的思维过程的探索，突出人脑神经物理过程的生态属性，并为创意能力的孕育以及开发提供一种新的思路，但是在关于创意究竟是所有人共有的普遍特征还是特定人群原创思想的一种心理过程这一问题，至今还没有达成共识。

2.1.1.2 应用学派的定义

应用学派认为，创意是一项对创意产品进行构思、甄选和运用的实用性工作，如作家、编剧、艺术家、设计师等。多尔斯塔和克罗斯（Dorsta & Crossb，

2001)[23]在对工业设计成果的评判中发现，创意思维的有效发挥是影响产品品质的关键因素，也进一步指出创意是工业设计师工作的最主要内容。达伦等（Dahlen et al.，2008）[24]认为，"创意"能够给广告提供附加的功能，即富有创意的广告能够提升产品的价值并扩大品牌知名度。李喆（2009）[25]基于马克思政治经济学理论的研究视角，通过对社会主义生产劳动类型的判别，提出创意劳动这一概念，并指出这是源于知识长期积累的一种复杂性脑力劳动。祝帅和郭嘉（2011）[26]通过对设计产业发展历程的梳理，得出设计工作是创意产业价值链基础环节这一结论。田晔（2021）[27]将中华优秀传统文化的创意融入戏剧影视制作中。

应用学派的观点将创意能力集中在某些特殊的群体身上，专注于个体的工作能力、行为方式以及思维过程，带有将创意"专利化"的倾向。

2.1.1.3　经济学派的定义

经济学派认为，创意是一种生产要素，能够创造就业、汇聚财富和振兴经济。皮埃尔·布尔迪厄（1973）[28]把资本划分为经济资本、社会资本以及文化资本三个部分。他认为，个体身上所体现出来的知识类型、技术水平、教育程度或者社会地位是文化资本的表达形式，文化资本能够通过出版物、工艺品、软件设计等方式来实现经济价值，在整个资本体系中，文化资本在经济资本和社会资本之间发挥传导作用。这是学界对创意的经济学内涵较早的研究。佛罗里达（2006）[4]在文化资本基础上提出"创意资本"概念，他认为，由创意人才所构建出来的新理念、新技术、新商业模式、新产业是创意资本的主要表现形式。由联合国教科文组织、联合国开发计划署编制的《创意经济报告（2013）》指出，创意是能够引导技术、商业实践或营销手段等方面创新的动态过程，与获得经济中的竞争优势密切关联[29]。关于创意的经济学内涵，还有的学者认为，创意是一系列测量经济活动成果的指标体系。如佛罗里达和蒂纳利（Florida & Tinagli，2004）[30]在对欧洲地区的创意现状进行评价时，提出从人才、技术以及包容性三个方面来测量创意经济活动的成效。2004 年 11 月，香港大学文化政策研究中心发表《香港创意指数研究》，提出"5Cs"创意指数支架。该研究主张通过结构及制度资本（structural capital）、人力资本（human capital）、社会资本（social capital）、资本指数（cultural capital）来衡量创意成果（manifestations of creativity）[31]。肖永亮和姜振宇（2010）[32]、吕庆华和芦红（2011）[33]也对创意是经济要素这一观点持认同态度。近年来，金元浦（2021）[34]进一步指出，创意是可以带动经济增长与发展的资产。文化创意与科技创新的融合是创意升级换代的更高阶段，数字创意经济已形成一种新的经济发展范式。

相较于心理学派和应用学派的研究观点，主张创意是经济资源的观点摆脱了围绕个体或者某个小团体探讨创意现象的线性思维，而是开始将研究视角延伸到对创意价值的探讨，是对"创意"内涵研究的一次质的突破。

2.1.1.4　管理学派的定义

管理学派认为，创意虽然是依托于个人的思维创造而产生的行为过程，但由于人类的生存与发展必然也必须要与外界发生联系，尤其是与经济组织有关联，因此，创意也就成为产业组织所关注的对象。比尔顿（Bilton，2007）[35]较早提出创意管理这一概念。他指出，以科技、文化与经济等要素为基础，以个人思维的持续变革为动力的创意产业的产生，是对创意原生态价值理念的回归。创意价值的实现与升级离不开产业框架和管理机制的影响，创意是一个被管理的过程，而管理是一项创意工作。徐芳琪和里卡兹（Fangqi & Tudor，2007）[36]认为，创意活动与企业管理行为并不是对立关系，将两者结合将是现代企业管理研究的主流范式，并主张通过创意管理方式来实现东西方管理的融合。巴斯蒂安等学者（Bastian et al.，2008）[37]指出自我组织和自我管理方式的结合能够有效激发创意产业的发展潜力，并突出强调政府在政策引导以及创意氛围营造方面的服务功能。比尔顿和卡明斯（Bilton & Cummings，2010）[38]进一步指出，创意活动与企业战略具有相通之处。如果企业能够积极地调整创意和战略思维就有可能获得比其他企业更好的技术创新、更佳的企业领导阶层和更强的组织能力。

刘友金、赵瑞霞等（2009）[39]从创意价值链的研究入手，分析价值链系统中存在的三个关键环节，即原始创意环节、孵化创意环节以及产业创意环节，并强调企业家是所有创意环节中最具有资源整合能力的主体，进一步突出创意管理的重要作用。魏秋江（2012）[40]的研究从另一个层面彰显企业家在创意价值实现中的地位。他通过对创造型领导理论的梳理，提出现代管理理论已经迈入创意管理阶段这一观点。杨张博和高山行（2013）[41]分析创意企业在产业链不同阶段里存在的管理风险问题，并主张利用知识产权和合同管理等法律手段来规避创意风险。林炳坤、吕庆华等（2019）[42]从创意生产、策划和经营三个领域研究创意工作特性与工作繁荣的关系。朱桂龙、温敏瑢等（2021）[43]就员工获取创意资源与赢得不同层次管理者支持的过程进行了诠释。

管理学派的观点一方面延续经济学派对创意商业价值的认可，另一方面又突出企业管理手段对创意的影响作用。管理学派从挖掘创意企业竞争优势的源泉出发，聚焦创意个体，既考虑创意系统本身的复杂性特点，又兼顾管理机制的能动性，顺应创意产业发展趋势以及现代企业管理焦点的转变，是当前研究创意理论的主流。

2.1.1.5 本书研究中对创意的定义

本书对创意的概念性内涵倾向于复合观点，认为创意是以人类创造力思维为基础、以科技为动力、以文化为背景、以管理为手段的价值实现过程。该定义以"人"为主体展开研究，既考虑创造力产生过程的复杂性，又注重创意工作的特殊性，更重要的是，该定义突出创意文化价值与商业价值融合，并彰显现代企业管理的艺术性和系统性，是对创意概念界定的一种新尝试。

2.1.2　创意的基本属性

创意的内涵和外延都相当丰富，也正因如此，创意具有其特有的属性。

第一，创意具有自主性。创意是一个神经物理过程，这种过程伴随着某种可以大幅度提高人类独立思考和实现自我价值的复杂心理情绪而产生。从表面上说，创意产品是为了要给消费者带来心理上的冲击，满足或创造消费者的某种需求；从深层次上讲，创意强调突破常规，寻找与众不同，力求到人性的深处进行原创构思和设计，而这种复杂的人脑过程，与主体的独立自主和充分解放密不可分。所以，创意对于人类而言，是一个自我价值实现的过程。

第二，创意具有普遍性。自主性决定了创意的普遍性。佛罗里达（2002）[6] 指出，创意并不是属于少数天才的"专利"，而是一种几乎所有人都具备的与生俱来的能力，人人皆有可能成为创意人才。一般而言，创意主要是利用人们的一些普通能力，如想象力、判断力、语言能力、推理能力等，这些能力不仅在目前普通教育体系中被普遍强化，甚至在日常的工作中也日益受到重视，因此，创意是一项平民化的工作。

第三，创意具有关联性。创意来源于创造者的灵感，虽然在本质上是一项个体思维劳动，但与实践密不可分。"创意与经验丰富、视野宽广和知识多样的头脑有关"。[44] 创意要产生价值、发挥效用就必须要和生产者、消费者以及竞争者发生联系，没有任何人能够脱离现实而凭空构造出毫无根据的事物。同时，创意还必须与已有的各种相关要素资源相互结合。通过对科学技术、文化艺术、法律体系、经济活动等现实的认识和吸收并结合自身的思维创造，个体往往才能够产生意想不到的创意。

第四，创意具有系统性。创意与实践紧密联系也从另一个层面体现创意的系统性。创意思维更多地产生于不同的思维组合，多样性和互补性、妥协和合作是创意工作的另一层要求[35]。对创意劳动而言，除了要强调新颖性和独创性等内生因素之外，还要和企业环境、组织资源紧密联系。此外，创意工作本身也遵循一定的逻辑路径，如创意的准备、酝酿、启发和生成过程，如创意价值的创造或升级目标等。因此，将创意活动置于一个复杂的系统中，考虑创意个体、团队、组织以及环境之间的复杂性和动态性将是开展创意相关研究的基本出发点。

2.1.3　创意与创新、创业的辨析

创意与创新、创业是一组既有联系又有区别的概念，从基本内涵来看，创意是一个从无到有的过程，而创新是对现有事物的更新和改造，创业则是将创意与创新成果转化为现实的活动，是实现创意和创新商业价值的必要手段。从内在结构看，三者都强调"创"的过程，只是表现形式不同，创意突出原创性，创新强调再创性，而创业凸显实用性[45]。因此，三者在本质上具有一致性。

2.1.3.1　创新与创意

（1）创新的定义

熊彼特（Schumpeter，1912）[46]首次提出创新（innovation）概念。他认为，创新是基于生产要素和生产条件的组合而产生的新型生产体系，包括在产品、生产技术、市场、原材料以及组织等方面的新突破。从原始定义来看，创新不仅涉及技术层面，而且还与组织管理层面有关。迈尔斯（Myers，1969）认为，创新是技术变革的集合。爱思缇（Iansiti，1997）[47]提出技术创新集成的概念。他认为，技术集成是一种旨在使技术与环境相匹配的一系列活动。萨维奥兹和桑尼曼（Savioz & Sannemann，1999）[48]认为，创新是阶段性的流程活动。戴维斯和诺斯（Davies & North，1971）[49]提出创新的制度框架体系。切斯伯勒（Chesbrough，2003）[50]提出开放式创新的概念，他认为，企业应把外部创意和

外部市场化渠道同内部系统相结合来实现价值创新。菲利佩蒂和安德里亚（Filippetti & Andrea，2011）[51]认为在复杂的创新战略中，产品的设计研发是创新的重要来源。曼努奇等（Mannucci et al.，2017）[52]将自下而上的创新过程分为创意产生、细化、倡导和实施四个阶段。

我国针对创新领域的研究起步较晚。傅家骥（1998）将创新理解为涵盖科技、组织、商业和金融等系列活动的革新过程[53,54]。王家斌、展恩来等（2002）[55]强调制度创新是创新型企业发展目标、运行机制和管理创新的基础和前提。段云龙（2010）[56]认为，技术创新促进制度创新或制度创新促进技术创新应是今后创新管理发展的主要方向。谢章澍、许庆瑞（2004）[57]提出"全要素创新，全时空创新，全员创新和全面协同"的全面创新概念。宋刚、唐蔷等（2008，2009）[58,59]以信息技术为背景，首次提出创新 2.0 这一概念，认为创新 2.0 是一种以用户为中心、以社会实践为舞台、以共同创新、开放创新为特点的用户参与的新时代创新模式。陈雪颂和陈劲（2016）[60]介绍了符号学和演化视角引入后，设计驱动型创新的基本概念及整体理论框架的进展。庄芹芹和于潇宇（2019）[61]认为，中国特色创新管理研究将面向可持续发展的创新生态系统、经济全球化形势下的创新管理和数字经济时代的创新管理等新命题。

从国内外目前在创新领域的相关文献梳理来看，创新理论的研究主要是以技术作为切入点来研究管理、制度以及战略等方面的新突破，更多地集中在企业内部来研究创新要素，与文化艺术、地域特点、城市氛围等因素的联系正在逐步体现。

（2）创意与创新的关联性

从广义上看，创意和创新都具有较为类似甚至是相同之处。第一，从主体上讲，不论是创意还是创新，两种劳动的主要组织者和承载者都始终离不开人类，都与人脑的创造性思维密不可分，都是一种以脑力为主的高级劳动形式。第二，从来源上讲，两者都是建立在一定的知识、技能和经验基础之上。离开专业知识的积累、缺少创造技能的支持、远离生活实践的积累，创意或者是创新就成了无源之水，既经不起市场的检验，也没有任何实际价值。第三，从成果上讲，二者带有不确定性。创意和创新最大的特点就是追求结果的新颖性和创造性，然而由于产品的设计者或者是研发人员的创造性工作往往需要打破常规和反复实验，这就必然导致在成果问世之前，其能否实现商业价值和能否被受众认可，都是未知数。

作为相对独立的劳动形态和资源，两者之间也存在着紧密联系，如图 2.1 所示。

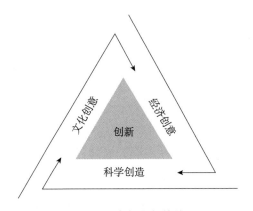

图 2.1 创意与创新的关系

在现代经济领域，创意往往具有多种表现形式，主要包括科学创造、文化创意和经济创意三个部分，而创新始终位于核心地位，如图 2.1 所示。科学创造是在科学发现与发明中的一项智力活动，涵盖创新意识（好奇心）、创新精神（勇于实验）以及创新能力（解决问题）。科学创造的顺利实现能够给技术创新注入新要素，有利于提升创新水平；反之，技术水平的广泛运用和大力普及，又会给科学创造的顺利开展提供基础条件和便利工具。文化创意是人们通过文字、声音或者图像，利用想象力和创造力对文化艺术的加工处理。技术创新改变了人类的生活方式，促使人们步入体验消费时代。因此，通过利用先进技术带来的便利来对文化资源进行挖掘与整合，催生出具有现代意义的创意产品和服务。实现商业价值是创意的一个主要目标，经济创意在商业模式变革的过程中，始终将技术的升级改造放在第一位。一方面，技术创新降低了经营活动的成本，提高了生产效率，从而促进了经济创意的成效；另一方面，经济创意带来组织管理和文化氛围的创新，又为技术的创新提供组织支持和环境保障[62]。

创意根植于文化，生成于技术，融入于经济，是基于地域文化资源的挖掘和现代技术的运用而产生的一种新型商业模式，其深度和广度都远远高于创新。所以，从狭义的角度来分析，创意与创新的内涵却有所不同。

第一，两者的价值取向不同。从应用层面分析，创新所强调的是实用功能，因此，在处理经济活动和经营方式上往往聚焦于"一次性"的创新，最终效果是通过生产工艺以及流程的改造来降低产品成本和提升劳动生产率，以此来调整企业产品价值的内在结构，创新仅仅看作一种工具。创意虽然也追求经济上的增值，但与创新最典型的区别就是，创意可以视为一种新的经济资源融入企业生产要素中，能够帮助企业提升产品的价值总量，以获取差别化竞争的优势。

第二，两者对行为主体的要求不同。创意是一种综合性较高的复杂性劳动，需要文化积淀、知识保障、技术支撑和经验累积，必须能够利用一些想法来产生新想法，以达到创造新生事物的目的[63]。因此，创意劳动对行为主体的思维方式、审美能力、知识累积以及工作技巧方面的要求异于普通劳动者。对于主要集中在传统产业领域中从事技术研发和管理革新等创新工作的劳动者而言，在综合能力要求上，主要强调专业技术水平，从广度上来讲，远不如创意劳动者。

第三，两者的表达形式不同。创意劳动者的工作方式首先发起于思维的革新，强调人脑的生物学机理，是内在的、个人的和主观的，而创新工作主要缘于对既成事物的一种新组合，是外在的、客观的和更加具体的一种劳动。创意往往能够通向创新，而创新却较少引发创意。正因如此，创意的辐射范围也比创新广。从产业范畴看，目前国内外对创意产业的分类已经涵盖三大产业；而从就业群体来看，创意阶层的不断崛起也超过传统工业领域中的创新劳动者[25]。

创意与创新之间存在一种强烈的互动关系，创意是创新的源泉，创新是创意价值实现的内在驱动因素。在强调创意价值性作用的同时，也不能忽略创新的功能性特征，两者的有机结合是现代创意理论发展的新趋势。因此，本书在探讨创意企业人力资源管理问题的同时，也较多地借鉴企业创新管理研究的理论成果。

2.1.3.2 创业与创意

（1）创业的定义

作为与创意关联性更强的术语，创业（entrepreneurship）具有源远流长的研究历程。坎蒂隆（Cantillon，1755）[64]最先将创业者引入经济学范畴。他认为，创业者的个人特质即企业家精神和管理才能够有效避免投资不确定所带来的风险，突出领导者的角色功能。熊彼特（1934）[65]将创新理论与创业者角色相融合，认为创业者是创新活动的主导者，通过组织和协调产品设计、生产制造、管理模式等环节的革新，实现创新的价值。对创业的早期研究，主要是将创业与特定的主体相联系，强调创业者的性格特质，带有将创业专有化的趋势，研究的视角也较为片面。

20世纪80年代以来，随着经济发展环境的日益变化和复杂，不论是个体、公司还是组织都面临着与以往不同的生存压力和挑战，创业开始演变成为一种普遍的社会现象。蒂蒙斯和斯蒂芬（Timmons & Stephen，1994）[66]认为，创业是一种以创造思维为基础、创新行为为工具的劳动，带有较高的风险性。他们的观点虽然也强调领导能力的重要性，但已经开始将人类普遍的创造性思维纳入研究范畴。德鲁克（Drucker，1999）[67]主张剥掉创业神秘的面纱，将创业视为一种平民行为。他认为，创业是一种普遍行为而不是特定的人格特质，任何人都可以学会成为一名创业者。他同时还强调，创业是一项可以组织管理的系统性工作，实行创业管理就是要创造出新鲜且具有价值的事物。亚历山大等

（Alexander et al.，2003）[68]在分析创业机会的识别过程中，将人格特征、先验知识以及社会网络视为关键影响因素。该研究突破以往仅从内部研究创业的局限，开始探讨外界环境对企业创业活动的影响。萨拉索纳等（Sarasona et al.，2006）[69]将创业当成个体与机会互通的连接点，该研究强调用一种结构化的思维来分析创业活动的整个过程，并提出社会系统的共生协作将是今后一段时间内创业理论研究的主要价值取向。爱尔兰等（Ireland et al.，2009）[70]把创业上升到企业战略的高度，他们认为，创业管理是企业战略的关键部分，应当用系统、集成的思维来考虑企业的创业行为。德姆和格雷戈瓦（Dems & Gregoire，2012）[71]认为，创业本身是一种系统性强的工作，创业动机、创业知识与环境的互动构建出创业集成系统，该研究还从技术创新与市场需求两个方面揭示网络媒介在现代创业活动中的作用。近年来国外创业研究开展转向关注情境、认知、资源等多要素整合对创业活动的影响。如科贝特和蒙哥马利（Corbett & Montgomery，2017）[72]从行动网络视角解释机会创造是由多个主体提供资源并不断互动协同的利益共创。谢尔顿和明尼提（Shelton & Minniti，2018）[73]对创业者资源获取与制度情境交互关系的研究。

我国学者对创业理论研究开展得较晚，但研究成果丰富。林强、姜彦福等（2001）[74]提出创业是企业管理过程中高风险的创新活动，他们同时还指出，创业活动不应局限在企业家或者是第一次创业者，凡是对生产要素进行重组的个人、团队或组织都有可能成为创业者范巍和王重鸣（2004）[75]从个体层面探讨创业倾向与社会环境、个性特征之间的关系，并指出创业是一种复杂的劳动。杨俊和张玉利（2004）[76]认同西方经济学派早期将企业家视为资源禀赋的观点，认为创业是以企业家才能为核心的机会驱动过程。张玉利等（2006）[77]将创业拓展到个体思维与行为层面，他们认为，创业是具有企业家精神的个体与商业机会结合而成的，本质上要求创业者具有创新精神和技能，同时还强调创业是所有企业都面临的问题，该观点将创业行为延伸到各种组织的经营管理活动中，是国内创业理论研究的新突破。陆园园和张红娟（2009）[78]立足于国外学者对中国创业问题的研究梳理，认为在经济转型的大背景下，我国的创业研究应当从多层次、多维度入手，尤其是要关注文化传统、企业形式与创业的互动，特别是民营企业的"二次创业"问题。陈世清（1999，2010）[80,79]首次提出"二次创业"概念，认为人类社会已经开始由生存创业向生态创业转变，企业发展到一定阶段必须要通过创业活动来完成一种革命性的转变。翟庆华、叶明海等（2012）[81]认为，创业活动是现代经济增长的动力和源泉，并通过实证检验得出在短期内创业活跃度对经济增长的影响效果十分明显的结论。近年来，蔡莉、于海晶等（2019）[82]指出，创业研究朝着探究多主体互动下的机会创造过程机理，以及从多主体视角关注发现型机会和创造型机会的转化机制等方向纵深推进。

不论是信息经济、知识经济还是创意经济，其本质上都是一种以人类智力劳动为主的经济形态。笔者认为，创业是基于创造力思维和创新行为来开创建立新事业的系统过程。从国内外对创业理论的研究文献梳理来看，创业的内涵已经从早期仅仅关注创业者特质向注重创业过程转变，研究的层次也实现由个体到团队、组织甚至社会层面的转变。同时，创业的系统化研究也日益彰显人、组织与环境的互动关系，这与本书对创意问题的研究立足点具有共通之处。

（2）创业与创意的关系

创意是创业的源泉，而创业是实现创意的工具，两者相互依赖，密不可分。具体而言，两者的紧密关系主要表现在三个方面。

第一，行为主体具有多元化和同一性的特征。不论是创意还是创业都不是属于某一特定人群的专利，都具有普遍性特征。戴维森和维克伦德（Davidsson & Wiklund，2001）[83]早期研究成果提出把创业纳入团队、产业、区域甚至是国家层面将是创业研究的趋势。从目前研究的主体类型来看，创意和创业既涉及个体、团队、企业，也与整个社会有关，全民创意、全民创业成为一种普遍的社会现象，凡是产生新观点、新知识，能对原有事物进行改造或者革新的行为，都可以纳入创意或创业的范畴。创业问题已经开始引入社会系统的框架中，与创意的系统化观点具有共通之处。此外，"创意企业家"这一概念的兴起也印证了创意与创业主体的同一性。该概念被用来描述能够将想法转变为社会所需创意产品或服务的企业家角色，文化创业者利用新的思维方式、价值取向和行为手段在文化环境和文化组织中寻找新的机会并开创新的事业[62]。

第二，创意的基本内涵是创业的表现形式。阿尔特和关（Alter & Kwan，2009）[84]指出，在全球化日益蔓延的背景下，文化共用正成为一种潮流。在特定地理区域或虚拟领域内可以获得的智力资源体系，可以被视为一种文化区域和文化集群的演化。经济与艺术、文化相联系变成一种社会常态。从本质上讲，不论是创意还是创业都是一种社会化的过程，都会涉及某个特定的文化范畴，由此，创业更多了一层创意的内涵。尤其是在博客、电子商务、推特网等新兴数字媒介的推动下，利用虚拟平台来寻找创业机会更成为一种共识，网商正悄然成为新兴创业群体。互联网创业依托信息技术工具的支持，创业者通过对原有产品内涵和经营方式的创意和创新开展创业活动。王炳成、闫晓飞等（2020）[85]对阿里巴巴、红领、小米和分众传媒这四家中国典型的商业模式创新企业研究发现，创意产生、倡导与实施嵌入企业商业模式创新与创业行为中，且各个阶段相互之间密切关联，相互作用。

第三，价值实现的内在机理具有一致性。从早期研究成果看，创业或创意通常仅被当作思维过程，而事实并非如此。索耶和德祖特（Sawyer & DeZutter，2009）[86]以戏剧表演的创意过程为例，分析即兴创作中不同角色的功能性作用，以此证明创意活动不是单纯的个体思维形式，而是分布式的协作过程。创意首先是建立在他人想法的基础上，通过创业方式来实现创意也必然要求寻找与人合作的机会，协作创意和协作创业也已经成为一种生存准则。此外，现代创业的价值已经不仅是满足人类的生存需求，在某种意义上是一种生态创业。与简单的商品交易相比，个人情感的体验需求在创意产品和服务上体现得更为明显，满足消费者的体验需求开始作为创业价值得以实现的保障。由于创业活动受到社会文化的关联和社会网络的驱动，生产者以及消费者之间更多地互动也将促使创意的表现形式更加丰富。

同创新一样，创业与创意之间也有深层次的联动机制，经济、文化和科技的创意丰富了现代创业理论的研究内涵，同时，创业的系统性、结构性思维也给企业创意管理研究注入新的信息。因此，本书在分析创意企业的管理方式的同时，也将适当地结合创业理论的相关研究成果。

2.1.4 创意的表现形式

当创意成为一种经济资源被广泛认同之后，创意的表现形式则体现在创意产品与服务上。因此，对创意成果的分类应当从创意产业入手。目前，理论界和实务界对创意产业的结构特点提出较多观点，但有一个基本前提假设是一致的，即都考虑创意的"核心"和"外延"。

本书研究中将目前创意的表现形式归纳为四种模式[62]，如表 2.2 和图 2.2 所示。

表 2.2　基于创意产业视角的创意表现形式

英国模式	知识产权模式		中国模式
广告	核心版权行业	部分性版权产业	文化艺术
建筑	广告	建筑	新闻出版
艺术与古董市场	著作权集体管理组织	服装、鞋类	广播电视电影
手工艺品	电影与录像	设计	软件网络及计算机服务
设计	音乐	时尚用品	广告会展
时尚用品	表演艺术	家居用品	艺术品交易
电影与录像	出版	玩具	设计服务
音乐	软件	非专门支持性版权产业	旅游休闲娱乐
表演艺术	电视与广播	一般批发与零售	其他辅助服务
出版	视觉与平面艺术	运输服务	
软件	相互依赖的版权产业	电信与网络服务	
电视与广播	空白录制材料		
视频与电脑游戏	消费型电子产品		
	乐器		
	纸张		
	复印机、摄影器材		

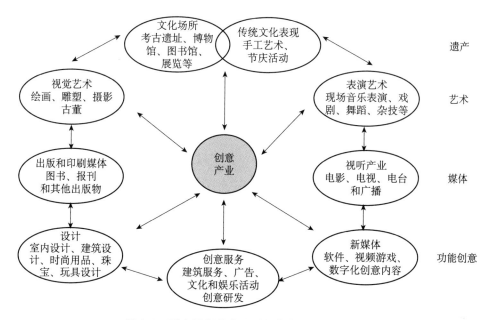

图 2.2　联合国贸发会议对创意表现形式的分类

2.1.4.1　英国模式

1998 年，英国"创意产业特别工作组"从创意本质特性的角度将创意产业界定为"利用个人天分、创造力和技能以及知识产权运作来创造财富和提供就业机会的新兴产业"。该分类体系涵盖英国文化、媒体以及体育部的基本职能，提出创意的 13 种产业范畴，但此种分类仅是一种部门权属的罗列，对提出的行业结构问题没有进行科学的区分，较为笼统。

2.1.4.2　知识产权模式

知识产权是指个人或单位基于商业、科研、艺术和文学领域的智力成果而生成的合法权利，一般包含专利、工业设计、商标和版权。世界知识产权组织（2003）认为，创意集中体现为知识产权，尤其是与版权密切相关。该组织将创意产业划分为四大部分：第一类"核心版权产业"，指那些生产和销售中都受版权或相关权利保护的产业；第二类"相互依赖的版权产业"，指从事生产和销售与受版权保护作品相关的设备的产业；第三类"部分性版权产业"，指部分与受保护的作品相联系的产业；第四类"非专门的支持性版权产业"，指部分活动与版权内容的传播、交流、发行或销售相关但没有归纳到核心版权的产业[29]。这种分类不但扩大和丰富了早期英国政府对创意产业的定义，而且对创意产出的内在结构进行了分析，既强调智力资本在创意产业中的重要性，同时又突出创意经济时代该产业的原创性和普遍性。

2.1.4.3 联合国模式

联合国贸发会议（2013）将创意从"具有鲜明艺术元素的活动"拓展到"高度依赖知识产权并尽可能获取广阔市场的生产符号性产品的任何经济活动"[29]。基于此，该组织将创意划分为四个组别，即遗产、艺术、媒体与功能创意，如图2.2所示。该分类没有将创意局限到传统文化艺术范畴，而是将创意的表现形式延伸到与技术和服务导向更为明显的领域当中，如网络和新媒体。这种做法避开各国的历史和管理传统，立足创意本源，更多考虑创意的系统性和互动性，该分类目前也广泛用于世界贸易组织对创意产出的统计分析中。

2.1.4.4 中国模式

我国学者厉无畏（2009）在《创意改变中国》一书中提出，创意产业是由创意推动的产业，即以创意为核心增长要素的相关产业[87]。易华（2009）[88]认为，创意产业既与文化产业、版权产业密切相关，又和信息通信技术紧密相连，是文化、技术和知识产权的集合。金元浦（2009）[89]指出，创意产业源于文化产业又高于文化产业，是融合文化、科技与经济的跨国、跨行业、跨领域重组或新建的新兴产业集群。这一观点高度概括了创意产业的基本特征，得到学界的普遍认同。北京较早从政策层面对创意产业做出了详细规定，《北京市文化创意产业分类标准》将文化创意产业定义为"以创作、创造、创新为根本手段，以文化内容和创意成果为核心价值，以知识产权实现或消费为交易特征，为社会公众提供文化体验的具有内在联系的行业集群"。包括文化艺术、新闻出版、广播电视电影、软件网络及计算机服务、广告会展、艺术品交易、设计服务、旅游休闲娱乐和其他辅助服务共 9 大类。该分类目前已经成为各地创意产业发展的参考和依据。

笔者认为，创意产业范畴并非一成不变，目前国内外对创意产业的诠释，不论是政府还是学者，都是基于本国文化传统和产业现状提出来的，随着创意与制造业、服务业以及信息技术的日益融合，新的行业类型将不断涌现，创意产业的边界将日益扩大甚至变得模糊，创意的表现形式也将更加丰富。因此，本书在探讨创意人才与创意企业、创意环境的互动关系时，也主要是立足在研究区域的文化传统以及产业现状这一基础上，以突出研究的本土化和情境化。

2.1.5　创意价值的实现

创意为创新和创业提供信息和资料来源，创新驱动创意和创业，创业助推创新和创意的实现，三者相互影响、相互渗透，共同构建出"三创"价值网络体系，如图 2.3 所示。因此，从本源和价值导向上讲，不论是创新还是创业，本质上说都可以视为一种创意行为。由于创意的产生往往源于个体的直觉、观察和体验，但这些隐性知识却是模糊的、难以表达的。因此，创意价值的生成过程本身就存在着难言性和不确定性。尽管学界目前对创意概念的认识还未形成共识，但是在对创意价值的追求上，目标却是一致的。笔者认为，从创意的特征来看，创意是由灵感诱发形成的观念形态的想法和念头，具有思维性、形象性等特征。任何创意在转化为产品之前，都只是停留在个人思想层面的想法和念头，并不存在创意的好坏或者优劣，也不具备商业价值。而创意即使成功转化为文化产品或服务，但从未被消费或使用，其价值也未实现。因此，只有当创意转化为固定的、可商品化的产品或者服务，并被消费者所消费，创意的价值才能够充分发挥出来。而这就需要进行创意的产业化，将创意充分融入产品和行业，把优秀的创意嵌入文化产品及其研发设计、生产复制、流通消费及服务的提供等产业各个环节，使之体现在产品或服务中，并最终通过市场机制进行交易，实现其社会效用和经济价值。

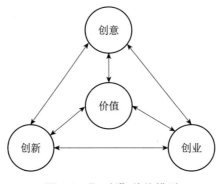

图2.3　"三创"价值模型

格林（Green，2001）[90]较早对创意价值的生成过程进行研究，他提出"5I"创意程序，如图2.4所示。在资讯阶段，创意者通过对已有信息模式的怀疑和否定，生成创意源；在酝酿阶段，创意者通过对资料的搜集和整理，试图

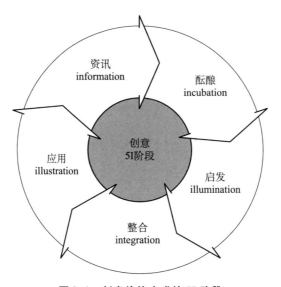

图2.4　创意价值生成的5I阶段

打破常规，产生新的图式；在启发阶段，创意者通过系统思维，将新图式与市场、文化、审美和社会认知等方面相结合，初步呈现出新组合形态；在整合阶段，创意经过前期量能的积累之后，在时间、环境和灵感相关因素的促成下，瞬间实现质变；在应用阶段，创意者需要将创意设计、服务、版权等有形或无形的产品推向市场，最终实现创意的价值。这五个阶段是个循环的过程，创意的应用又有可能对新的一种创意产生提供基础和来源。

霍金斯（Howkins，2001）[91]提出"RIDER"序列，即创意要经历回顾（review）、孵化（incubation）、梦想（dream）、兴奋（excitement）以及现实检测（reality checks）五个阶段。格林和霍金斯的研究都认为寻求创意的市场检验是实现创意价值最重要也是最关键的环节。然而，该研究仅仅是从创意个体的思维过程来探讨创意价值的实现过程，对组织、环境的关注仍然较少。

厄伊斯坦等（Øystein et al.，2006）[92]认为，传统以生产为核心的价值体系正在逐步被打破，企业的边界开始被重新划分，为顾客群创造价值正逐渐发展成为企业成功的内在驱动因素。他同时提出价值网络模型，指出企业价值的实现既依赖研发、设计、生产、销售、服务等传统产业构成，也离不开社会环境的支持。勒帕克和史密斯（Lepak & Smith，2007）[93]也认同价值网络逻辑思维，认为企业价值在本质上是使用价值与交换价值的博弈，并提出价值创造是由个人、组织乃至社会来共同协力完成的，同时该研究还从地区文化层面对价值获取的影响进行初步的探索。契克森米哈伊（Csikszentmihalyi，2009）[94]认为，创意是一个复杂的系统，创意过程主要由三个辅助系统来支撑，一是创意所涉及的领域，二是创意领域的转化条件，三是创意人才。他强调创意人才是整个创意系统的核心，该群体通过运用专业知识、专业技能以及对创意条件的合理利用以保证创意系统的稳定运行，最终达到创意价值永续的理想状态。沃尔什等（Walsh et al.，2016）[95]指出，创意产生后，能否将创意执行和实现是关键，要聚焦如何激发和维系创意的质量，关注创意实施过程的价值挖掘。

国内学者胡彬（2007）[96]较早关注了创意价值问题，他通过对创意产业价值增值系统的构建，指出创意价值链以研发设计、生产制造和销售管理等传统商业环节为支撑的横向专业化的协作体系。邢华（2009）[97]在针对创意产业的价值生成与升级环节的研究中发现，网状的价值系统和线性的价值链是创意价值实现的两种主流模式。刘友金、赵瑞霞等（2009）[39]提出创意价值链（creative value chain，CVC）的概念，认为从创意源产生到创意成果化是一个复杂的网络化过程，由诸如政府、企业、高校、文化服务机构等相关创意主体相互链接而成，同时将创意价值的生成细化为创意源、构思、设计、实验、市场化以及产业化等六大过程。徐蕾和魏江（2010）[98]认为，在网络经济和信息技术大力普及的时代背景下，企业价值创造的模式将由价值链向价值网络转变。该研究以创意服务业为研究对象，构建了以顾客、企业以及关系三者在内的创意价值网络体系，强调企业与合作伙伴、供应商、最终顾客等利益相关群体的共生关系。厉无畏（2009）[87]从资本要素、价值链和价值实现体系三个层面构建创意价值系统，如图2.5所示。

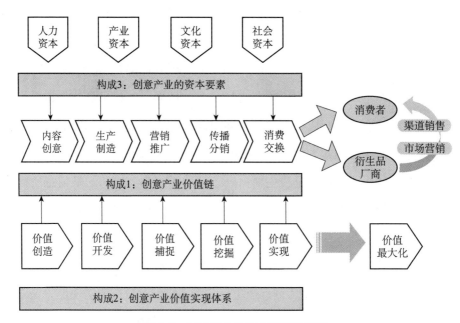

图 2.5　创意产业价值实现系统模型

刘捷萍（2011）[99]以创意企业为出发点，构建价值实现模型。她认为，创意企业的首要目标是让创意产品、服务来要满足消费者的需求，这个过程中包括内容创意、生产制造、营销推广以及售后服务等多个环节，而创新是整个价值实现过程的动力。此外，杨张博和高山行（2013）[41]也从产业链角度提出创意产生、商品化和产品化三个阶段的关系。李艳和杨百寅（2016）[100]指出，产生新颖且有价值的想法或技术是创意的目标，它可以帮助和引导企业在激烈的竞争中生存、革新和发展。朱桂龙、温敏瑢等（2021）[43]从创意产生、细化、倡导和采纳四个阶段提出了员工创意过程系统的管理分析框架。

从国内外现有的研究看，对创意价值实现过程的研究领域已经由心理学转向经济学、管理学领域甚至是多学科的融合，研究目标已经由实现艺术价值转向追求创意的商品化和市场化，研究视角也已经开始由线性到系统和网状的转变。与传统价值链理论不同，创意网络的价值动力来源于网络成员间的匹配，更注重网络的整体价值，突出协作共生机制在价值创造中的主导地位，这种思维也是目前研究企业创意管理的主要价值取向。

2.1.6　创意相关研究的评价

创意是一个既富有历史积淀，又充满年轻活力的概念。通过几十年的纵深发展，创意研究已经逐步演变成一个独立的研究领域。在对创意概念的界定和辨析、基本属性的分析以及价值生成机制的探讨之后，笔者认为，与其他相关学科相较而言，创意理论研究仍显零散，对创意内涵、结构、形式、价值等方面的研究仍有待深化，尤其是将创意理论纳入企业管理微观范畴来探讨创意系统的动态稳定，更显得尤为必要。因此，笔者在后续的研究中将大量吸取创新、创业理论的研究成果，并结合价值网络共创模式来分析企业创意活动。

2.2　创意阶层理论的相关研究

不同于土地和资源等传统的生产要素，创意不会自行产生、保持甚至传承，而是需要相关主体来培养、挖掘和生产。学界对创意的宽泛解释加速了创意与人力资源的结合。美国著名经济地理学家佛罗里达（2002）[6] 在专著《创意阶层的崛起》（*The Rise of Creative Class*）中率先提出"创意阶层"（creative class）这一概念。他认为，一群专业从事商业、科学和艺术工作者的大量涌现，将会给经济、社会和文化带来新的活力，尤其是在某些都市地区。根据佛罗里达的观点，创意工作者拥有相似的创新能力，重视创意，个性自由，能够引领未来城市和地区的发展。佛罗里达（2005）[101] 在他的专著《创意阶层大逃亡》（*The Flight of the Creative Class*）中进一步强调，随着知识和创造力逐渐成为经济发展的基础，人类已经开始进入创意时代，争夺创意人才将成为 21 世纪全球竞争的焦点。而事实上，在当今中国乃至全世界，创意俨然已经成为推动经济社会发展转型的强劲动力，创意现象更是引来人们的普遍关注。无论是理论界还是实务界，都对以"创意"为核心的创意经济、创意产业、创意企业等问题表示出强烈的兴趣。

本书通过 CNKI 数据库的可视化分析工具，对中国学者关于"创意人才"的文献进行研究。检索结果显示，近 10 年来，以"创意人才"为主题词检索出来的文献有 2 300 余篇，有近 30% 的研究聚焦到文化创意产业的研究中，而研究成果集中在 CSSCI 等核心刊物中的文献却相对较少。

通过对文献的横向和纵向梳理，研究发现，不论是从世界范围还是从国内的研究来看，创意人才的相关研究已经成为学界关注的焦点。作为创意的承载者和管理者，从微观视角对创意人才进行系统研究显得尤为重要，目前国内外学者对创意人才的研究主要集中在概念界定、特征分析以及开发管理等方面。

2.2.1　创意人才的定义

2.2.1.1　国外学者的研究

知识是创意的基础来源和应用工具。从 20 世纪 60 年代开始，国外就有许多学者对在工作中运用创意给予不同的定义。

（1）行为说

行为说的代表人物马赫卢普（Machlup，1962）[102] 将该类劳动群体称为"知识工作者"，认为他们主要从事知识生产（production）和分配（distribution）工作。凯洛威和巴林（Kelloway & Barling，2000）[103] 则将知识工作者的工作内容定义为知识的创造（creation）、运用（application）、转化（transmission）和获取（acquisition）四个部分。行为说的观点虽然对创意工作内容做了较为全面的表述，但这种观点的缺陷也是较为明显的，即对人类主体思维的能动性以及外界因素的影响考虑得较少。

（2）特质说

德鲁克（1969）[104] 从个性特征角度，提出知识工作者是一群具有异常想象力、勇气以及超凡领导力的人，他们的个人需求复杂多样，人们难以理解其工作动力是为了工作本身、工作绩效、社会地位或者是荣耀。坦波（Tampoe，1993）[105] 认为，知识工作者是具有创新意识、热衷创新行为的群体。达文波特等（Davenport et al.，1996）[106] 则指出知识工作者对工作环境的偏好以及自主价值取向高于传统工业的劳动者。特质说的观点主要考虑的是员工的现实表现，有可能忽略其他普通员工的潜在发展潜力，导致创意工作成为一种专属劳动。

（3）学历说

学历说认为从事与创意要素有关的工作群体一般具有较高的学历水平或者获得了较高的职业技术等级。斯图尔特和鲁克德舍尔（Stewart & Ruckdeschel，1998）[107] 指出知识工作者是智力资本的承载者。史密斯等（Smith et al.，2005）[108]

认为，知识员工的受教育程度是影响产品和服务更新速度的关键因素。这种观点与西方社会对高等教育和职业教育的重视是密不可分的。但这种观点过于关注员工所受过的教育以及资历在工作中的地位，即注重员工过去获得了什么，而非现在做了什么或正在做什么，忽视了创意劳动的价值性和普遍性。

（4）地域说

地域说是从创意工作者对地区的影响进行分析。雅各布斯（Jacobs，1969）[109]在其著作《城市经济》中提出，创新是城市与生俱来的品质，城市的诞生在推动人类社会发展进程的同时也吸引和集聚了很多创意人士，地理邻近的相关产业和人力资源的集中，将促使城市更加多元化。卢卡斯（Lucas，1988）[110]的研究指出，人力资本的聚集是城市和地区发展的驱动力，并将这种现象称为"雅各布斯效应"。兰德里（Landry，2008）[111]在创意城市的框架中提出"城市创新者"的概念，认为人力资源质量与发展路径的多元性能够给城市发展注入新活力。地域说的观点揭示创意人才与城市发展之间的互动关系，认为凡是能够为城市营造活力、提供创新资源的劳动者，都可以纳入创意人才的范畴。该观点对于解决当前城市经济发展中存在的不可持续问题具有重要的理论与现实意义。但这种表述仅仅将创意人才作为区域发展的一个附属要素，对该劳动群体的概念界定仍显模糊，不利于业界和学界进行深入研究。

（5）职业说

职业说主要从创意人员所从事的工作类型进行分析。贝尔（Bell，1973）[112]称其为引领经济从制造业为主的时代到"后工业"时代的精英阶层，包括科学家、工程师、经理和行政人员等职业。里奇（Reich，1992）[113]提出"符号分析专家"（symbolic analysts）的概念，即操作概念和符号的工作人员，如财务人员。祖金（Zukin，1989）[114]将从事文化、艺术、设计的相关从业者称为"城市先锋"（urban pioneers）。德鲁克（1999）[115]进一步深化对知识工作者的认识，将其定义为掌握并运用符号和概念，利用知识或信息工作的人，主要指专业经理人。福塞尔（Fussell，1983）[116]结合职业说与行为特质说的观点，提出创意的复合观点，即"X 阶层"，主要是从事艺术、写作等创意工作，崇尚自由，热衷自己的工作，有独立心智，追求自我价值实现的群体。

在融合 20 世纪 60 年代波希米亚追求自由以及 80 年代布尔乔亚积极进取价值观的基础上，布鲁克斯（Brooks，2000）提出"波波族"（BoBo）概念，即聚集在企业主管、教授、律师等其他专业人士的中产阶级职业群体[117]。布鲁克斯的观点提及创意与知识工作的结合，既考虑群体经济地位的优越性因素，又注意到社会阶层文化对这一群体形成的影响，印证了创意群体多元化的显著特质。

（6）复合说

在上述研究的基础上，佛罗里达（2002）[6]提出"创意阶层"（creative class）这一概念。他认为创意阶层包括"超级创意核心"（super-creative core）和"创新专家"（creative professionals）两部分。前者由来自"从事科学和工程学、建筑与设计、教育、艺术、音乐和娱乐的人们"构成，他们的工作是"创造新观念、新技术和新的创造性内容"；后者则包括更广泛的群体，即"在商业和金融、法律、保健以及相关领域的创造性专业人才"，这些人从事复杂问题的解决，包括"许多独立的判断、需要高水平的教育和技能资本"。佛罗里达还指出，随着其他行业领域不断渗透创意内容，从事体力劳动的劳工阶层以及重复工作的服务阶层中的成员，有可能跻身到"超级创意核心"阶层。如图 2.6 所示。相较于其他学者而言，佛罗里达的观点不仅没有局限于对创意工作有关职业的简单罗列，而且还考虑创意人员的层次与边界，更为重要的是，他能够从动态的视角出发，将以创造力元素为主的相关工作群体纳入未来新创意阶层的范畴当中，该定义目前也得到学界和业界的普遍认同。

近年来，在佛罗里达观点的影响下，欧洲国家开展了关于城市对创意人才集聚能力影响的研究，在这些研究中，有许多学者又提出创意员工（creative workers）、创意知识员工（creative knowledge workers）和知识密集型员工（knowledge intensive workers）概念[118]。佩克（Peck，2005）[119]认为，创意阶

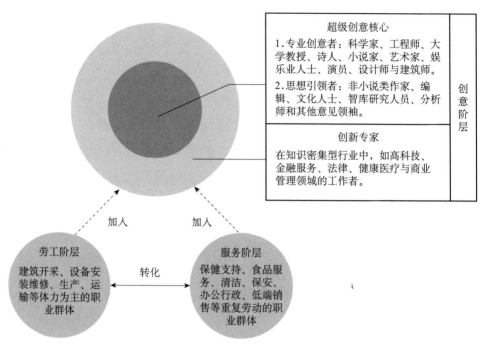

图 2.6　创意阶层的内涵

层的崛起不仅给城市带来创意能力的提升，也改变了现代城市的发展方式，并将创意阶层称为新经济的代言。凯普苏（Kepsu，2008）[120]将创意阶层理论运用到城市人才集聚力的研究。伊格（Eger，2010）[121]提出"创意社群"（creative communities）这一概念，并指出创意工作者与文化、科技、商业和地区的紧密结合能够加速创意的辐射范围，创意阶层将成为劳动力的核心力量。柯林斯（Collins，2015）[122]人才集聚为创意资源在创意生态圈的激发、交流、整合与协调提供了更多创新创业机会。何（2019）[123]研究表明，扩大创意阶层成为新经济的发展范式，数字技术让创意时空网络不断优化重组。由此可见，与其说"创意阶层"是一个对新兴劳动群体的概念界定，不如说"创意阶层"是一种研究现代经济社会发展现象的代名词。

2.2.1.2　国内学者的研究

"人才"概念在我国人力资源研究中被广泛使用。目前，对该定义比较权威的解释出自《国家中长期发展规划纲要（2010－2020）》（以下简称《纲要》）。《纲要》指出："人才是具有一定专业知识和专门技能，进行创造性劳动，并能够对社会做出贡献的人，是人力资源中综合能力以及素质都比较高的劳动者。"受历史传统和社会体制影响，我国在人力资源研究上较少使用"阶层"这一概念，在借鉴与引用上比较习惯使用"人才"这一说法。而实际上，在国外尤其是发达国家，几乎没有与我国人力资源开发管理意义上完全对应的"人才"概念，在相关文献研究中也很少看到"创意人才"概念，比较类似的有"Creative People/Talent/Workers"或"Innovative People/Talent/Workers"等。因此，目前国内对创意人才的研究实际上是源于对创意阶层内涵的研究。

李津（2007）[124]从人才类型来界定概念，认为创意人才是以自主知识产权为核心、以"头脑"服务为特征、以专业或特殊技能为手段的精英人才。王飞鹏（2009）[125]也认同这种观点，并进一步指出，创意人才是拥有专业技术能力和从事专业性文化工作的劳动者。该定义过分强调创意人才的优越性，从而忽略了创意人才的普遍性。李元元、曾兴雯等（2011）[126]从劳动性质来界定概念，认为创意人才是通过专业技能，发挥创造能力来提供高附加值产品或服务的脑力劳动者。张胜冰（2011）[127]认为创意人才是以脑力劳动为主的高级智力资源，主要以知识创造为工作内容。该定义源于对创意阶层的研究，通指从事脑力劳动的人群，但忽略了创意工作者也有可能从事部分体力劳动。蒋三庚、王晓红等（2009）[90]借鉴国外职业说和行为说的观点，将创意人才定义为"拥有高水平知识和创新能力，能够将自己的创作技能和手段，把特有的表达内容和信息转换为有形产品或无形服务的群体"。同时，他们还根据产业链的不同环节把创意人才划分为创意生产者（画家、作家、设计人员等）、策划者（广告策划人、项目策划人等）和成果经营管理者（项目经理、经纪人、中介人等）三类。该定义平衡了创意工作普遍性与特殊性的关系，将创意劳动者纳入整个产业链环节，既强调创意分工，又突出创意的商业价值属性，是目前从经济管理领域研究创意人才较为科学和合理的概念解释。在此基础上，袁新敏和李敖

(2017)[128]的研究指出，创意人才是指"能运用创作技能将特有内容和信息转换至创意产品或服务中，并推动其生产、流通和经营"的人才集合体，既囊括创意产业链中从事创造性工作的人才，也包含技术支持、经营管理、市场销售等复合型人才，还体现了创意人才的普遍性。向勇（2017）[129]提出创意创业家概念，他认为，这是一个以实践主义美学精神为行动指引、以创业行动创造历史的新创意阶层。

由于我国对创意人才的研究起步较晚，实际在研究与使用中与其相近的概念纷繁芜杂，诸如"创新人才""创造性人才""知识型人才"等。为了进一步了解三个概念之间的区别与联系，明确创意人才的内涵，笔者将研究总结如表2.3所示。

表2.3　国内学者对创意人才相关概念研究的比较分析

概念	代表性观点	文献来源	观点评价
创意人才	掌握高水平知识和创新能力，通过专业技能，发挥创造力来生产、策划或经营管理创意产品的劳动者	蒋三庚，王晓红，张杰. 创意经济概论［M］. 北京：首都经济贸大学出版社，2009：247－250	既考虑人才的素质构成，又对工作内容进行分析
创新人才/创造性人才	创新人才是具有创新意识、创新精神和创新能力的人才	冷余生. 论创新人才培养的意义与条件［J］. 高等教育研究，2000（1）：50－55	仅从个体的心理特征和行为表现来定义，普遍运用在教育领域
	创造性人才是拥有产生某种具有新颖性、独创性和价值性产品的智力品质人才	林崇德. 培养和造就高素质的创造性人才［J］. 北京师范大学学报（社会科学版），1999（1）：5－13	
知识型人才	企业组织中脑力劳动高于体力劳动贡献的劳动者	张向前. 知识型人才内涵分析［J］. 科学学研究，2009（4）：504－510	既包括体力劳动也包括脑力劳动，只不过是脑力劳动占劳动总额的比重较高

2.2.1.3　本书研究中对创意人才的定义

通过上述的比较分析，笔者认为，创意人才是源于创新人才、创造性人才和知识型人才的一个溯源和延伸概念。创意人才是具有创业意识、创新精神和创造能力，能够胜任岗位要求，利用文化资源与科学技术来从事产品的策划、生产和经营管理的劳动群体。

第一，从个性特质上看，创意人才需要有较强的创业意识、创新精神和创造能力且与岗位的具体要求相匹配。创业意识并非要求创意人才要自主创业或成为企业的领导者，而是指创意人才要具有在所属领域建功立业的动机和意愿；创新精神是指创意人才具有对已有观点、方法和理念进行革新的勇气和信心；创造能力是指创意人才能够利用已有资源来寻求工作内容和形式新突破的一系列工作能力。其中，创业意识是从事创意活动的基本动力源泉，创新精神是开展创意工作的内在支撑，而创造能力则是最终能够实现创意产品价值的必要手段，三者相互联系、相互影响，共同构建出创意人才的"三创"品质。

第二，在劳动类型上，创意人才是主要从事与"创意"有关的劳动群体，不单单局限在脑力劳动者，还包括部分体力劳动者。创意人才不仅是能够从事创意生产的群体，而且还包括从事产品的设计、经营和管理的一系列相关人员。创意人才既有可能是富有创业精神和市场洞察力的创意企业领导者和决策者，更不乏相关的销售和管理人员，也有可能是具体从事产品生产制造的企业一线技术工人，如动漫设计师、影视制作人员、服装设计师、创意经纪人、文化企业负责人等都属于创意人才范畴。

第三，在工作内容上，创意劳动不同于以往对实体原材料的高度依赖，而是更多地利用地域文化资源和先进科学技术来进行产品的开发设计与经营管理，这点也符合管理语境下创意的基本内涵及内在逻辑关系的本质要求。

创意人才是一个动态发展的概念，随着创意产业的不断发展壮大，将会有更多的行业渗透到创意领域，创意活动将无处不在。因此，对创意人才内涵以及外延的探索和研究仍需要与时俱进。本书中之所以对创意人才的界定倾向于多元视角，一方面，是基于对创意自主性、普遍性、关联性以及系统性等本质属性的理论支撑；另一方面，是基于在管理视角下探讨创意人才综合能力与创意企业管理机制以及产业环境等因素的现实需要。此外，笔者在读博期间对近百家创意企业的实地走访调研结果也从另一个层面印证该定义与目前管理实践的一定匹配。

2.2.2　创意人才的基本特征

国内外学者对创意人才特征的研究主要集中在与传统产业人才的差异性比较上，总体而言，创意人才在性格特征、心理需求、价值取向、行为方式和工作成果方面存在诸多显著特征。

佛罗里达（2002）[6]通过对美国创意产业的实证调查，认为创意阶层具有年轻化、受教育程度较高、追求独特生活方式和价值取向多样化等特征。芒福德等（Mumford et al.，2002）[130]通过领导行为对创意影响的研究中发现，创意群体对成就和自我价值实现的关注程度高于对权力与归属的追求。佩克（2005）[119]在对佛罗里达的研究成果进行评析的基础上，提出创意阶层是具有无形创造能力、行为难以预测、崇尚宽松多样和开放团体氛围等基本特征的新兴劳动群体。霍金斯（2009）[131]指出与普通人相比较，创意人群更原始、更文明且更具破坏性，有独特的思考和工作方式，是具有高度"自我能量"（ego-strength）的人士。

国内学者王飞鹏（2009）[132]认为，创意人才具有创新精神、高超的洞察力和悟性、良好的沟通能力、较强的抗压能力等特征。杨燕英和张相林[133]（2010）从心理特征、能力构成、行为方式和流动频率四个方面分析创意人才的基本特征，认为创意人才成就需求高、创新能力强、工作随意性大、流动频繁。易华（2010）[134]认为，创意人才具有七大特征：①具有创意与创造力；②受教育水平普遍较高；③具有一些共同的价值观和能力；④对城市生活的便利条件需求较高；⑤独特的生活方式以及价值取向；⑥以团队化形式进行创作；

⑦在创意城市集聚。张胜冰（2011）[127]指出，创意人才对城市氛围具有高度的依赖性，是拥有创造技能和天赋、喜欢自由流动，具有自主创业特点的高级人力资源。王刚等（2016）[135]从创意基础（文化素养、经验丰富等）、创意能力（沟通协调、学习转化、创新等）和创意人格（质疑精神、包容性、抗压力等）三个方面诠释了创意人才胜任力。吴贵明（2017）[136]根据文化创意产业研发人才不同职业发展时期，认为创意人才具备三心（匠心、文心、爱心）与两意（韵意、创意）。向勇（2017）[129]认为，创意创业家在思维方式、行为风格、个性动机和能力素养等方面表现出独特的素质结构和能力特质。

经过比较分析，笔者认为，创意人才虽然从事着不同的工作，但也具有一些普遍特性。首先，创意人才具有较高的智商和情商。创意人才大部分都拥有较高的学历或技术水平，在思维能力、认知能力和动手能力等方面都比普通员工突出。同时，复杂的创意工作也决定了创意人才需要具备较强的抗压和心理调适能力。其次，创意人才重创新轻规则。为了不断聚集和产生创意，创意人才需要不断更新知识结构和提升专业技能。他们往往能够通过自我学习和团队合作的方式来组合新知识、新方法，从而推动创意工作不断革新。然而，重创新的特性也决定他们崇尚自由、宽松和开放的环境，不愿意受规则或权威的约束。因此，追求工作与生活的平衡、推崇弹性工作时间、热衷"无领"和"创意"办公便成为绝大多数创意人士的偏好。再次，创意人才求发展好流动。与普通员工相比，创意人才自我价值导向更为突出，内在心理需求也更多样化，更加关注专业特长的发展和工作成就的认可。一旦发现自己的工作缺乏挑战性、没有价值或者是受制于官僚组织的束缚，他们便会义无反顾地选择离开，流动频率较高则成为创意人才的另一特性。最后，创意人才的工作成果不易测量。创意工作是一项有机的独创工作，没有固定的模式或规律可以遵循，更没有统一的评判标准，因此，劳动的复杂性决定了创意成果难以衡量。

2.2.3 创意人才的开发与管理

2.2.3.1 国外学者的研究

从现有研究来看，发达国家或地区创意人才培养模式比较成熟[137]，具体如表2.4所示。

表2.4 发达国家或地区创意人才开发与管理措施简明表

	政府	学校	企业	简评
英国	1. 成立创意产业特别工作小组 2. 制订新天才计划 3. 营造创意生活圈	1. 制订创意合作伙伴计划：政府、创意机构与学校合作 2. 设置以创意为核心的专业体系 3. 将创意课程贯穿整个教育阶段 4. 设立创意产业高教论坛 5. 实施创意人才再造工程 6. 成立创意人才培养基金	1. 实施全球人才战略 2. 制定宽松的人才流动政策 3. 实施目标管理	政府扶持主导
美国	1. 创意投资主体的多元化 2. 营造创意生活圈	1. 创意经济人才链的构建 2. 540所大学设游戏专业 3. 开设文化艺术管理课程	1. 重视员工价值 2. 乐园式办公 3. 浮动薪酬 4. 股权激励	市场规律推动
韩国	1. 政府资金投入以加强人才培养 2. 建立文化产业专门人才库 3. 成立创意人才培养委员会 4. 加强与外国的人才交流合作	1. 288所高等院校设有创意产业相关专业 2. 106所政府指定资助游戏专业的大学与研究院 3. 扩大相关专业招生规模	1. 企业人才认证 2. 提升设计部门地位	传统文化立国
新加坡	1. 确定人才立国战略 2. 制订《创意新加坡计划》 3. 政府带头使用优秀创意作品 4. 实施创意社区计划	1. 艺术化理念贯穿日常教学 2. 设置与产业相关的专业 3. 高校与国际顶尖学术和科研机构合作	1. 外派学习 2. 高薪高职	和谐环境引才

佛罗里达（2002）[6]从构建创意社区入手，提出通过为创意进行投资，塑造人文气候和构建社会凝聚力，以发挥城市尤其是大学在创意人才开发中的作

用。佩克（2005）[119]提出城市氛围对于培养创意人才的重要性。桑德斯和里斯（Sands & Reese，2008）[138]的研究进一步验证该观点，他们通过对加拿大 40 个中等规模城区的调查发现，创意人才是经济健康发展的主体，而多样的环境和适当的政策支持是创意人才培养的关键。洛伦兹和伦德瓦尔（Lorenz & Lundvall，2011）[139]认为，政府应该推动政策多样性，基于培养能力目标的多层次教育体系和职业培训制度以及具有弹性的劳动力市场是创意工作得以蓬勃发展的保障。企业是创意人才的使用部分，创意人才的效用能否发挥，既取决于人才基本素质，又受企业管理手段的影响。徐芳琪和里卡兹（Fangqi & Tudor，2007）[36]提出创意管理将组织管理理论研究带入新的历史轨道，创意人才给现代企业管理增加更多人文、技术以及知识因素。比尔顿（2009）[35]指出，放松与控制是创意管理的核心，松散化的个人管理模式是适合创意人才发展的。他同时强调传统组织的渐进式与演进式变革在企业创业氛围营造中的作用。霍金斯（2009）[131]认为，创意人士存在"个人差异"，在"创意生态"中，利用"网络型办公"（network office）方式能够使创意产生良性互动，互惠共生与协作模式将成为企业的首选。近年来，延续创意生态理念，何（2019）[123]的研究突出了高校的作用，指出在产学研的系统中创意人才和创意组织与周边的高校科研机构、公共服务平台以及各类组织协同共生。

2.2.3.2　国内学者的研究

我国对"创意经济"的认知起步较晚，因此在创意人才开发与管理的研究主要是集中在对西方创意人才培养模式的介绍与引进上。赵曙明、李程骅（2006）[140]通过对发达国家创意人才培养经验的总结，认为创意人才的培养责任主要是政府，强调要从政策层面明确创意产业的战略地位，制定创意人才培养策略，营造适合创意人才个性的创意环境。李津（2007）[124]认为，应该从社会、企业和个人三个层面培养创意人才胜任力，社会层面强调教育部门和社会培训机构的重要性，企业层面集中体现基于胜任力特征的个性化培训方式的必要性，个人层面则突出自我学习能力提升的关键性。王飞鹏（2009）[125]从政府和学校角度提出以政策为导向，教育为手段的长短期开发策略。赵莉和贺艳（2011）[141]认为，企业应该努力培育创新文化，塑造创新型组织，并积极创新对创意人才的管理模式，充分授权，提供全力支持，促使创意人才和企业形成心理契约，使其得到全面发展和快速成长。马璐瑶（2017）[142]认为，学校创意环境为创意能力的形成提供了土壤，并指出高校应从硬件设施、制度环境、师资队伍、平台建设等方面营造创意氛围。叶莉和李聪慧（2019）[143]基于新工科语境下，提出从顶层设计、教育理念和教学模式来构建创意人才的国际培养生态。

创意人才的培养是个系统工程，需要政府、社会、学校和企业等相关部门的通力合作，并采用多渠道、多形式、全方位的培养手段。目前国外相关研究更多的是立足创意人才开发的宏观视角来开展研究和提出策略，我国虽然在这方面的研究内容较多，但观点都普遍较为相近，鲜有突破，尤其是忽略中国情境下创意人才的本土化开发与管理思路的研究，直接深入企业管理领域进行系统研究的更是少见。笔者提出要从微观视角来对创意企业人力资源开发与管理问题开展研究，正是基于对国内外现有相关研究文献梳理而得出的结论。

2.2.4 创意阶层理论研究的评价

通过对国内外研究文献的梳理，本书研究发现，创意阶层的崛起作为一种社会现象已经得到理论界和实务界的认可。随着时代主题的不断演变和人类认识的逐渐成熟，对创意人才的研究领域和视角正日益多元和深入，但仍面临不少问题有待解决。首先，从微观层面看，虽然佛罗里达对"创意阶层"这一新兴劳动群体的界定目前已经得到众多学者的认可，但质疑声仍然不断，部分学者认为创意阶层不过是知识工作者的翻版，两者具有重合的地方；创意人才理论与传统人力资本理论并无差异[134]。此外，采用职业标准对创意阶层进行统计虽然具有一定的科学指导意义，但这种源于美国文化和经济视角的职业圈定能否推广，还值得商榷。其次，从宏观层面看，政府承担创意人才的投资和转化，高校负责创意人才的孵化和教育，而企业是创意人才最终的使用者。目前对创意人才培养的研究更多的是针对政府政策制定的描述与总结，而直接立足创意人才特点的企业管理理论与实证研究仍然较少见。因此，本书一方面更加注重创意人才范畴的适应性与动态性，立足于中国情境下研究创意人才的概念和特征；另一方面更加注重创意人才研究方法的科学性和系统性，深入创意企业微观层面，通过构建创意人才胜任力模型，探究创意人才行为方式和心理特征与企业管理行为、社会环境的互动机理，以深化对企业创意管理研究的认识。

2.3　创意生态理论的相关研究

2.3.1　创意生态理论的主要内容

20 世纪中叶，西方国家在风起云涌的生态环境运动中，衍生出众多思想流派。根据对生态问题形成的根源和最终解决方案的不同，主要区分为浅层生态学和深层生态学。浅层生态学的代表阿特菲尔德（Attfield，1992）认为，生态问题仅仅是社会进程中某个因素或者某些因素所导致的，如人口、技术、经济等。该理论仅是针对污染的治理和资源耗竭的应对，将人与环境截然分开。与该观点不同的是，奈斯（Naess，1973、1995）提出深层生态理论，他认为生物有机体都是生物圈网络或有内在联系的场中节点，倡导用整体、联系的视角来实现人与自然的和谐共生。他同时强调人类这种具有"生态智慧"的群体，会努力在生物圈中寻求实现共生最大化和多样化的"小生境"（niche）。深层生态理论鼓励人类生活方式、文化、职业和经济发展的多元化，主张用多样、共生、平等的原则来处理人与人、人与自然的关系，不仅是自然界的黄金法则，而且将成为人类价值实现的一种新哲学模式。贝特森（Bateson，2002）进一步提出

"智慧生态学"的概念，他认为智慧是生态系统的演化动力，人的思维通过对外界信息的控制与反馈实现从低级状态到较高级层次的演化[144]。

在此基础上，"世界创意产业之父"霍金斯（2009）[131]在他的专著《创意生态》（*Creative Ecologies*）中率先提出"创意生态"理论，其基本逻辑是将创意与生态相结合，以生态学的思想和方法来诠释创意经济活动，并试图提供一个系统、环境、条件、过程以及相互衔接的种种关系，从而探寻创意人才在社会组织生态系统中的位置和功能。总体而言，创意生态理论主要包括四个方面。

第一，生态理论提供解释现实创意经济活动的系统方法。生态学主要研究生物体之间以及同环境之间的互动关系，不同的物种生活在一起就构建起一个"小生境"，即能够让物种在其中茁壮成长的系统。而健康的生态系统又有助于确保某一物种在任何时间、任何区域中都能够发挥自身功能性作用。与经济活动的频繁互动也同样为创意本身提供一种"小生境"。创意人士依附于某种关系，通过协同创造来呈现出多样化的活动方式，最终为创意系统汇聚更多的正能量，由此导致系统复杂性和稳定性的不断增强。由此可见，创意生态旨在为政府、企业、学校乃至全人类提供一种系统性思考创意活动的新方法。霍金斯强调，在当今及未来的社会发展中，全民创意、知识共享和网络协作将是一种主流，即创意人才的生产与生活、生存与发展不断地在新的生境中融合。

第二，创意生态是对人类主体地位重新认识的理性回归。霍金斯指出，创意经济的发展趋势已经从专注"以产业为中心"转向注重"以创造力为核心"。虽然创意的经济功能是要利用资源来寻求社会财富和福利的增加，但创意生态观却没有陷入传统经济模式中把人理解为一味逐利的"经济人"理性假设中，而是将人视为具有独立自主的"思想个体"，对人性倾向于采用一种"生态人"的中立假设。在创意工作中，个体运用智慧来探究并重塑对旧观念、旧想法、旧方式的理解，并运用擅长的创意技能进行来实现创意价值。因此，不论是创意思维还是创意行为本身，都可能包含理性与非理性因素，创意主体追求的目标也是复杂多样的，赚钱只是其中之一而已。因此，创意生态让"资源有限，决策理性"的经济学命题面临新的挑战，对人类主体价值的本性回归已经逐渐成为目前经济管理领域研究的主流思想。

第三，创意生态是一个复杂的自组织系统。创意生态的精髓在于探讨创意系统中各种机制与其所处环境之间的关系，出发点是一种生态系统是由若干不同类型物种共生的状态。"创意源于（产生）多样，多样促进变化，变化呼唤学习，学习增强适应，适应激发创意"，这是霍金斯对创意生态内在逻辑关系的概述，如图 2.7 所示。他认为，创意的过程是不稳定且竞争激烈的，多样性、变化、学习和适应性是维持创意生态系统健康稳定增长的主导机制。多样性是系统功能强大的指标，涉及创意个体、组织的数量丰富与质量稳定，加速变化机制的内化作用。而"适者生存，优胜劣汰"的生命法则让创意基因得以重组和改变。学习是让创意主体更加适应系统运行规则的另一个动力机制，是为了从更广、更深的角度理解创意本质属性的一种主动心智过程。此外，模仿创意绩优者、与创意社群信息共享、合作以及竞争在创意系统的适应性功能发挥中也扮演着重要的角色。

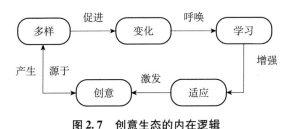

图 2.7　创意生态的内在逻辑

第四，创意生态是一种动态性的思维范式。如果要确保创意生态系统持续健康稳定和谐发展，就必须要努力营造一个适宜创意的社会氛围。霍金斯提出三种能够诠释创意生态生命力和增长方式的基本准则。首先是认识创意的普遍性。他认为，创意是人类的本性，创意能力与生俱来，在创意生态中，个体将逐渐取代公司或组织，成为系统运行的主导者和决策者。其次是实践创意的自由化。在"从自由中来到自由中去"（freedom from and freedom to）的环境中，创意生态最具有活力。创意人士在宽松的氛围中自由地进行思考与探索，实现创意自主化。最后是为创意提供市场。创意价值的实现在于有多少人能够真正得到实惠。霍金斯指出，创意在没有市场的情况下虽然有可能获得一时的繁荣，但是却难以产生长远的经济价值，发挥最终功效。创意市场是社会化程度高的创意栖息地，空间应当是开放、多元和包容的。因此，创意生态要有系统性扩增，并通过场所、组织、制度和各种事件来促进创意的碰撞与交流。不论是政府、企业、学校还是其他社会组织，都应该努力为创意的激发、培养和保持创造条件，提供栖息地。

鉴于创意活动与生态系统演变具有耦合之处，其他学者也从不同角度提出对创意生态的认识。比尔顿（2010）[145]从产业组织角度提出管理是一个创意的过程，而创意是一个被管理的过程。将创意纳入组织生态管理范畴不仅不会抑制创意，反而会平衡创意系统内部利益相关者的竞争。伊格（2010）[121]基于"群"的概念，认为创意社群是一个以创意人才为主体，充分利用艺术、技术、商业与地区之间的联动机制来实现创意价值的复杂系统。社会应当通过各种方式来努力培养和扩大创意阶层，让人类的创造力与文化艺术发挥联动效应，从而为城市创造就业机会、促进财富增长以及提升生活品质做出应有的贡献。洛伦兹和伦德瓦尔（2011）[139]提倡要为创意工作营造一个以政府为主导，包括多层次教育体系、规范的职业培训机构和弹性劳动力市场等要素在内的人才生态系统。卡切劳斯卡斯和扎瓦茨克（Kačerauskas & Zavadskas, 2015）[146]从教育视角研究了创意生态，指出创意生态环境的营造能够改变可持续和可变化的文化氛围，让教师与学生之间的交流更加紧密。

国内学者刘轶（2007）[147]认为，创意社群是创意阶层发展壮大的必然产物。创意阶层在城市环境的影响下，运用创造思维和个人才能，将文化艺术与现代科技以及商业活动相结合，从而形成全员、全组织、全社会创意的生态氛围，现代城市正朝着更文明、更和谐的方向发展。厉无畏和王慧敏（2009）[148]指出，创意社群是创意产业发展中形成的企业群落、文化艺术活动群落、社会阶层群落（创意人才、消费者、竞争者等）以及社会关系的总称，如图 2.8 所示。该研究还同时指出，创意社群是推动创意产业从组织和经济系统层面向社会结构体系演进的动力，为创意社群塑造生产和成长生态是政府、企业乃至全社会共同的责任和义务。

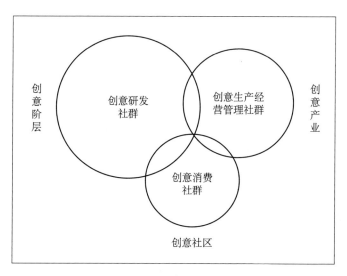

图 2.8　创意社群构成

总而言之，创意生态是一种多元、全景和深层的生态观，该理论以一种动态的思维来认识和诠释创意经济活动，赋予文化如同生命力一样的生态属性，再次突出社会转型与发展繁荣对创意阶层的高度依赖，也表现出对创意管理的深层次需求。因此，在追求企业创意人才生态系统健康目标这一核心问题上，创意生态不仅涵盖更加宽泛的理论框架，而且提供更加深入的研究方法。从国内外现有的研究来看，目前与创意生态主题相关的研究主要集中体现在组织和个体两个层面。

2.3.2　组织层面的创意生态研究

创意来源于个体，成就于团队。随着创意被赋予更多的经济学意义之后，将创意生态纳入组织管理就不可避免地与组织生态理论相关联。组织生态理论主要仿照生态学的基本原理和方法来探究组织生态主体与各种环境因素之间的互动关系，其主要目标在于通过构建一个由人、组织和环境和谐共生的复合系统来实现产业组织绩效的持续和稳定。

汉南和弗里曼（Hannan & Freeman，1977）[149]最早提出组织生态理论，他们认为，由于受到内部结构的边界约束以及外部环境的限制，组织往往缺乏弹性。研究还指出"变化适应"和"环境选择"是组织演化的主要路径，组织生态位是组织生存和发展依赖的环境与资源相互联系而成的多维空间集合。汉南（1984）[150]进一步指出，组织生态是由多个层级分明的子系统构成的，伺机选择组织变革是避免组织结构惰性（structural inertia）的有效途径，而学习和创新是组织适应能力的重要表现。汉南等早期的系列研究较好地将生态系统演化机制以及生态位原理运用到组织管理研究中，对于后续学者更深入更全面地认识组织结构和功能有很大的参考价值。

伯格尔曼（Burgelman，1991）[151]基于企业战略视角，提出组织生态战略观。他认为，企业种群对内部资源的整合以及外界环境对企业个体的选择是组织生态系统研究的切入点，持续成功的企业应专注于提高组织生存能力（viability）以及环境适应能力（adaptation）。鲍姆和辛格（Baum & Singh，1994）[152]从演化动力学的角度分析组织变化、竞争等类生态的进化现象，并从层级的角度归纳为组织内部、组织之间、种群以及群落的演化。布朗（Brown，1999）[153]则从知识的角度研究组织生态。他认为，知识是组织生态系统的核心基因，提升组织知识管理能力和增加人力资本投入能保证知识生态系统正常运行。卡罗尔和汉南（Carroll & Hannan，2000）[154]将企业与产业联系到一起，探讨产业集群中企业群落的范围和多样性问题。乔治和莫洛伊（George & Molloy，2000）[155]深入企业内部，指出一个组织就是一个知识生态系统，本质上是动态的，需要依靠多样性机制来获取发展的动力。苏沃林（Seuring，2004）[156]基于产业生态链的视角分析组织群落的共生现象，指出企业进化成功不仅取决于对产业资源的挖掘和利用，还与企业之间的合作关系强弱密切相关。

赫恩和佩斯（Hearn & Pace，2006）[157]提出"价值创造生态"（value-creating ecologies），他们认为，在创意产业生态系统中，组织个体、种群和群落都扮演着价值生产和创造的角色。同时，该研究还指出，将创意资源与商业组织联系之后，价值实现模式将发生改变，即价值生产从关注节点到整个产业网络体系转变；利润点从单一产品价值到生态系统整体增值转变；客户从消费者主导到包括生产者和竞争者在内的利益共同体转变；组织之间的关系从简单的合作竞争关系到复杂的利益共同体转变。赫纳等（Hearna et al.，2007）[158]利用价值创造生态理论来描述创意产业运行机理并侧重讨论人力资本投资、城市发展政策以及基础设施建设在价值生态系统中的重要作用。价值生态的研究以系统和动态的视角来阐释创意产业价值创造过程，尤其是将生态主体的竞合共生关系嵌入创意生产者、消费者、竞争者、中间商等创意群落之间的互动中，不仅是对组织生态理论研究的深化和延伸，更是创意生态理论研究的有益补充。

国内学者对组织生态理论的关注比较晚。席酉民（2000）[159]在著作《经济管理基础》中对汉南等西方学者的组织生态理论做了初步介绍。杨忠直和陈炳富（2003）[160]认为，企业生态学是商业生态学的重要分支，并着重对企业生态系统中的生态链、生态位、演变机制等类生态问题进行初步研究。何继善和戴卫明（2005）[161]对产业集群内企业之间的竞争互惠以及上下游关系进行系统研究，并指出差异性、竞合性、开放性等是产业集群生态平衡的条件。王发明、周颖等（2006）[162]通过结构惰性与组织变革、自然限制与环境选择以及组织生存与群内竞争等生态机制对产业集群的风险防范进行系统分析。张艳辉（2007）[163]将组织生态理论运用到创意产业中，认为创意产业对环境的高度依赖以及产业范围的多样性更加彰显内在演化的生态属性，主张通过创意种群的互动关系来探究创意产业价值的实现和相关政策的制定。胡彬（2007）[96]从创意产业价值增值系统出发，分析创意群落在创意价值创造和实现过程中的作用，如图 2.9 所示。

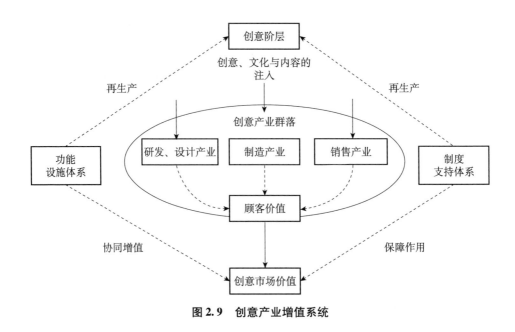

图 2.9　创意产业增值系统

　　李朝辉和林岩（2012）[164]提出基于面向服务的架构体系（SOA）的创意产业立体生态系统概念。该研究以互联网为切入点，结合创意产业跨部门、跨行业、跨区域的复合特征，延续了生态系统观对创意的非线性思考，同时又确立了创意研究的立体思维，是目前从组织层面研究创意生态的一种新的突破。曹如中等（2015）[165]从主体、功能和环境三个部分研究创意生态。沈蕾、张悦等（2018）[166]对创意产业创新生态系统概念及特征做了释义，认为创意产业创新生态系统是以多样化创意个体的创意活动为中心，以创意企业创造性破坏为核心动力，通过发挥系统的"多样性、开放性、自主性及协同性"等方面的特征，协调行业内核心企业、供应商、消费者、互补商等多重利益相关者的产学研相结合的动态系统，其竞争能力得益于系统的开放式创新、价值创造及知识协同。这一概念在继承了创意生态研究的基础上，进一步明确了创意产业创新生态系统的核心内容。

　　从现有研究来看，作为新兴的交叉学科，组织生态学的基本原理和研究方法已经得到国内外学界的普遍认可，目前的研究已经开始从单纯仿照生态学原理来诠释组织活动延伸到结合新兴产业组织的生存与发展等更加具体和更微观的层面。因此，本书在充分借鉴国内外学者对组织生态理论研究成果的基础上，结合目前我国创意产业发展的现实情况，从企业创意人才这个角度来展开理论分析，是创意生态与组织生态研究互动的理论诉求和现实需要。

2.3.3　个体层面的创意生态研究

创意是以人为主体的创造性劳动，因此，随着创意组织生态研究的不断深入和创意活动本身的不断拓展，围绕着企业人力资源这一个体层面来展开研究也成为创意生态理论的一个重要分支。

国外学者格诺特（Gernot，2002）[167]提出广告生态的概念，认为以项目为基础的新型组织结构将更加突出团队协作的重要性，并侧重讨论了以创意人才为核心的企业网络对组织稳定的影响。巴拉巴斯（Barabási，2005）[168]也指出，创意企业在本质上就是一个复杂的网络体系，支撑团队创意成功的关键因素是信息共享。吉梅拉等（Guimera et al.，2005）[169]则进一步指出团队合作机制决定了创意网络的结构和团队绩效，同时强调，创意团队的规模、对新想法的运用比例以及对成功协作模式的学习程度是创意系统健康运行的基本要素。提斯（Teece，2007）[170]认为，具有卓越绩效的企业一般具有较强的创业意识，企业家主要通过创新、学习以及合作等方式来适应商业系统的环境变化。迈斯肯萨等（Meyskensa et al.，2010）[171]则指出，创业机制能够为社会和经济发展创造价值，并详细分析了创意种群在共生网络中的协同倍增效应。萨拉斯瓦蒂等（Sarasvathy et al.，2013）[172]从企业家精神的角度分析了管理者在企业生态系统稳定中的关键作用。班戈西和萨尔瓦多（Benghozi & Salvador，2016）[173]对创意主体在产业集聚发展和商业模式中的价值捕捉以及价值创造方面做了具体阐述，强调了创意个体在商业生态系统中的主导地位。

国内学者张卓（2003）[174]从知识管理的角度提出企业知识生态系统构想，

并指出知识生态是一个以人为核心的社会网络，对知识种群的认识应当建立在把握人性特征和成长规律的基础上。蔺楠、覃正等（2005）[175]认为，知识个体承担生产、消费和分解等类生物体的角色，知识个体是系统运行的细胞，在系统中处于核心地位。黄梅和吴国蔚（2008）[176]指出，知识、经验、技能等人力资源价值构成因素彼此之间的相互衔接，共同形成了人才生态链，同时强调协作是实现人才群体价值最大化、确保人才系统持续平衡的有效手段。张白玉和孙启明（2010）[177]运用Logistic模型研究创意企业在产业生态系统中的交互关系以及稳定性实现条件，研究表明，创意人才的个体能力是维持企业生态位功能的关键影响因素。陈雄辉和王传兴（2011）[178]通过生态位理论和研究方法分析了创新人才的成长过程，并探索出提升创新人才职业竞争力的具体路径。

颜爱民（2007，2011）[180,179]提出企业人力资源生态系统（human resource ecosystem）概念，并对该系统的内在结构、基本功能和演变规律等类生态问题进行了系统性分析。其研究内容主要包括三个方面。①企业人力资源生态系统的概念界定。颜爱民认为，企业人力资源生态系统主要立足于研究某个组织中的各种人力资源与企业、社会以及自然环境共同组成的"物质—能量—信息系统"的结构特征和运行规律。该系统是一个复杂适应系统，具有主动性、适应性、层次性、协同性等基本特征。②企业人力资源生态位研究。颜爱民认为，不同企业类型的员工在组织系统中对资源的掌握程度以及自身功能发挥的限度有差异，其生态位宽度会发生变化。该理论同时指出，核心员工是企业人力资源生态系统中的关键节点，具有价值性高、难以替代以及影响力大的基本特征，组织和员工双方都应当主动努力构建适宜的生态位来达到人与组织的匹配。③企业人力资源生态系统稳定性研究。颜爱民认为，人力资源生态系统功能的实现与系统稳定性密不可分，对于外界环境的抵抗能力以及自身的恢复能力是稳定性的主要表现，这取决于员工胜任力、组织结构、企业文化、管理机制、人文社会环境等内外因素的影响与制约。参照生态系统的演化机制，即竞争、协同、序参量与支配过程等能够帮助企业实现人力资源生态系统稳定性的目标。研究还指出，地域文化以及企业文化传承对人力资源生态系统的自适应调节机制发挥有一定的影响。

此外，戴勇和范明（2008）[181] 也对企业人力资源生态系统进行了探讨。该研究指出，现代企业竞争的实质是系统能量的比拼，企业人力资源管理能力取决于管理理念、管理制度、管理实践与人才数量、质量等相关要素之间的相互匹配程度。同时，该研究还从知识链的角度，提出企业人力资源生态系统是基于知识型员工与环境互动关系而生成的稳定结构。可以说，戴勇和范明对人力资源生态系统的阐释，是一种对知识型员工系统管理思维的导入。该研究不仅深化了人们对战略性人力资源管理的认识，同时也为企业创意人才管理问题提出一个可供参考和借鉴的研究方向。近年来，曹如中、史健勇等（2015）[165] 从知识协同角度，指出创意人才是创意产业创新生态系统的基础生态位，人才整合下的产学研协同是创意组织的基础构件。熊澄宇和张学骞（2020）[182] 的研究表明，创意要素系统围绕人才的配置与跟进，而人才构成与人才交互形成的人才网络则是整个创意生态的核心层。

人力资源生态系统理论将人力资源摆在企业生态系统中的核心位置，虽然目前该理论的相关研究并没有直接涉及创意产业、创意企业和创意人才，但是该理论的出发点主要是建立尊重人的主体地位基础上的，这点与创意生态对人类认识的理性回归具有耦合之处。创意人才是企业的高级人力资源，是组织生态系统中的关键种，因此，从广义上说，创意生态是人力资源生态系统的一种特殊表现形式，以人力资源生态系统的研究范式和成果来探究创意人才在创意生态系统中的地位与功能成为一种可能。

2.3.4　创意生态理论研究的评价

从上述文献的梳理中可以发现，创意生态实际上是源于商业生态理论、组织生态理论的一个新概念。虽然创意生态理论目前已经引起学界和业界的高度关注，但是相关的研究仍局限在理论探讨层面，目前也还没有形成一个具有普遍指导意义的研究框架供参考，对创意生态系统的组成结构、基本功能、演化规律、稳态机理等深层次问题的研究目前还不多见，尤其是以创意人才为出发点来研究人力资源生态系统问题的则少之又少。因此，本书以企业创意人才生态系统健康为切入点，就是试图能够在借鉴组织生态系统、人力资源生态系统等较为成熟理论的研究成果基础上，融合系统科学、经济学、管理学等学科的知识，运用定性和定量方法对创意生态系统进行较为科学和全面的研究，以期能够推动该理论研究再上一个新的台阶。

2.4　生态系统健康理论的相关研究

不论是商业生态系统、组织生态系统、人力资源生态系统还是创意生态系统，其理论精髓仍是源于自然生态理论。因此，对创意人才生态系统健康问题的探究就应当要从生态系统研究的基本框架体系中去寻找最原始的理论支撑点。

2.4.1　生态系统理论的产生与发展

海克尔（Haeckel，1866）首创"生态学"概念来描述生命有机体同所处的外部环境之间互惠和敌对现象的科学，从此揭开了生态学研究的历史序幕。坦斯利（Tansley，1935）从整体、宏观的角度提出"生态系统"（ecosystem）的概念，他认为，自然生态系统是一个复杂的整体，由非生物成分（非生物环境、代谢原料）和生物成分（生产者、消费者、分解者）共同构成，成分内部构成之间以及成分彼此之间相互作用、相互影响，共同形成一个具有不同层级、不同功能的复杂系统网络。林德曼（Lindeman，1942）基于高原湖泊的定量分析，发现了生态系统内能量流动不可逆转与逐层递减的基本规律，拓展了生态系统的概念和研究内涵[183]。在此基础上，生态学者开始对生态系统内部的运行规律展开大量研究，其成果也较为丰富。如乔金森（Jorgensen，2002）[184]通过对生态主体的行为方式和相互关系的研究，指出在一切可能的条件下努力寻求能量最大化是生态系统最主要的特征。胡珀等（Hooper et al.，2005）[185]基于生物多样性功能的研究，发现部分稀有的物种能够影响系统物质和能量的流动，并侧重讨论了生物多样性与生态系统稳定的关联性。卡德纳索等（Cadenasso et al.，2006）[186]引入物理学、系统学的理论来分析生态系统的复杂性问题，认为生态系统是由生物和社会系统以及以异质性群体、功能性组织和偶然性时机为主要组成部分的复杂系统。拉比奥萨等（Labiosa et al.，2013）[187]从系统服务角度进行的研究表明，生态系统供给服务和文化服务通常是最终服务，这也是公众和决策管理者最关心的。

国内学者柳新伟、周厚诚等（2004）[188]从稳定性的角度分析了生态系统的特征，他们认为，不论是物种的多样性与丰富性，还是系统的开放性与动态性，其最终的目标都是实现生态系统内部物质、信息和能量循环的持续稳定。党承林、李永萍等（2006）[189]基于营养级和食物链来分析生态系统的可靠性问题，指出生态系统内部的冗余调节机制能够维持生态系统结构的稳定。柏智勇（2007）[190]从系统科学的角度对生态系统的特征做了较为全面的阐述。他认为，生态系统具有结构复杂、功能多样、动态稳定、对外开放的基本特征。

生态系统的基本特征决定了生态学的理论研究与实际运用范围会比较广泛。随着时代的发展和研究的深入，生态理论开始融入了耗散理论、协同学、自组织理论等系统科学领域的相关研究成果。人们对生态系统的研究立足点也开始由旁观者的角色向参与者身份转变，开始关注人在生态系统中的功能与作用。国内著名生态学者马世骏（1990，2009）[191]指出，生物科学的发展，不应当局限在对简单物种的研究上，而必须深入生物群体与自然、人工环境的协同演化过程当中。奥德姆（Odum，1997）[192]在其专著《生态学：科学和社会的桥梁》

（*Ecology: A Bridge between Science and Society*）中除了对生态系统中的组织层级、能量循环、发展演变等问题进行了系统诠释之外，还着重讨论了生态学的社会属性。他认为，生态学不仅是描述生态物种形态和生存方式的自然学科，同时也是一门人类不断认识自我、发展自我的社会学科。李丽、王心源等（2018）[193]认为，生态系统对人类的福祉和效益产生直接或间接贡献，自然资本的经济学、社会学运用有助于生态系统服务功能的体现。

可以说，从生态系统概念的提出、生态系统特征的诠释到生态系统研究复杂化、社会化思维的转变，正是人类对自然界不断认识、开发和利用的过程，同时也体现了生态理论研究对人类主体地位认识回归的重大突破。也正因如此，学者开始关注如何基于人类的主观能动性和自然界的演变规律来对生态系统进行有效管控，以达到人类活动、社会组织与自然环境、社会环境的和谐发展，生态系统健康问题成为生态理论研究的新热点。

2.4.2 生态系统健康的含义

生态系统健康（ecology health）是人类基于生态系统的结构、功能、演化规律并结合某种特定价值取向来判断系统状态的一种隐喻概念，既有可能涉及生态系统自身的生物属性，又有可能涵盖诸如哲学、伦理学、经济学等其他具有社会属性的领域。也正因此，目前理论界对该概念的界定仍存在一定争议。

拉波特（Rapport，1989、1999）[195,194]从人体医学健康的角度对生态系统健康的内涵做了初探。他强调了生态系统的稳定性和可持续性，并主张通过两个方面来评判系统健康，即系统对人类的贡献程度以及系统自身的稳态能力。他还指出，生态系统健康是一门实践科学，既关注生态系统功能的阈值、组织结构的弹性和组织恢复能力，又重视生态系统自我维持、自我调节和自我更新的内在机理，同时，还关注生态系统在满足人类社会合理要求方面的能力。康斯坦斯等（Constanza et al.，1992）[196]基于生态系统的本质特征对该理论作了进一步深入研究。他们认为，现代生态系统的管理目标是追求系统健康，如果生态系统是活跃的，能够随着时间的推移维持自身组织机能，对外力的胁迫具有抵抗力，并能够在一段时间后自动从胁迫状态恢复过来，那么就是健康的。杰克逊等（Jackson et al.，2013）[197]指出，需要通过环境管理政策维持生态系统的承载力和恢复力，从而实现可持续发展的目标，同时也强调了自然与文化生命力的动态交互与协同进化。

国内学者对该问题的研究开展得较晚，但研究观点与国际主流比较接近。袁兴中、刘红等（2001）[198]认为，健康的生态系统兼具生态意义和社会功能，强调生态系统健康是结构有序、功能完善，具有自我恢复能力和生命维系能力的一种状态。许凯扬和叶万辉（2002）[199]从全球可持续发展的角度探讨了生态系统健康与生物多样性以及人类健康的关系，并提出跳出生态系统来实现健康管理的具体模式。肖风劲、欧阳华等（2003）[200]较为系统地对生态系统健康与稳定性、可持续性、连续性以及持久性等生态系统特征之间的逻辑关系进行了辨析，并提出稳定性是系统健康的核心。

除此之外，学者也开始将生态系统健康的原理运用到其他应用生态学的研究中，如董经纬、蒋菊生等（2007）[201]对产业生态系统健康的初步性探讨，张文红（2007）[202]对商业生态系统的研究，胡斌和章仁俊（2006）[203]、李玉琼（2007）[204]对企业生态系统健康的初探，以及颜爱民（2011）[179]对企业人力资源生态系统健康的界定等。姚艳虹、高晗等（2019）[205]从企业主体视角构建创新生态系统健康指标体系并运用到产业集群健康度评价中。

综合国内外学者的定义，笔者认为，生态系统健康是人类对生态系统概念研究认识的扩大，是源于对系统动态、稳定、平衡的追求，应当包括三个方面的内容。首先，从系统内部来说，生态系统能够依靠反馈机能来实现自我调节；其次，从系统外部来说，系统对于外界干扰和破坏因素具有抵抗和规避能力；最后，从系统内外互动来说，系统在受到干扰破坏后能够迅速恢复到原始状态[206]。此外，对生态系统健康的理解还应当坚持"双元性"的基本原则。生态系统健康概念本身就具有整体性和综合性特征，因此，在运用中应当要认识到该理论是人类对生态系统综合特性的一种主观判断，兼具自然科学与社会科学的研究视角，既是一门全面研究自然界与人类社会基本活动、社会发展环境互动关系的实质性科学，又是一门能够用来指导人们全面、系统、准确探究事物基本规律的方法论科学。

2.4.3　生态系统健康的指标

生态系统健康的评价是生态系统健康理论的核心和重点，如何确定科学客观的评价指标是实现系统健康管理目标的关键点。目前对生态系统健康指标选择主要有两种方式：一个是指示物种法；另一个是指标体系法[207]。

2.4.3.1　指示物种法

指示物种法主要依据生态系统中某些特定种群（旗舰种、濒危种、浮游生物）的数量、质量、结构、功能等特性来判断系统健康状态。如桑斯特加德和莱瑟兰（Sonstegard & Leatherland，1984）[208]通过将银鲑鱼作为指示物种来评价北美大湖区的生态系统健康；戈拉尔奇克（Goralczyk，1998）[209]以海岸沙丘中的线虫来判断土壤状态；李春华、叶春等（2012）[210]将浮游生物、植物以及底栖动物作为湖滨水质系统的评价指标之一。从现有研究来看，指示物种法操作简便，但带有一定片面性，尤其是针对指示物种的遴选有一定的难度，而且这种方法还忽略了社会环境以及人类活动对系统健康的影响，因此只能成为评价生态系统健康的辅助技术。

2.4.3.2　指标体系法

指标体系法主要依据生态系统的结构、功能特征，并适时结合社会经济、文化等指标来全面判断生态系统健康状态。康斯坦斯等（Constanza et al.，

1992)[196]从"活力"（vigor）、"组织"（organization）、"恢复力"（resilience）三个方面确定生态系统健康的测量依据，并用生态系统健康公式表示 HI = VOR，其中，HI 表示系统健康指数，指数越高，则系统越健康，反之则处于病态；V 表示系统整体活力；O 表示系统的组织功能指数；R 表示系统对外界干扰的恢复能力。该研究比较客观地反映了生态系统的基本特性，具有普遍指导意义，并迅速成为该领域研究的参考框架。如肖风劲、欧阳华等（2003）[211]基于康斯坦斯的理论基础，对我国森林生态系统健康状况进行了分析；张秀娟和周立华（2012）[212]对北方农牧交错区生态系统健康进行评价等。与指示物种法相反，指标体系方法操作起来比较复杂，但是却能够较为全面地反映系统健康状况，因此成为目前生态系统健康指标遴选的主流。

随着研究的不断深入，生态系统健康评价的理念和准则也开始渗透到经济管理领域，如张文红（2007）[202]提出从活力、生命力和恢复力来对评价商业生态系统，并具体运用到钢铁和汽车行业生态系统健康研究中；董经纬、蒋菊生等（2007）[201]构建了以生态、物理、经济和人类健康为主导的产业生态系统健康评价体系；李玉琼（2007）[204]提出从企业的功能作用、平衡能力、价值增值以及创新方面来衡量企业生态系统健康。戴勇和范明（2008）[181]从系统整体竞争性、结构稳定性以及环境适应性三个方面对企业人力资源生态系统健康问题进行了探讨。颜爱民（2011）[179]主张从企业管理机制、人力资源结构、动态能力、外部环境等方面对企业人力资源生态系统健康进行测评。姚艳虹、高晗等（2019）[205]提出从生产率（生产效率、盈利能力等）、适应力（抗扰能力、知识能力等）和多样性（技术领域、区域市场多样性等）三个维度测量创新生态系统健康度。

2.4.4　生态系统健康研究的评价

从现有的研究来看，生态系统健康理论已经较为成熟，其基本内涵和研究方法也赢得学界的普遍认同。随着研究范围的日益扩大，该理论目前正朝着与其他人文社会学科相融合的趋势，并开始显现出多层次、多维度的发展态势。然而，目前生态系统在经济管理领域中的运用才处于探索阶段，研究层次也仅局限到产业或者商业等较为宏观领域的表面初探，深入企业内部尤其是结合具体人力资源来展开研究的更是不多见。因此，运用该理论来研究创意人才不仅是企业创意管理研究的一个新方法，同时也是实现企业人力资源管理研究系统化、动态化的必然要求。

2.5　综合评价及启示

通过对创意内涵的分析以及创意阶层理论、创意生态理论、生态系统健康理论的相关文献的梳理、归纳和总结，笔者得出以下几点启示。

第一，创意概念的界定是从企业微观视角研究创意人才所要解决的首要问题。在传统观念里，"天马行空"的创意与"中规中矩"的管理之间是没有交集的。而随着创意与文化、经济、技术的不断融合，以及人类对产品服务需求的日益多元化，创意已经开始跳出艺术范畴而向更广阔的商业领域迈进。将创意作为企业管理的对象成为一种现实可能。从现有研究看，目前学术界对创意理论的研究主要集中在艺术和心理学等领域，虽然已有部分研究开始从经济管理视角来诠释创意现象，但仍处于理论探讨的初级阶段，较少将创意管理的研究成果运用到企业管理实践当中，缺乏普遍的指导意义。因此，本书以"创意概念辨析"为研究出发点，就是希望能够为企业创意管理寻求一个理论支撑点，为进一步研究创意人才管理问题提供依据。

第二，创意阶层理论的梳理是准确把握创意人才特质与找准研究突破口的关键步骤。目前，国内学者对创意人才的研究主要立足于对西方创意阶层研究成果的跟踪与复制上，且定性研究偏多，虽然这种方式在一定程度上有利于促进我国创意人才理论研究的深入，但是这种源于西方文化的理论探讨却无法帮助我们客观、准确把握中国情境下创意人才的基本特征和成长规律。笔者通过对创意阶层理论相关文献的研究梳理，认为创意人才队伍的不断崛起和发展壮大在中国已经成为一种普遍的社会现象，对创意人才的本土化研究显得尤为必要。因此，在后续对创意人才与创意企业互动关系的分析中，笔者将会在理论推演和实证分析的基础上，嵌入中国情境因素，以实现研究的规范化与本土化。

第三，创意生态理论是实现创意企业人力资源管理研究系统化的理论依据。创意活动与自然生态系统的运行具有共同之处，创意人才是创意企业人力资源生态系统中的关键，其核心生态位的维持与功能的有效发挥离不开组织环境以及组织管理行为的有效支持。从深层生态理论、组织生态理论以及人力资源生态理论的相关文献探讨可以发现，生态理论成熟的研究成果已经广泛运用到经济管理领域，但目前此方面的研究更多是局限在产业组织等宏观层面，具体研究创意企业内部尤其是针对人力资源的更是凤毛麟角，更不用说是创意人才。本书以"创意生态"为研究视角，既是生态理论成熟发展的必然趋势，也是研究创意人才的应有之义。

第四，生态系统健康理论是确保企业创意人才生态系统研究科学化的技术支撑。自然生态系统健康研究取得的基本共识是对企业创意人才生态系统健康影响因素的提取以及内在逻辑关系分析的可靠保障。从现有研究看，生态系统健康是生态理论发展的新趋势，其基本原理和研究方法正迅速成为其他学科的参考范式。目前，将"健康"概念植入企业内部尤其是与创意企业和创意人才结合的研究并不多见。本书除了在理论分析上借鉴生态系统健康的研究成果外，也力图从研究方法科学化的角度来对主题进行论证，即主要以定量方法为主，通过构建企业创意人才生态系统健康模型以及开展实证分析来研究创意生态环境、创意人才行为方式和心理特征对企业绩效的影响以及企业管理行为对创意绩效的影响，以期实现创意企业人力资源管理的新目标。

2.6　本章小结

　　本章通过文献资料的搜集、整理与分析，对相关概念以及理论基础进行了回顾。在创意概念界定的基础上分析了创意的属性以及价值实现过程。通过对创意阶层、创意生态、生态系统健康等相关研究文献的回顾基础上，指出本书研究主题的合理性和价值性。此部分为下文理论分析、模型构建以及研究假设的提出等系列问题提供了理论基础和研究启示。

第 3 章

企业创意人才生态系统健康的理论分析

通过第 2 章对创意、创意人才、创意生态、生态系统健康等核心问题的研究梳理后，本章将从企业创意人才生态系统概念的界定入手，在对系统组成结构的分析基础上，探究系统运行的复杂特性，并由此提出"健康"的命题。此外，在对企业创意人才生态系统健康概念和基本内涵进行阐释后，将基于生态系统的演变机制来分析支撑系统健康运行的内在机理，为实证模型的构建以及研究假设的提出提供理论依据。

3.1　企业创意人才生态系统基本原理

3.1.1　企业创意人才生态系统的概念

自从霍金斯（2009）提出"创意生态"（creative ecologies）之后，有部分学者对其进行了不同的解释，但大多侧重于从创意产业、创意经济、创意社会等宏观的视角来分析该问题，较少立足于企业内部来探讨创意资源与人力资源以及组织管理之间的关系。因此，学界目前对企业创意人才生态系统这个概念还没有进行界定。而事实上，对企业创意人才生态系统的内涵进行诠释，不仅是深入研究创意企业生态系统的逻辑起点，也是实现创意人才生态系统健康管理目标的基本前提和重要保障。

根据霍金斯（2009）[131]的理论依据，创意人才生态系统主要是基于生态系统的内在构成和演化规律来研究创意人才的生存和发展与环境系统之间的互动机理，并试图在生态系统中寻找出能够发挥创意人才功能的"生态位"或"小生境"。因此，本书将企业创意人才生态系统（enterprise creative talent ecosystem，ECTE）界定为：创意企业为了在复杂动态的环境中维持自身的生存与健康发展，以生态学的原理和方法为基础，构建出一个由创意人才彼此之间以及创意人才与组织、环境之间，基于创意资源不断进行的物质循环、能量流动以及信息传递而形成的具有相互影响、相互依存的动态稳定网络系统。

具体而言，对企业创意人才生态系统的含义可以从以下四个方面进行理解。

第一，企业创意人才生态系统是基于自然生态系统的隐喻而提出的概念。企业和自然界的生物类似，是一个具有复杂特性的生命有机体。在脱离其他主体或者环境的情况下，企业将无法独自生存与发展。因此，企业创意人才生态系统在内部构成、系统特性和演化规律等方面与自然生态学有密切的关联[213]，具体如表3.1所示。

表3.1　自然生态系统和企业创意人才生态系统的比较

项目		自然生态系统	企业创意人才生态系统
相同	组成要素	无机环境（阳光、水、土壤）、生产者、消费者和分解者等生物群落	人才、政府、产业组织、消费者、市场、社会组织及环境（经济、政治、文化等）
	内部结构	食物链和食物网	横向、纵向创意价值网络
	系统特性	多样性：营养等级和功能多样化	多样性：人才、企业、产业、城市多样化
		开放性：对外界开放，接纳新物种	开放性：人才包容、知识共享
		整体性：食物链网络整体	整体性：创意网络整体
		中心性：强有力的物种维持系统稳定	中心性：人才的核心地位维持系统稳定
		竞合性：生物群落之间相互竞争相互依存	竞合性：人才、企业、产业彼此间的竞争与合作

续表

	项目	自然生态系统	企业创意人才生态系统
相同	系统特性	稳定性：环境变化慢，一种静态稳定平衡	稳定性：环境变化瞬息万变，一种动态稳定平衡
	演化机理	遗传、变异、共生、竞合	多样、改变、学习、适应（模仿、共生、合作、竞争）等
差异	系统边界	地理区域明显，边界比较清晰	跨区域、无边界或者是模糊边界
	生命周期	诞生、成长、成熟、衰退、死亡单向过程	产生、发展、成熟、衰退的可持续循环过程
	系统容量	受有限自然资源的限制，稀缺性	创意无止境，容量无极限

第二，创意企业是创意人才生态系统的基础结构和组织承载者。从创意的本源来看，创意企业是源于个人创造能力和专业技能，以文化资源为基础来源，以高新技术为应用工具，以为顾客创造和提供附加价值为生存目标，具有高创新性、高渗透性和高增长性特征的新型商业性组织[98]。在创意企业的运行中，利用现代管理手段来挖掘和利用创意资源、激发创意人才的潜能就成为创意企业竞争力的核心要素。因此，把创意企业作为创意人才生态系统的组织结构，既是创意企业本质特征的表现形式，更是创意系统有序运转的组织保障。

第三，企业创意人才生态系统是对组织适应性研究内容的一种延伸。现代管理理论的发展历程证明，组织就如同一个生命有机体，始终处在与外界动态复杂的环境不断进行博弈中。创意是对人类本性的回归，创意人才是现代企业组织中最活跃和最主要的生态种群，组织的一切活动都始终围绕着如何创造和满足人的需求而展开。因此，创意企业成功的关键在于如何构建一种适合创意人才成长和成才的管理机制以及生态氛围，以实现组织人力资源与环境的匹配和契合[214]。本书以生态系统理论作为研究视角来诠释创意人才与组织环境之间的紧密关系，正是希望能够以一种更系统、更全面的战略思维来研究企业生命体对环境的适应机理，为继续深化对组织适应性的研究提供理论支撑和现实依据。

第四，企业创意人才生态系统是一个价值创造生态网络（value-creating

ecologies)[157]。随着网络和信息技术的快速发展和广泛普及，企业价值创造的方式已经开始由传统的价值链模式向价值生态网络转变。价值生态以员工、顾客、竞争者、合作伙伴等利益相关者为节点，强调了网络成员之间的匹配，更为注重网络整体功能的发挥，尤其是突出了协作共生机制在价值创造中的主导地位。更为重要的是，这种思维从生态系统的内在演化视角对系统成员和环境的协同交互以及共同进化做了全面阐释。与此同时，知识、文化、技术等创意资源在价值网络中的核心地位也得到了彰显。因此，追求生态系统网络群体成员的价值共享便成为企业创意人才生态系统运行的一个主要目标。

3.1.2 企业创意人才生态系统的结构

完整的自然生态系统一般包含三个必要的组成部分，首先要有两个以上的要素作为系统的组成部分（component），其次是各个要素与环境（environment）相联系组成的系统；最后是各个成分之间由于相互作用、相互影响而形成的结构（structure）[179]。基于此原理，本书构建了以创意人才为主体（component）、创意组织为结构（structure）、利益相关群体互动为环境（environment）的三位一体生态模型。三个要素共同构成一个完整的生态系统，用数学公式表示为：

$$ECTE = f(C, S, E) \qquad 式（3.1）$$

在整个系统中，创意人才是最基本的组成单位，具体指在创意企业内部拥有创意胜任力的一系列人员，这些人员之间的协作共生为企业构造出一张联系紧密的复杂生命网，决定着创意团队、创意组织和整个系统的稳定。

创意组织是创意人才生存与发展的空间，企业通过系统的战略规划、参与式的领导模式、灵活多变的组织设计以及自我激励的控制等方式来实施对创意人才的有效管理。同时，创意管理机制与创意人才之间直接或间接的互动又将形成一种新的环境组合，为系统功能的实现提供基础和保障。

创意环境是一个能够对创意企业绩效产生影响的外部机构和社会物质条件

的总和。具体指对创意企业的管理决策和行为产生影响并与组织绩效密切相关的利益相关者，如政府、学校、供应商、合作伙伴、竞争者等以及对创意企业产生广泛影响的一般环境，如政治环境、地域环境、文化环境和技术环境。需要说明的是，目前世界创意强国在对创意企业发展的引导上主要是立足于创意产业集聚区的大量投入与建设，因此，对创意环境的分析也主要聚焦于产业集聚区的政策支持、区位优势、基础设施、服务手段等方面。

创意管理的奠基人比尔顿（2010）[145]指出，创意体现了不同类型的人群以及组织之间一种复杂而多面的相互作用过程，它既不可能仅仅由极少数天才所独占，更不是凭借突发奇想就可以取得的一种潜能。相反，如果要使个人的点子源源不断，就需要将创意人才嵌入创意网络矩阵当中。杨张博和高山行（2013）[215]认为，创意企业应该根据管理目标、风险、可使用法律和所处的产业链等的不同，构建动态的创意系统，以提升企业创新能力与绩效。因此，笔者认为，创意人才生态系统内部的个体、种群以及群落同外部环境之间的进化更替和动态联系将会形成具有一定稳定结构的创意网络整体。企业创意人才生态系统镶嵌在整个创意网络矩阵当中，该矩阵是开放且不具有边界的组合空间，图 3.1 中横向以及纵向虚线所组成部分为创意价值网络矩阵空间。多样化的创意人才个体、种群、群落在组织管理机制和外界环境的影响下，通过模仿、共生、竞争与合作等类生物演化的方式进行着创意的生产、转化与消费，从而促使创意物质、能量和信息在创意系统中不断循环、流动、传递与升级。

如图 3.1 所示，在系统中，创意人才占据核心位置。

首先，创意人才是创意价值实现的关键节点。创意人才种群的多样化积聚会促使系统容量不断膨胀，并向网络边缘四周扩散，最终发挥人才辐射效应。该系统中横向与纵向虚线连接的网络连接点代表通过创意协作而实现的创意价值。创意人才生态系统内部各个组成部分相互联系、相互影响、相互依赖，形成具有自适应、自调节和自组织功能的复杂适应网络。

其次，创意人才在生态系统中扮演不同的角色。创意人才充当创意生产者

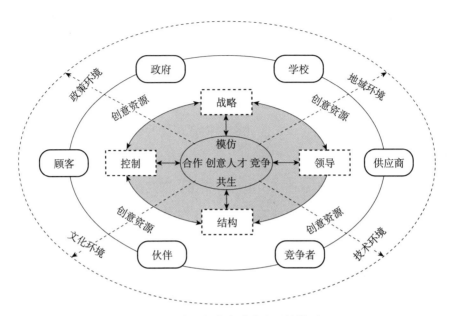

图 3.1 企业创意人才生态系统模型

的角色，在生物群落中发挥基础作用，为生态系统能量或物质的原始输入者；创意人才也扮演分解者的角色，能够将创意能量进行有效转化，对资源的配置起中介桥梁作用；创意人才也是创意产品或者服务的主要消费者，对创意产品的消费能够加速系统能量循环流动与升级转化，以确保创意价值的可持续性。

3.1.3 企业创意人才的生态位

生态位（niche）是用来描述种间竞合关系、群落结构以及物种多样性以及种群进化过程的概念。按照现代生态学理论的研究成果，对该概念的理解主要从空间、功能以及维度三个方面来解释。"空间"学派认为生态位是物种所利用环境或者资源的最基本元素，即生境的最小化；"功能"学派认为生态位是生物在其所占有的位置中发挥的作用；而"维度"学派考虑了空间与资源因素，用一种系统的视角概括了生态位的内涵，该学派认为生态位是多维空间（如时间、空间、资源、温度、湿度等）的集合体或者说一个超体积综合体[216]。目前，生态位理论也广泛地运用到其他学科领域当中，如城市生态位、产业生态位、企业生态位、人力资源生态位等。

本章参照生态学的解释，将创意人才生态位的概念界定为：创意人才在特定环境中所处的位置以及所发挥的功能。该概念包括四层含义：一是从环境的角度，包括了企业内部环境、产业环境以及社会环境等多重因素。二是从位置的角度，该概念既涉及创意人才在整体企业人力资源种群当中的地位，同时也包括了其自身的岗位胜任力。三是从功能的角度，该概念既强调了创意人才对创意资源的创造、挖掘和利用能力，同时也突出了企业管理行为对创意人才潜能发挥的能动作用。四是从集成的角度，该概念是一个多维度的综合体。

创意人才生态位用数学公式表达为：

$$N = f(X_i) \tag{式（3.2）}$$

其中，N 为创意人才在环境中的生态位值；X_i 为影响和决定创意人才在环境中位置和功能的相关影响因子，即生态因子。

为了准确测量创意人才在创意企业生态系统中的位置以及功能，下面主要借鉴生态学理论中的生态位宽度、生态位重叠以及生态位维度三个方面来进行分析[216]。

3.1.3.1　创意人才生态位的宽度

生态位的宽度也称为生态位广度，主要指的是物种所能够利用的自然资源的总和。如果一个物种在环境中实际能够利用到的资源总量只能够占整个资源谱中的一小部分，则该物种的生态位较窄，倾向于特化物种；反之则生态位较宽，倾向于泛化物种。① 创意人才生态位的宽度具体指的是创意人才在特定阶段内能够有效利用资源（文化、知识、信息、技术、市场等）的能力大小以及

---

① 特化是生物进化的一种方式，具体指物种在适应某个特定环境的基础上所形成的局部器官过于发达的结果；泛化是与特化相对应的概念，指的是具有较强的环境选择和适应能力的物种。

所占资源的多少。根据 Shannon-Wiener（多样性指数）对生物多样化量化研究的成果，笔者提出创意人才生态位宽度测量公式，即：

$$B_i = \frac{\lg \sum N_{ij} - (1/\sum N_{ij})(\sum N_{ij} \lg \sum N_{ij})}{\lg r} \qquad 式（3.3）$$

其中，$0 \leq B_i \leq 1$，B_i 表示创意人才个体 i 的生态位宽度；N_{ij} 表示创意人才个体 i 利用资源 j 的数量；r 表示生态位的资源等级，$0 < r < 1$，r 越接近 0 表示资源没有利用，越接近 1 表示所有等级的资源都被充分利用。

从式（3.3）中还可以发现，当 B_i 越接近 1 时，创意人才的生态位宽度越大，其对系统内资源的利用能力越强，该类创意人才属于泛化物种，不论是知识、技能还是经验，都比其他创意人才宽泛，因此，对资源的掌控程度和范围也就比较大，如既熟悉技术，又懂得经营管理的复合型创意人才；反之，当 B_i 越接近 0 时，其对资源的利用能力越弱，知识结构和基本技能就相对比较狭窄，如专业研发或设计人员。

需要指出的是，在企业管理实务中，生态位较宽的创意人才对资源的利用效率并非远远高于生态位较窄的创意人才，由于特化的创意人才在某一个领域内具有较为突出的专长，因此能够在所占的资源中物尽其用，发挥出资源的最大利用效率；反之，泛化的创意人才虽然占据了较多资源，但受知识与技术深度的影响，对于资源的利用效率却不是那么高。因此，企业发展中追求的人才生态位宽度应当是一种资源利用效率较高的适度最大化[178]。

通过上述分析，笔者认为，创意人才生态位宽度实际上反映了该劳动群体的个人综合素质以及资源利用能力。因此，创意企业为了不断提升创意资源的利用效率，就应当适当扩充创意人才的生态位宽度，从创意人才胜任力的培养、创意机制的构建以及创意氛围的营造入手，既要注重具有一技之长的高精专创意人才的使用，也不能忽略具有多元职业竞争力的复合型创意人才的培养。

3.1.3.2 创意人才生态位的重叠

在生态系统中，两个或两个以上具有类似生态位的物种在同一空间内存在资源共享或竞争的情形，称为生态位重叠。生态位重叠一方面加剧了系统内部物种之间的竞争程度，导致优胜劣汰的产生，另一方面则加速了系统的整体循环过程，为系统升级和优化提供条件。在企业创意人才生态系统中，不同的创意人才个体彼此之间以及创意人才同其他人力资源种群之间也会出现生态位重叠的现象。重叠度越高，竞争越激烈，最终的结果要么是竞争力强的创意人才排斥了其他对手，完全占有被重叠的生态位；要么是创意人才与对手在竞争中共同生存、协同进化。下面以创意人才生态位重叠的两种情形为例来进行分析，如图 3.2 所示。

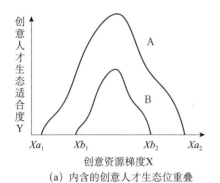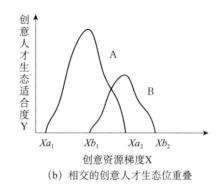

（a）内含的创意人才生态位重叠　　　　（b）相交的创意人才生态位重叠

图 3.2　创意人才生态位重叠的情形

（1）内含的创意人才生态位重叠

图 3.2a 是内含的创意人才生态位重叠模型，横坐标 X 表示创意资源梯度，纵坐标 Y 表示创意人才生态适合度①，A 表示创意人才个体 A 的生态位曲线，生态位宽度 Xa_1Xa_2，B 表示创意人才 B 的生态位曲线，生态位宽度 Xb_1Xb_2。图 3.2a 中，创意个体 B 的生态位完全地被创意个体 A 所包围，此时会出现两种情况。第一种情况是，两者之间存在冲突关系，创意个体 B 的资源 Xb_1Xb_2 将会在竞争中被创意个体 A 所占有，如胜任力水平高的创意人才可

---

① 生态适合度是用来衡量生态系统中生物个体存活和繁殖成功机会的尺度。适合度越大，表示个体成活的机会和繁殖成功的机会也越大，反之则相反。笔者借鉴该定义，将创意人才的生态适合度定义为创意人才在组织系统中的生存和适应能力。

能会占据胜任力较低的创意人才的生态位，导致该个体离开企业或被架空。第二种情况是，两者之间存在共生关系[①]，创意个体 B 的资源 Xb_1Xb_2 是创意个体 A 所占资源的一个组成部分，而且创意个体 B 对 Xb_1Xb_2 部分资源的利用效率也比较高，因此，一方面，创意个体 A 通过让渡部分自己所占有的资源给创意个体 B，并由此提升自身的资源使用能力，促使其生态位宽度得以扩张；另一方面，创意个体 B 在创意个体 A 的帮助下，生态位宽度也较之前有所增大。由此，创意个体 A 与创意个体 B 之间可以形成一种资源共享的互惠互利关系。

（2）相交的创意人才生态位重叠

图 3.2b 是相交的创意人才生态位重叠模型，横坐标 X 表示创意资源梯度，纵坐标 Y 表示创意人才生态适合度，A 表示创意人才个体 A 的生态位曲线，生态位宽度 Xa_1Xa_2，B 表示创意人才 B 的生态位曲线，生态位宽度 Xb_1Xb_2。图 3.2b 中，创意个体 A 的生态位与创意个体 B 的生态位除了有一部分相交之外，即 Xb_1Xa_2，每个独立的个体自身还占据一部分不产生竞争的资源，即 Xa_1Xb_1 和 Xa_2Xb_2。同包含的创意人才生态位重叠相似，此时也会出现两种情况。第一种情况是，两者之间存在冲突关系，双方将会围绕共有的 Xb_1Xa_2 部分展开争夺，最终的结果是具有竞争优势的创意个体取得该部分资源，既有可能是创意个体 A，也有可能是创意个体 B，与包含的创意人才生态位重叠不同的是，被侵占了资源的个体自身还有一部分资源可以利用，因此，此种情况的竞争激烈程度远低于包含的创意人才生态位重叠，两者的关系甚至会更倾向于合作。第二种情况是，两者之间存在共生关系，创意个体 A 和创意个体 B 除了会围绕着 Xb_1Xa_2 部分的资源展开合作之外，还有可能将自己独立占有的 Xa_1Xb_1 和 Xa_2Xb_2 部分资源拿出来进行资源互补和共享，由此，一方面提升了共有部分

---

① "共生"概念指的是由于生存的需要，两种或两种以上物种之间按照某种特定的模式相互依存、相互获利，形成一种共同生存、协同进化的关系。

资源的利用效率，另一方面则为各自独立生态位宽度的扩张提供更为广阔的空间。

综上所述，笔者认为，由于个体的差异以及资源的有限是无法改变的，创意人才生态位的重叠现象也是难以避免的。因此，创意企业一方面可以通过工作分析、职业管理等手段来促使创意人才各司其职与有序发展，从而让彼此之间的生态位发生分离，避免组织内耗的产生；另一方面，可以通过组建项目团队、优化绩效考核模式等手段来引导具有重叠生态位的创意人才实现资源共享、优势互补与共同发展，使系统处于健康稳定的有序状态。

3.1.3.3　创意人才生态位的维度

生态位维度是指影响生物在环境中的地位以及功能的生态因子个数。在现代生态学领域中，目前一般采用多维超体积模型来表示生态位维度，涵盖了时间、空间、温度、湿度、光线等多种生态因子。同样的道理，创意人才的生态位维度也有 N 个，如个体知识结构、技术水平、个性特质、管理方式、企业文化、社会环境等。笔者认为，自身维度、时间维度、空间维度和资源维度是影响创意人才位置和功能的最主要生态因子，并以此提出创意人才生态位的四维模型[178]，如图 3.3 所示。

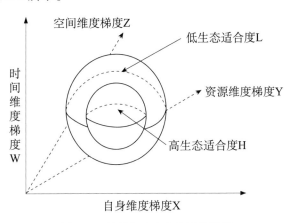

图 3.3　创意人才生态位四维模型

图 3.3 中，创意人才的生态位维度由时间轴 W、自身轴 X、资源轴 Y 和空间轴 Z 四个组成，并以此构建出一个四维空间，其中，L 代表某一创意人才在四种维度的梯度中所占比例较小，生态适合度偏低；反之，H 代表具有较高生态适合度的创意人才。

（1）创意人才生态位的自身维度

创意人才是企业创意生态系统的核心和主体，其生态位的大小首先取决于个体生态因子，即自身维度。该维度主要体现了创意人才个体在组织与环境中的生存与适应能力，既包括了知识结构、专业水平、创意能力等显性特质，还涉及创新精神、工作态度、价值取向等隐形特质，是创意人才岗位胜任力的综合体现。创意人才胜任力是衡量其生态位大小的一种重要标准，其水平的高低既决定了其对组织创意资源的挖掘和利用效率，也影响了企业创意价值的实现效果。

（2）创意人才生态位的资源维度

资源是创意企业成长和发展的基础和前提。一般认为，企业资源除了包括厂房、设备和原材料等有形资源外，还涉及企业商标、专利、文化等无形资源，同时还与企业人力资源质量及组织能力息息相关。创意企业是在传统企业基础上发展起来的具有高创新性的智能型企业，其资源维度更多地将集中在文化、知识、信息、技术以及创意人力资源等方面，更加强调隐性资源与智力资源在企业资源体系中的重要作用。因此，创意人才生态位的资源宽度不仅取决于创意资源的充足程度，同时也与组织的资源优化配置功能密不可分。

（3）创意人才生态位的时间维度

创意人才生态位的时间维度主要由创意企业生命周期和创意人才职业生涯两部分组成。创意企业是实现创意价值的生命有机体，在成长的过程当中要经历具有不同特点的发展阶段。创意企业在国内属于新生事物，很多企业都处于初创期或转型期，市场竞争力还比较薄弱，因此，对创意人才数量与质量的要求也因发展历程而有所不同。此外，创意人才自身的成长也有阶段性的特征。

创意人才生态位随着职业生涯而发生变化，一般来说，在生涯的探索、成长和确立阶段，创意人才的生态位将呈扩增趋势，而达到一定阈值后，在生涯退出阶段，生态位逐渐萎缩，并最终消失。

（4）创意人才生态位的空间维度

创意人才生态位的空间维度是系统环境的体现，包括三个层面。宏观层面指的是创意人才所在地区的社会文化背景、政策法规、经济与技术发展水平等因素；中观层面指的是创意人才集聚的创意产业园区的优惠政策、配套设施、管理服务等因素；微观层面指的是创意人才所在企业的文化氛围、人力资源管理机制、工作环境等因素。三者之间相互影响、相互关联，共同构成影响创意人才生态位的空间因素。目前，国内各大城市都在竞相发展创意产业，同时也将众多创意企业纳入产业集聚区中，以此发挥创意资源的集聚效应。因此，对创意人才生态位空间维度的考量，应更多地以创意产业园区的生态环境为主，这也是本书研究中后续实证部分的主要现实依据。

3.1.4 企业创意人才生态系统的复杂适应特征

现代系统科学的发展打破了原有将系统要素当成被动管理对象的观念束缚，开始将系统主体的主动适应能力纳入具体研究框架中，从而开辟了系统研究的新视野。霍兰（1995）[217]在著作《隐秩序——适应性造就复杂性》（*Hidden Order*：*How Adaption Builds Complexity*）中提出复杂适应系统（complex adaptive system，CAS）概念，并定义为"由被规则描述且相互作用的多样主体组成的系统"。他认为，系统中的个体（或称主体）具有自主性，积极活性的适应性特征。主体在与环境以及其他相关主体的不断交互中"学习"并"积累经验"，而随着知识的不断积累，主体会改变自身的结构和行为方式来适应环境变化中的其他主体，并维持自身价值的永续。也正是由于系统内的主体与环境以及其他个体反复不断的交互作用，才能推动了整个系统的演化，导致了组织结构更新、分化和多样性现象的出现，由此聚合形成更大更复杂的主体。他同时指出，所有 CAS 都具有四个通用的特性，即聚集（aggregation）、非线性（nonlinearity）、流（flow）和多样性（diversity）以及三个主导机制，即标识（tagging）、内在模式（internal model）和构造模块（building blocks）。

企业创意人才生态系统是以具有适应能力的创意人才和创意企业为主体而构成的人工系统，在系统中，创意人才努力发挥自己的创意才能来实现自身和企业的价值，而创意企业则通过构建良好的管理机制来为创意人才的成长成才以及企业目标的实现提供保障，创意人才与组织自身都具有明显的主动性和目的性。因此，可以说，企业创意人才生态系统是一个复杂适应系统。以下将从聚集、非线性、流、多样性、标识、内在模式和构造模块这七个方面来具体分析企业创意人才生态系统的复杂性特征。

3.1.4.1 "聚集"特征

"聚集"是指适应性的主体通过多次重复的"粘合"而形成的一个较大且更高一级的多主体聚集群，从而促使系统形成具有多层次、多功能的复杂结构。由于主体具备聚集特性，因此，同类别的主体在一定条件因素的影响下，能够自发组成一个独立的群体。需要指出的是，聚集体既不是单一个体的叠加，也不是独立个体的毁灭，而是一种基于共同功能发挥和共同目标实现而形成的一种新型组织关系。在聚集现象的演化过程当中，较小的、处于较低层次的简单个体将会成为具有高度适应性的聚集体中的一员。总而言之，主体之间的互动产生聚集，相互交流产生新的组织层次，从而促成了系统功能的涌现。聚集、组织、发展；再聚集、再组织、再发展……是复杂适应系统演化的最基本方式[218]。

企业创意人才生态系统内部呈现聚集性特征，主要由具有能动性和智慧性的适应性创意人才主体组成。单个创意人才之间的互动"粘合"生成一个较高层级的创意群体或者是创意团队，上层群体之间的互动则又将形成一个更高级别的创意主体，即创意企业，从而组成具有典型复杂适应特征的系统。创意人才生态系统是一个分工明确的系统，其个体因子是具有创业意识、创新精神和创造能力的组织成员组成，不同的主体之间有各自的价值取向和工作目标，能够在与组织环境的互动交流中有意识地改变原有的行为方式，以更好地适应自身和环境的变化。需要指出的是，在创意企业内部，并非所有的员工都属于创意人才的范畴，但是创意人才与其他主体之间相互合作、相互适应的关系也会形成聚集现象。因此，在以创意人才为主要个体的不断聚集过程中，创意企业的人力资源生态系统内部结构和功能得到重组和完善，系统运行获得一种动态的平衡。

3.1.4.2　"非线性"特征

"非线性"是指系统中的个体自身的属性以及个体彼此之间的相互关联过程，并不是单纯地依照简单的线性关系，而是呈现出一种复杂、混沌、多维的状态。非线性应当包括两层含义。第一个是叠加原理不成立，即系统内部个体之间的非线性关系是难以用简单的求和或者是求平均数的方法来进行表示。用数学公式表示：$f(ax+by) \neq af(x)+bf(y)$。在聚集的过程中，个体 x 和个体 y 之间的关系是不连续、有折点的，对系统中个体的干预并不会直接等于其自身的独立变化，即 $af(x)+bf(y)$。而是应该在此基础上附加一个由于外界干扰而带来的交叉系数或者是耦合项。第二个是变量之间的变化率不是恒定不变的，而是随机的。因此，可以说，复杂系统中个体之间的交互状态并不是一种简单、被动、机械、单向的因果关系，而是一种主动适应、协调且互为因果的非线性关系[179]。

在企业创意人才生态系统中，创意主体彼此之间相互影响、相互作用，共同构成一个具有多维度、多节点的创意网络。某一个因子的独立变化都会受到其他关联因子的影响，并同时引起其他因子之间的互动，这种过程呈现出一种非线性状态。首先，创意人才生态系统不具有叠加性。即不同创意个体知识、技能的变化量总和并不必然等于整个创意种群的整体量能，也不意味着整个系统会跟着发生同比例的变化。既有可能引起系统的正向反馈，也有可能导致系统的反向反馈，具有不确定性。其次，创意人才生态系统的边界是模糊的。创意的表现形式多种多样，不遵循行业的界限，既有可能在传统的行业中生存，如生产制造领域；同样也有可能跨越常规的行业界限去发展，如信息技术服务领域。因此，企业创意人才生态系统提供了一个可供创意人才自由发挥特长的无边界空间。

3.1.4.3 "流"特征

在一个复杂系统中，个体与个体之间乃至个体与环境之间都有可能存在着物质、能量和信息的交换，这种交换的过程称为"流"。"流"包括两层含义。第一，从系统的组合来看，流是一个功能复合网。在复杂适应系统中，一般存在着"节点、连接者、资源"三元组合，如生态系统中存在的生命体、食物网以及生化作用等。由三个元素所组成的网络会随着时空的变化而改变自身原有的适应模式。第二，从流的特性来看，"流"具有乘数效应（multiplier effect）和再循环效应（recycling effect）。前者是指在"流"的不同节点中，由于连接者能够有效地利用和发挥现有资源的功效，而使系统的能量成倍数递增；后者是指"流"的渠道流转畅通、周转迅速，构成一个周而复始的循环系统，使系统的整体效应发挥到极致[219]。

企业创意人才生态系统是一个由不同知识主体互动而成的耦合网络，在这个富有层次的复杂网络结构中，创意个体与环境、创意个体之间不断进行物质、能量和信息的交换，具备"流"的特性。首先，创意人才生态系统中涵盖了创意主体、创意资源以及创意工作机制三个组合，在创意工作机制的干预和影响下，不同的创意主体能够有效地挖掘、创造、整合创意资源来强化自身的适应能力以及维持系统整体的稳态水平。其次，在创意企业中，以创意人才为核心，财、物、信息、技术等为资源载体的相互支撑，会使创意网络发生乘数效应以及循环效应，对创意企业环境适应能力的提升以及整体绩效水平的改进具有明显的促进作用。

3.1.4.4 "多样性"特征

在复杂的生态系统当中，"多样性"包含两个方面。一是个体的差异。系统中的独立个体必须要超过两个，而且这些个体在性质上是相对独立且有差异的。凝练于个体身上的特质、知识、经历不仅会影响自身后续的行为方式，而且还将使系统个体之间存在相互制约、相互激励的复杂关系。二是生态位的变化。任何一个生命体的存在都离不开其他相关主体所提供的环境支持。在系统中，当某一个主体出现空位的时候，经过一系列的适应调整过程，新的主体将填补空缺，并占据原有主体的生态位。当主体之间的更替成为一种普遍现象的时候，个体之间的差异就将不断扩大，最终促使整个系统的多样化。需要指出的是，系统的多样性既非偶然也非随机，而是系统在动态发展的过程中，不同主体自身所表现出来的依存性和协调性，在每一次的新适应过程中，都意味着新的互动机制和生态位的产生[219]。

企业创意人才生态系统也具有多样性的特征。首先，创意个体具有明显的差异性。由于成长环境、专业背景、知识结构和工作方式的不同，独立个体的些许变化都将给创意协作工作带来影响，导致其他创意主体的工作发生变动。如产品研发人员的设计思路变化将引起生产工艺流程的改变，乃至影响营销部门的具体销售策略。其次，创意人才对环境的高度依赖性会使自身的生态位不断产生变化。在企业人力资源生态系统中，参与循环流的创意人才主体使得组织不仅能够对现有资源物尽其用，而且会帮助企业创造新的价值增长点，即为组织提供更多、更新的生态位，供不同的创意主体所使用。因此，系统的循环过程增加了系统自身的多样性[179]。

3.1.4.5 "标识"特征

系统主体之间的聚集以及与环境的互动并不是任意的，而是基于共同的目标而有所选择的。为了能够更好地识别主体特性，CAS 系统将这种甄选机制称为"标识"。"标识"就如同企业的商标、经营理念、区域品牌等有形或无形的外化形态，使系统内部不同因子之间的关系更加具有区分度。换言之，"标识"是主体互动的方向、旗帜和动力，能够促进系统聚集、多样化的实现，允许主体在一些不容易分辨的目标或者领域中去做出准确的判断和选择。因此，拥有一个功能强大、易于识别的"标识"机制，有助于主体和组织结构在外界因素的干扰下，仍然能够维持系统的动态稳定[219]。

创意虽然往往产生于突发奇想，但也要遵循一定的轨迹。在创意人才生态系统中，创意人才的聚集也不是漫无目的的，"同质性"和"互补性"是系统的标志。只有那些拥有共同知识背景、价值取向、兴趣爱好、专业技能的群体才有可能汇集到一起，只有那些具备功能互补和合作基础的主体才能产生聚集现象。在这个过程中，"标识"机制架起了创意人士协作共生的桥梁，创意系统演变路径开始由简单变成复杂、由单向变成互动，内部结构开始由线性变成非线性、由机械化变成动态化。因此，"标识"既是创意人才生态系统不断演变的结果，同时也是系统聚集、多样性、非线性等基本特征的另一层表现形式，更是增强系统循环功能，维持系统整体健康的重要内生机制。

3.1.4.6 "内在模式"特征

自然界的许多生物自身具有明显的应激性，即能够对外界的刺激如声音、温度、光线等因素产生反应。应激性是生物体对环境适应的一种动态反应过程，而主导这个过程的隐藏在系统内部的复杂机制，即"内在模式"。"内在模式"是主体在主动适应的过程中逐步建立起来的。当主体受到外界刺激之后，就会通过对自身内部结构的微调来适应变化，此后，"内部机制"将确保主体在下次干扰之前能够预知后果，迅速发生反应。因此，"内在模式"往往成为系统的预警识别机制的代名词。如果通过主体内部结构能够推断主体所处的环境、主体产生的行为能够预测未来结果，那么这个系统本身就具有预警能力，具备

"内在模式"；反之则没有[179]。

健康稳定的企业创意人才生态系统必然要求主体具备适应外界环境变化的能力，而这种适应性的预知又必须由系统的"内在模式"来决定。企业创意人才生态系统的"内在模式"主要表现在两个方面。一方面是创意主体适应环境所依据的准则。创意人才具有求发展、重创新、不愿受规则约束的基本特征，在具有边界约束的企业框架中，该群体对环境的适应既取决于自身胜任能力的高低，也依赖组织氛围宽容度的大小。另一方面是系统自身的稳态机制。企业创意人才生态系统运行追求的目标是实现稳定，而事实上，系统的稳定不是静止不变且处于高水平的，因此，"内部模式"的功能就在于增强创意人才对环境的预测和识别能力，使系统达到动态、高水平的稳定。

3.1.4.7　"构造模块"特征

决定事物特性的不仅是事物本体的若干部件，更重要的是各个组成部分之间的结构关系。同理，复杂系统也通常是由一些相对比较简单的模块组合而成的，而系统的复杂程度却不单由模块的数量和质量来决定，还与模块之间的组合方式和磨合程度息息相关。在 CAS 系统中，适应性主体一般需要重复不断地实验和尝试来对自身进行调适，由此也产生了可供主体之间耦合的行为方式和规则，这就是"构造模块"。需要指出的是，该特征与"内在模式"是一个共同体的两个方面，即前者强调系统的结构化，而后者突出系统的层次性。当下一层次的规则和稳态机制产生耦合时，就能够涌现成为上一个层次的"构造模块"，两者的有机组合能够促进系统的优化和升级，保证复杂系统的完整性和稳定性[219]。

同理，企业创意人才生态系统也是由若干个具有不同属性的独立系统相互交融而形成的复杂网络，而每个子系统又是更低层次的"构造模块"耦合而成的。比如，在创意企业中，具有共同任务和共同目标的创意人才会组成系统中的创意种群（项目团队或者单个部门），而不同的创意种群又将组成一个复杂程度更高、边界范围更广的创意群落（创意企业或者联盟）。此外，不同的创意工作内容——研发设计、生产制造、传播销售、管理服务等分工，以及不同的身份——设计师、工程师、策划人、制作人、经纪人等角色，也是企业创意人才生态系统的"构造模块"。比如，以创意作品的构思形成的创意子系统是生产制造系统的基础来源和组成部分，彼此之间的相互关系又体现创意人才生态系统的"内在模式"，即遵循技术创新、知识共享的基本原则以及价值创造共生的客观规律。

通过上述分析可以看出，企业创意人才生态系统的基本结构和演变方式具备了复杂适应系统所涵盖的七大要素，即系统内的创意主体具有自我约束、自我管理、自我激励的特点，多样化的创意人才通过创意企业内部的管理机制和运行规则来实现彼此之间以及同外界环境的物质、信息和能量交换，共同构建了具有多功能、多层次、多属性的复杂系统。复杂性理论倡导系统保持一种动态、持续的稳定状态，这与本书研究中提出的"企业创意人才生态系统健康"主题具有高度的关联性。因此，复杂适应理论不仅是企业创意人才生态系统本质属性的外在体现，同时也是企业创意人才生态系统健康问题提出的理论依据和指导思想。

3.2　企业创意人才生态系统健康的基本内涵

从本质上看，生态系统仅仅是人类依据一定的目标或准则对自然界客观现象所进行的一种主观和概念性的表达和描述，生态系统的边界、范围、结构等问题主要取决于人们所关注的研究对象、研究视角和研究目标。在全球人口激增、生存压力骤增的大背景下，追求生态系统最理想的健康状态就自然成为目前生态管理的核心和重点。一般认为，如果自然生态系统的生物群落及其环境在结构、功能、调节和演变过程都试图与理论描述得近似或者一样，即系统是健康的。具体而言，生态系统健康应该是包含以下六个方面的综合表现：第一，健康是一种生态系统的内稳定（homeostasis），即在受到外界环境的干扰下能够保持系统平衡的内部状态；第二，健康是没有疾病的；第三，健康是具有多样性或复杂性的；第四，健康是具有稳定性或者可恢复性的；第五，健康是有活力或者增长空间的；第六，健康是系统要素之间的平衡。[183]

企业创意人才生态系统是基于生态系统理论而对创意人才以及创意管理的隐喻，既蕴含生态学的语义，又融合了组织管理的基本属性，具有双元特质。

国内学者胡斌（2006）[203]指出，企业生态系统是带有主观色彩的人工智能系统，系统的健康强调了外部环境（如经济形势、政治环境、科技状况、文化基础等）、系统成员、运行机制等要素之间在互动匹配的过程中给企业自身以及相关利益群体带来价值的一种持续和稳定状态或过程。李玉琼（2007）[204]认为，企业和自然界的生物类似，是一个具有复杂自适应的生命有机体，并主张通过企业生态系统的结构、功能、适应能力和社会价值四个方面来判断企业生态系统的健康状态。颜爱民（2011）[179]在此基础上，提出人力资源生态系统健康的概念。他认为，一个健康的人力资源生态系统应当是持续、稳定且有活力的，并且能够随着时间的推移保持自身的组织能力，尤其是在受到外界干扰和胁迫下，能够快速反应并迅速恢复到平稳状态。同时，该研究还进一步指出，应当从企业的内生态环境（企业文化因素、人力资源因素、用人机制因素等）以及外生态环境（自然环境、社会环境、经济环境等）两个方面来对系统健康进行评价。近年来曹如中、史健勇等（2015）[165]从主体要素、功能要素和环境要素三部分构建区域创意产业创新生态系统，认为政府、企业、科研院所和中介机构承担相应的组织生态功能。熊澄宇和张学骞（2020）[182]的研究表明，创意系统具有创新集聚、多点分布、价值拓展等方面的整合优势，要激发创意人才工作动力以实现生态重构，推动创意功能区的垂直融合与深度互嵌。

在综合相关学者对生态系统健康概念的理解以及对企业管理能力认知的基础上，笔者认为，企业创意人才生态系统健康一方面强调了主体生命力、组织适应力以及环境动态性三个之间的耦合关系，同时也突出了内生态环境（创意人才与创意企业）与外生态环境（创意氛围）之间的统一。基于此原理，本书中将企业创意人才生态系统健康定义为：在宽容的创意氛围、适度多样的胜任主体和高效运转的管理机制共同作用下，创意企业能够通过人力资源管理实践、组织学习、技术创新、战略调整等管理机制来快速适应嬗变的企业环境，以维持较高企业绩效水平的一种稳定状态或者是动态过程。

具体而言，企业创意人才生态系统健康包含以下四层含义。

第一，宽容的创意氛围是系统健康的基础。创意氛围是企业创意人才生态系统健康的外生态环境。创意人才对于环境具有高度的依赖性，因此，健康的企业创意人才生态系统在具体运行的过程当中，需要一个宽容的氛围来为创意源的产生以及创意价值的实现提供现实土壤。创意氛围是创意人才成长与成才的外界因素的综合体现，既有硬环境作为支撑载体，又有软环境作为保障体系，一般包括稳定的政治环境、繁荣的经济环境、多元的文化环境、良好的法治环境、先进的技术环境等几个重要组成部分。需要指出的是，创意氛围的特性从另一个层面说明了地域的重要性，这也正好符合了佛罗里达（2010）提出将区域综合环境视为领域资产（territory assets）并用于衡量不同地区创意水平的观点[220]。

第二，创意人才的胜任力是系统健康的核心。创意人才是系统中的旗舰种①，其自身在系统中位置的稳固、功能的强弱以及空间的大小，这些关键性的问题首先要取决于个体胜任力水平的高低。创意人才的胜任力是一个系统和整体的概念，由创意人才的专业知识、工作技能、心理动机、个性特质等显性和隐性的要素组合而成，胜任力是组织绩效水平高低的主要判断准则和参考依

---

① 旗舰种（flagship species）是源于保护生态学中的一个概念，具体指能够吸引公众关注的某些特定物种。该概念实际上并非完全符合传统生态学的语义，只是人们为了达到某种特定的目的（如物种保护、环境保护等）而对生态物种的特殊命名。在自然界中，珍稀的物种以及对环境能够稳定产生较大影响的物种都可以列入旗舰种行列，比如大熊猫、东北虎。

据。此外，创意人才的胜任力也强调了多样性和适应性的统一。创意是一项综合性很强的复杂工作，其涉及的知识内容、技术要求以及对个体特质也是多种多样的。因此，对具有适度多样胜任主体的追求，能够使系统内部长期保持生机和活力，最终确保整个系统在运行的过程中能够更加具有抗干扰的能力。

第三，高效运转的管理机制是系统健康的保障。创意管理机制既是创意人才生态系统组织功能性机理的体现，同时也反映了该系统的内生态环境。创意是人类的普遍本能，具有自主性、分散性和随意性的复杂特征，这也就决定了创意人才是个追求自主创新和崇尚自由的新兴工作群体，运用传统的科层制管理模式显然已经不适合该群体的生产和发展。因此，健康的系统强调企业采取有别于以往机械式的管理方式来对创意人才实施有效的管控。高效运转的管理机制以创意管理手段为基础，要求创意企业对人力资源的规划、选拔、培训、配置、激励等关键性问题进行变革，除了努力为创意人才营造蕴含创意的工作环境之外，还要通过推崇弹性工作制、"无领"办公、软控制、参与式管理等手段来满足创意人才的个性需求，从而有效激发员工的创意热情；此外，创意管理也与组织学习、战略调整、技术创新等动态能力的发挥密不可分。由此可见，创意管理机制的有效运转不仅能够激发系统成员的活力，而且还有利于实现企业经营管理行为与环境嬗变的动态匹配。

第四，实现企业高绩效是系统健康追求的目标。绩效是企业经营管理的具体成效，既与企业盈利状况等财务指标密切相关，也和顾客的满意度、企业战略以及学习和创新能力等非财务指标紧密联系。企业创意人才生态系统在面临环境的变化下要保持健康稳定，其首要的基本前提就是要有一定的物质基础支持以及长效机制作为保障。创意企业的绩效是创意人才胜任力、创意企业管理能力以及创意氛围三者相互作用而产生的结果，其水平高低的衡量不仅与创意企业的短期财务指标有关，除此之外，还与员工职业发展、产品知名度以及顾客满意度等非财务指标息息相关，是企业短期绩效和长期绩效的有机结合。因此，绩效体现了企业创意人才生态系统的运行效率，其水平的高低是衡量系统健康的最终标准。

3.3 企业创意人才生态系统健康的基本特征

在第 3.1 节，本书基于复杂系统理论视角对企业创意人才生态系统的基本特征进行了分析，认为企业创意人才生态系统是一个复杂的自适应系统。同理，系统健康的实现也应当要遵循复杂性的基本特征和内在机理。因此，可以说，企业创意人才生态系统通过与外界物质、信息和能量的不断循环反馈，实现了一种开放、动态和整体的健康状态[221]。

首先，企业创意人才生态系统健康具有开放性。企业创意人才生态系统作为具有高度社会属性的复杂系统，需要得到外界各种利益相关者的资源输入。如政府通过城市建设、人才管理和信息服务措施从宏观层面来引导和支持创意人才的成长，高校和科研部门通过知识传授、技能培养、课题研究等措施为创意人才的培养以及创意孵化提供平台，创意企业则为信息共享和创意成果转化创造便利条件等。此外，在创意产业集聚区内部，创意企业还会通过企业联盟等途径对外界输入的创意资源进行加工、整合和转化，最终提供与供应商、顾客利益诉求耦合的创意产品和服务，以完成系统的输出功能。

其次，企业创意人才生态系统健康具有动态性。为了能够确保企业人力资源子系统与其他辅助系统能够长期保持良性的互动，创意企业往往会对创意人才系统本身进行功能性或者是结构性的变革。根据生态系统反馈调节机制的运行原理，当企业所面临的外部干扰较小时，往往会采取渐进式的调整或者改良来保持系统的自稳定性。如当企业绩效出现短期下滑的时候，往往采取人员培训、座谈会等方式来进行微调。反之，当企业的发展受阻，无法适应外部经营环境的变数时，系统将会摒弃原有的生产技术或工作流程，对组织进行破坏式的变革，形成创意人才生态系统的巨涨落，最终达到稳定。如企业面临产品升级转型时，必须要对组织结构以及人力资源规划进行大幅度的调整。

最后，企业创意人才生态系统健康具有整体性。企业创意人才生态系统镶嵌在创意价值网络中，由横纵相连的两个层次构成。横向部分主要是指创意价值链。在该系统中，从内容创意、生产制造、营销推广到顾客的最终消费，价值链的规模得到扩大并相互交错，最终形成创意网络。从纵向部分看，企业创意人才生态系统是由各个亚系统构成的层级系统，从低到高包括了创意个体、创意种群以及创意群落三部分，每个层级具有不同的实体功能，低一级的系统是高一级的基础，而高一级的层级则是低一级结构功能有效发挥的保障[222]。

3.4　企业创意人才生态系统健康的内在机理

自然生态系统的发展过程是其内部构成要素根据彼此的相关性、协同性而自发形成特定结构与功能的自组织过程，这种过程不是按照系统内部或外部指令来完成，而是依据主体的适应特性以及特定的情境而完成的。[190]在复杂的系统中，生物群落如果要在适当的生态位中发挥应有的功能性作用，物种的丰富程度是关键。为了实现这一目标，系统一方面要通过冗余调节功能来平衡物种数量与提升物种质量；另一方面，个体之间、种群之间、群落之间通过对彼此生存与生产方式的学习，在多变的环境中优胜劣汰，以新觅或扩大栖息地。与自然界的生态系统类似，企业创意人才生态系统健康目标的实现，必须是由在一定时空范围内具有相同或相近目标的创意个体支撑起来的庞大人力资源体系，通过人力资源管理实践、组织学习、战略调整等一系列复杂的企业管理手段，使创意人才与周边环境发生物质、能量、信息的互通，最终实现了人、组织和环境之间的系统耦合。因此，借助生态学的群落更替原理，可以发现支撑企业创意人才生态系统健康的几种内在机理。

3.4.1 自组织耗散机理

企业创意人才生态系统的核心功能就是要成功构筑和巩固资源共享的网络平台，以确保创意价值的实现。各个子系统之间以及整体系统与外部系统环境不断融合，相互耦合和嵌入，衍生出创意"溢出"的涌现现象[223]。众多具有不同胜任力水平的创意主体通过在系统网络内外与组织以及环境的互动，不断地进行重新排列以寻找合适的栖息地。创意工作的专业性和复杂性决定了创意人才不仅单纯需要智慧的积聚，而且更需要通过一定形式的管理机制来实现创意团队成员之间的互补协作，从而丰富创意价值网络的联结点。随着系统自身内部网络容量的饱和，网络联结点将达到阈值的极限，原有的平衡状态被打破，此时创意趋同化将导致企业创意能力开始出现下降趋势。另外，创意企业通过与政府、高校、供应商、顾客等外部多种利益相关者的交互，将外界提供的原料、人才、资金以及市场等资源同企业内部系统进行物质、信息和能量的交换，为创意价值的转换与升级提供催化剂。由此，系统通过对外界输入资源的加工处理，产生了正熵流，抵消了创意趋同带来的负面影响，从而促成系统在新层级上的稳定。在创意网络中，组织的政策或管理手段与个体之间建立起紧密的关系，合理的组织手段能强化组织网络的吸引力，从而拓宽网络的时空维度，增加创意协作连接点；反之，就将会抑制创意人才网络的发展空间，阻碍创意人才的生存与发展。

3.4.2 多样维持机理

生态系统是由多种多样的生命有机体有规律地结合而形成的稳定生态综合体，这种多样性既体现了生物和环境之间的复杂关系，又突出了生物资源的丰富性和价值性，这种功能性机理能够给生物的生存、进化和持续发展提供生命所必需的多种化学物质。从系统内部而言，企业创意人才生态系统的多样性体现在创意知识本身、创意人才构成以及行为方式的多样上。首先，以创意知识而言，真正的创意并不是自给自足，而是要联结不同的思维。在不同思维的转换过程中，创意的来源、表现形式和形成过程呈现出多元化的特征[145]。其次，从人才结构上看，在系统中，没有两个具有完全相同特质的创意个体存在，为了保持系统的动态稳定，多样性的异质个体在组织的支撑以及环境的辐射作用下，不断汇聚以实现种群数量的增加和质量的提升。最后，从行为方式上看，在企业内部，创意个体之间在磨合和适应中实现了研发、设计、生产、销售和服务上的分工，彼此间的差别也日益扩大，最终丰富了创意工作的类型。从系统整体上看，创意主体与环境之间的最终稳定往往建立在系统经历无序到有序、不平衡到平衡的动态反复过程中，在此之中，系统层次与结构的升级重组不断发生，呈现出不同的表现形式。因此，系统内部以及整体的多样性为创意企业提供丰富且具有价值的资源，并成为维持企业创意人才生态系统健康的重要基础。

3.4.3 冗余调节机理

生物的多样性也有可能给系统的运行带来不利影响。在生态系统中，若某个种群的去除不仅不会导致生态系统其他物种的丢失，反而能够使整个群落乃至系统结构和功能得到平衡，那么这些物种就称为冗余种。[213]在创意企业发展初期，组织往往通过大规模的招聘活动来汇聚众多创意人才，以确保企业能够在短期内快速实现创意能力的提升，从而获取更多的创意价值来维持企业的正常运转。在这个过程中，由大量创意个体所组成的创意团队规模不断扩大，形成了系统正反馈现象，企业创意人才生态系统也开始出现了偏离平衡的状态。此时，创意种群密度开始超过了系统初始容量，创意个体逐渐面临生存压力，企业一般会利用培训、考核、工作轮换等人力资源管理手段来引导创意个体之间的竞争和创新。而随着优胜劣汰机制作用的显现，冗余的创意个体将会被去除，种群规模数量随之减少，而质量却得到增强，负反馈效应抵消了正反馈现象引起的不平衡状态，使企业创意人才生态系统在涌现的过程中实现了新的稳定状态。因此，创意企业在不同的发展阶段，应当通过对人力资源供需的战略性规划，适当保持创意人才数量一定的冗余，建立既有竞争压力又不至于影响系统功能发挥和结构稳定的人力资源动态管理机制；同时，创意企业还应该保证创意氛围与创意资源较多程度的冗余，以增强系统向前发展的动力，实现系统在稳定中的优化升级，以实现整体的健康。

3.4.4　进化发展机理

为了适应自然环境不断变化而带来的影响，使自然生态系统能够保持经久不衰的生命力，生物个体通过遗传基因的改变，在自然选择中不断进化发展，产生出具有新型基因的种群，生态系统在进化中实现新的稳定。从个体层面看，创意是一个基于人脑智力进化的神经物理过程，在生存空间和资源条件的约束下，创意个体要不断进行自我调整和升级以寻找合适的栖息地。受遗传改变机制的影响，虽然创意人才的性格特质、生活习惯和工作方式将发生部分改变，种群之间也会存在差异，但是创意核心基因却始终不变。霍金斯（2009）[131] 将这种基因归结为创意特质（creative traits），这是存在于绝大部分创意个体身上的一些能够引导创意行为持久和稳定的特征，如创造性思维和合作精神。从企业层面上看，为了适应瞬息万变的市场环境，创意企业往往会通过加速与外界物质、信息和能量的交换来完成对创意资源的优化配置，以保证企业正常的新陈代谢。在这个过程中，创意企业一般采取激励式的战略定位、渐进式的组织变革、参与式的领导方式等创意管理手段来营造创意生态氛围，从而吸引和留住更多高质量的创意人才为企业创造价值。

3.4.5　学习适应机理

自然生态系统的稳定不仅依赖于基因遗传突变等内在因素的助推，更离不开系统内部生物个体主动学习能力的拉动。生态学意义上的学习指的是生物个体主动借助生活经历和经验使自身的行为发生适应性变化的过程。在企业创意人才生态系统当中，创意个体主要通过个体主动学习以及与创意价值链上的成员彼此之间的交互式学习来适应工作岗位的要求和环境变化。个体主动学习是创意个体为了适应客观环境的变化，主动且持续地通过对外界提供信息的搜集、运用、传递与反馈来获取新知识和技能，从而修正原有心智活动与行为方式的过程。一般认为，模仿是一种最原始、最便捷的学习方式。在创意人才成长过程中，仿效具有较高创意胜任力水平的成功者是一种最佳的主动学习选择。交互式学习方式主要是指创意个体在创意生成、转化和消费等各个环节中，通过与参与者在语言、文字和行为上的互动反应，来提升自身创意能力的过程。个体主动学习与交互式学习方式契合了创意人才生态系统动态发展的需要，是系统学习适应机制的主要表现形式。创意个体将自身的成长与企业的发展融为一体。通过不断学习新的知识和技能，创意个体完全嵌入企业创意价值网络中，成为创意的连接点与创意源，并逐步与企业战略目标、组织结构、工作流程和工作氛围相互适应，使创意企业的动态能力得以迅速提升。

3.4.6　竞合共生机理

在自然界中，为了占领和扩大生态位，物种在自然选择的压力下会不断进行着以空间和食物为核心的资源争夺。在这种竞争过程中，有的物种灭亡了，而有的物种却出现了生态位分离现象，形成互利共生关系，从而使系统达到新的稳定状态。在企业创意人才生态系统中，这种互利竞合一方面源于创意个体内心对新点子的不断超越追求而产生的自我思维碰撞，另一方面则体现在同各个合作部门由于经验分享、思想交流、专业互补而形成的协同关系。尤其是在通信技术的促进下，参与创意对话的人群越来越多，创意协作的机会也在不断扩大。创意人才通过对创意资源的重新排列组合，新的想法不断产生，个体职业竞争力得以提升。而随着创意人才生态位分离现象的逐渐显现，互补共生便成为创意群体共同遵守的生存法则。从企业层面上看，竞合共生体现在不同的创意产出在市场中的较量和角逐。随着全球经济一体化趋势的日渐明显，创意企业为了快速适应市场并扩大资源利用范围，彼此之间的竞争已经由冲突性转变为建设性，联盟合作、资源互补和价值共享成为新的竞争手段。因此，创意企业只有建立在对内外创意资源进行重构、整合或者优化的基础上，才能使多时点、多主体的创意与企业形成有效的互补、集成和共享，最终增强系统自身的活力，以确保创意人才系统的健康稳定运行。

3.5 本章小结

企业创意人才生态系统是一个具有复杂适应能力的多维复合网络，系统的健康是一种开放、动态和整体的稳态，健康的系统演变要遵循自组织耗散、多样维持、冗余调节、进化发展、学习适应以及竞合共生机理。本章通过对创意人才生态位以及创意人才、创意组织和创意氛围三者之间的互动关系、影响机理进行分析，提出实现创意企业高绩效水平的具体路径，以此为下文实证模型的构建以及研究假设的提出做好铺垫。

第4章

企业创意人才生态系统健康的
结构分析及关系假设

第3章对企业创意人才生态系统健康涉及的系统构成、生态位、复杂特性以及内在演变机理等问题的分析，为本书研究的展开奠定了理论基础。本章将在第3章理论分析的基础上，提出本书实证分析的基本框架，并依据相关理论研究结果以及管理情境来确定影响因素的具体维度，以此详细分析影响因素的各个维度与企业绩效之间的内在关系，最终提出本书研究的假设模型。

4.1 企业创意人才生态系统健康的理论模型

根据第3章的理论分析，笔者认为，企业创意人才生态系统是一个由创意人才、创意组织以及创意环境三者共同组成的具有相互影响、相互作用的复杂适应系统。而事实上，企业创意人才生态系统是以创意企业为范围、以创意人才为中心所进行研究的一个人力资源生态系统。因此，探究影响系统健康的相关因素就不可避免地要从人、组织以及环境三个层面来进行分析。其中系统主体因素主要从创意人才胜任力的角度来分析，胜任力水平能够较好地反映系统中生命个体的质量以及环境适应能力；系统组织因素主要从创意企业双元能力的角度来分析，双元能力既体现了系统中功能流的基本现状，同时更突出了系统运行机制的完善程度；系统环境因素主要从创意氛围的角度来分析，创意氛围是集地域、文化、技术、人才等因素于一体的综合体，其质量的高低影响和制约创意人才胜任力水平以及创意企业双元能力的发挥。创意绩效是系统健康运行追求的目标和最终表现，受到创意人才胜任力、创意企业双元能力以及创意氛围三个系统健康因素的影响。此外，从内外环境的视角来看，主体因素和组织因素体现了企业创意人才生态系统的内环境，而创意氛围则体现了企业创意人才生态系统的外环境，内外环境的互动耦合从另一个层面也构成了系统健康的评价维度。

为了使实证工作的开展更具科学性、严谨性，本书从现象观察入手，基于之前的文献探讨和理论分析，并结合对创意工作者、创意企业管理者、产业园区负责人、专家学者的访谈结果，选取并设置了创意人才胜任力、创意企业双元能力以及创意氛围三个维度作为影响企业创意人才生态系统健康的影响因素，并以此来探究三个因素与创意企业长期绩效、短期绩效之间的互动关系，如图 4.1 所示。

4.2　企业创意人才生态系统健康影响因素的构成分析

4.2.1　基于创意人才胜任力的系统主体健康分析

麦克莱兰（McClelland，1973）[224]最早对该理论进行系统性研究，他认为，胜任力（competency）是将某一工作中拥有的卓越成就者与普通者区分开的个人特征，它可以是动机、特质、自我形象、态度或价值观，某领域知识、认知或行为技能等任何可以被可靠测量或计数的特征。斯宾塞夫妇（Spencer，1993）[225]、巴亚提齐斯（Boyatizis，1982、1994）[226]等学者进一步将胜任力理

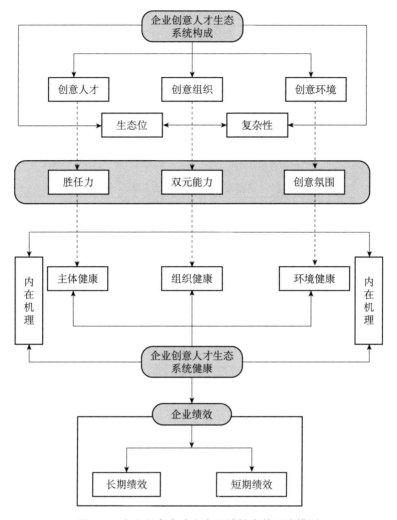

图 4.1　企业创意人才生态系统健康的理论模型

论的研究成果从学术层面延伸到实践中。近年来，从特定行业和特定职位视角来研究胜任力成为一种趋势。如皮莱等（Pillay et al.，2005）[227]对教师胜任力的研究、格雷厄姆等（Graham et al.，2009）[228]对商业领域投资人胜任力的研究、阿斯特拉罕（Astrachan，2010）[229]对企业管理者胜任力的研究、萧等（Xiao et al.，2019）[230]对房产项目经理人胜任力的研究等。

从现有研究来看，胜任力是衡量人力资源质量的重要工具。从生态学的角度来看，胜任力是创意人才种群的核心基因。创意人才胜任力水平既是衡量其生态位宽度、自身维度的重要标准，同时也是其组织适应能力的主要表现形式，更是维持创意人才生态系统健康的最基本要素。因此，以胜任力为切入点来分析企业创意人才生态系统的主体因素具有较为坚实的理论基础。

由于对创意人才概念的界定仍存在争议，因此，目前学界直接针对创意人才胜任力的研究并不多见。根据现有相关文献梳理，汇总如表4.1所示。

表4.1　国内外学者对创意人才胜任力研究的主要观点

代表学者	研究概述	创意人才胜任力特征	文献来源
桑德伯格（2000）	通过现象描述，阐述现代企业员工的胜任力构成，分析了工作经验在员工胜任力结构中的地位	知识、技能、性格特质、工作经验	Understanding Human Competence at Work: An Interpretative Approach [J]. Academy of Management Journal, 2000 (1): 9 – 25
佛罗里达（2002）	对创意阶层的工作内容、工作方式以及生活习惯和心理需求进行分析	综合能力、自信和风险承受能力、丰富的经验、吃苦耐劳的精神	创意阶层的崛起. [M] 北京：中信出版社，2010：95 – 98
赖特（2005）	对经验丰富、技艺精湛的知识工作者的工作方式进行分析	认知能力、信息处理能力、人际关系能力以及学习能力	Personal knowledge management: Supporting individual knowledge worker performance [J]. Knowledge Management Research & Practice, 2005 (3): 156 – 165
李津（2007）	以广告创意人为例，建立胜任力模型	门槛类胜任力（知识）：广告知识、营销知识、财务知识等　区辨类胜任力（技能）：创新能力、学习能力、沟通能力等　转化类胜任力（性格）：内在动机、自我认知、价值取向等	创意产业人才素质要求与胜任力研究 [J]. 科学学与科学技术管理，2007 (8): 193 – 195
张燕等（2010）	以人才测评技术为基础，提出创意人才测评体系	知识技能、能力、精神意识、性格	大众传媒语境下原生态民族文化传播问题探讨 [J]. 现代传播（中国传媒大学学报），2010 (8): 87 – 91

续表

代表学者	研究概述	创意人才胜任力特征	文献来源
周霞、景保峰等（2012）	以研究型大学、科研院所和科技型企业为研究对象，构建创新人才胜任力模型	创新知识、创新品德、创新能力、创新精神、创新人格	创新人才胜任力模型实证研究［J］．管理学报，2012（7）：1065－1070
向勇（2009，2017）	对文化产业经营管理人才——创意经理人的素质构成进行分析，提出双素质叠合模型	专业胜任力：行业经验、审美能力、人脉资源、营销能力等 基础胜任力：战略思维、组织管理能力、合作精神、诚信正直、学习能力等	文化产业创意经理人胜任力素质研究［J］．同济大学学报（社会科学版），2009（5）：57－62． 创意创业家精神：文化产业管理专业人才培养的探索［J］．中国大学教学，2017（10）：26－30
吴贵明（2017）	根据文化创意产业研发人才不同职业发展时期揭示优秀创意研发人员的行为特征及其形成规律	三心：匠心、文心、爱心 两意：韵意、创意	文化创意产业研发人才胜任力的结构特征及其开发机制构建［J］．东南学术，2017（6）：110－116

基于上述文献回顾以及研究情境，笔者认为，创意人才胜任力（competence of creative talent）是由高绩效工作者的知识、能力以及个性特质三者相互结合的产物，既体现了胜任力的普遍性和规范性，同时也突出了不同行业背景中胜任力构成的特殊性和识别性。由此，本书研究中构建了以创意知识（creative knowledge）、创意能力（creative ability）以及创意特质（creative personality）三个部分为主要支撑要素的创意人才胜任力金字塔模型，如图 4.2 所示。

图 4.2　创意人才胜任力金字塔模型

该模型由三个部分组成，创意特质位于整个模型的最底端，是整个金字塔的基础，其宽度和厚度决定着创意人才胜任力的稳定性，主要包括自我认知、价值取向和职业态度三个方面；核心层为创意能力，位于整个模型的中间部分，是创意人才胜任力最主要的外在表现形式，是影响高绩效工作行为的关键因素，主要包括创造能力、学习能力以及合作能力三个方面；顶层是创意知识部分，位于模型的最顶端，包括专业知识、行业知识以及文化知识三个方面，该部分决定着创意人才胜任力水平的高度。金字塔中的三个部分相互支撑，相互影响，缺一不可，共同构建出创意人才胜任力的基础理论模型。从另一个层面来看，不同创意个体身上所集聚的知识、技能以及个性特质的排列组合也体现了创意人才生态系统的自组织耗散以及多样维持机理的功能性作用。

4.2.1.1 创意知识

知识是人类对主观世界和客观世界本质属性与内在联系的认识，既包括了松散的经验知识，也涵盖了系统的科学理论。创意是理论与实践、脑力与体力、文化与技术相互结合的复杂性劳动，因此，高绩效创意人才所需的知识有很强的综合性。

（1）文化知识

虽然不能简单地以学历作为衡量创意人才素质的主要准则，但接受过一定的系统教育的确是影响和决定创意人才胜任力水平高低的一个先决条件。因此，创意人才的文化知识维度体现的是曾经接受过基础性、系统性和正规性的教育，有一定的文化基础（佛罗里达，2002；佩克，2005；易华，2010）[6,119,134]。

（2）行业知识

创意产业是在传统产业基础上衍生出来的综合性新兴产业，与各个专业领域的联系比较紧密。因此，创意人才具备的行业知识一方面体现在其自身对所在行业的发展现状以及未来趋势有一定的认识，另一方面也体现了创意人才个人以往在相关行业工作过程中所累积起来的经验与教训的丰富程度（李津，2007；向勇，2017）[124,129]。

（3）专业知识

专业知识是创意人才知识结构的核心与重点。创意工作旨在通过创造性思维以及相关技能来实现艺术与经济的价值，该工作要求从业人员接受过比较长时间和完善的专业训练，拥有一定的专业背景资质，熟练掌握了某项创意技能，能够将文化艺术、科学技术与工作和生活有机联系起来（周霞、景保峰等，2012；Wright K.，2005）[232,233]。

4.2.1.2　创意能力

能力体现了个体顺利完成某项工作任务的可能性，是实现高绩效工作目标的主要参考指标。创意人才能力的高低直接影响着文化知识、行业知识以及专业知识的转化，是决定工作成效的关键性因素。创意能力，既体现了一般员工所必备的通用能力，也突出了创意工作的特殊性。

（1）合作能力

企业创意生态系统是一个由创意人才协同共生的复杂网络。企业创意价值的实现不能完全依靠个人或是企业的单独行为，而是需要异质的创意个体彼此之间的互动以及企业之间的资源共享与优势互补。尤其是在信息技术广泛运用以及消费者需求不断变化的背景下，创意分工更加细化，生产过程更加复杂。因此，创意企业对创意人才的团队协作能力提出与普通员工不同的要求，如学会尊重他人、包容团队成员、注重沟通方式等（斯科特和布鲁斯，1994；王飞鹏，2009）[234,235]。

（2）学习能力

在嬗变的企业生态环境中，学习既是创意人才种群生态位维持的前提，更是提升创意人才职业竞争力的主要手段。创意人才的学习能力指的是把创意资源转化为创意资本的能力，不仅包括其综合知识的宽广程度，还涉及知识的质量、流量与增量，即创意人才能够积极主动地通过企业内训、工作总结、参观访问、外派学习等方式来获取新知识、掌握新技术、吸取新理念，以确保创意灵感的源源不断（佩克，2005；李津，2007）[119,124]。

（3）创造能力

创造力既是创意人才生命个体最显著的特征，同时也是企业创意人才生态系统保持长久健康的不竭动力。创造力指的是创意人才能够不受陈规以及以往经验的束缚，能够利用已有资源来寻求工作内容和形式新突破的一系列工作能力。具体体现在创意人才敢于质疑传统来提出与众不同的见解与方法并勇于承担风险去实施新的政策和尝试新的方法，对任何打破常规的事物持开放态度（佛罗里达，2003；陈要立，2011）[236,237]。

4.2.1.3 创意特质

个性特质是创意人才胜任力的最深层次特征，是一个人在不同的情境下表现出来的相对稳定的倾向性特质，如价值观、态度、兴趣、爱好、动机等。创意人才的个性心理特征涉及的范围比较广，不仅包括了对普通企业员工的价值观念和职业态度的通用要求，如诚信正直、有责任心；同时，由于创意工作的复杂性以及创意人才心理需求的多元化所折射出的自我认知、价值取向以及职业态度也有别于其他劳动群体。

（1）自我认知

自我认知是指一个人对自己的感知和意向的观察以及对自己行为和想法的判断与评估。创意人才的自我认知体现了创意人才对自己性格、能力、爱好、动机的一种察觉和判断，同时也表现出对自己职业角色的认可，如创意产品的设计者、生产者或管理者等。在不同的工作情境中，高绩效的创意人才如果能够客观和准确地对自己的性格特征、工作性质以及职业地位进行评判，就能确保人格的完善和健康，从而保证创意价值的持续（蒋三庚、王晓红等，2009；Wright K.，2005）[90,233]。

（2）价值取向

创意人才的价值取向是指在不同的工作情境中，能够主导其思维判断和行动决策的稳定观念。创意人才往往注重自身价值的实现，热衷于富有挑战性和创造性的工作，渴望在自己所属的专业领域内建功立业，不断追求卓越的工作成果。在企业内部，创意人才更看重成就激励，把金钱和权力等物质激励放在较次要的位置。不仅如此，创意人才同样格外在乎他人、组织以及社会的评价，强烈希望得到认可和尊重（蒋三庚、王晓红等，2009；芒福德、斯科特，2002）[90,238]。

（3）职业态度

职业态度是创意人才对自己所从事的工作持有的观念和态度。高成就导向和自我实现倾向决定了创意人才对自己所从事工作的认真程度、责任程度以及努力程度都比较高。一方面，高绩效的创意人才具有较强的职业主动性，工作勤勉，富有敬业精神，能够主动发现问题和寻找机会来帮助创意企业不断获取竞争优势；另一方面，具有较高胜任力水平的创意人才具有较强的责任意识，能够认识到本职工作与企业发展的内在联系，努力在工作中寻求自身价值的实现（霍金斯，2009；向勇，2011）[131,231]。

4.2.2　基于创意企业双元能力的系统组织因素分析

企业创意人才生态系统健康是一种持续、动态且稳定的健康，既注重企业当前利益的实现，也着眼于组织的长远发展。因此，依据康斯坦斯等（Constanza et al.，1992）[196]的研究成果，系统健康应当强调组织对环境感知和运用的动态能力。

创意企业是一个对环境具有高度依赖性和敏感性的新兴组织。在互联网技术大力普及以及消费者需求日益多元化的情况下，创意企业所处的环境变得更加复杂和动荡，商品的种类日益丰富、数量不断增加，产品市场趋于饱和，企业往往会陷入一个到底是求生存还是谋发展的两难境地，即如何有效利用当前资源来满足现实需求，又能够主动适应未来发展。

为了解释这种管理悖论，邓肯（Duncan，1976）[239] 以人的双手皆具灵巧状态来对组织的适应能力进行隐喻，提出"组织双元性"（organizational ambidexterity）的概念。① 他认为，双元性是组织对渐进式创新以及突破式创新之间的一种动态平衡。马奇（March，1991）[240] 以及莱文塔尔和马奇（Levinthal & March，1993）[241] 提出双元能力是组织充分开发利用已有的资源来顺应现有市场需求，并努力探索新的方法来满足正在出现的市场机会的双重能力。卡提拉和阿胡加（Katila & Ahuja，2002）[242] 则进一步指出，探索与利用能力之间是一种正交关系，探索能力强调的是一种对新知识的宽领域开发；而利用能力则突出了对企业既有知识的深度挖掘。詹森（Jansen，2005）[243] 对这两种能力的目标、基础、表现形式等进行了比较，如表4.2所示。

表 4.2　探索能力与利用能力的比较

项目	探索能力	利用能力
目标	满足新出现的顾客和市场需求	满足已有的顾客和市场需求
知识基础	对新知识的感知与提炼	对已有知识技能的拓展
表现形式	搜索、变革、尝试、冒险	整合、重构、优化、实施
结果	新的设计、市场和渠道的获得	已有设计、市场和管理流程的改进
对绩效的影响	着眼于长期绩效	着眼于短期绩效

由于双元能力兼具组织内外功能，因此，在具体的企业管理领域中有着不同的表现形式。国内学者奉小斌和陈丽琼（2010）[244] 对双元能力的内在机理进行了系统性归纳，如图4.3所示。

为了进一步对双元能力的内在维度有一个清晰的认识，本书依据双元能力的研究视角和主要内容对相关研究文献进行了归纳整理，如表4.3所示。

---

① 目前国内学界对"organizational ambidexterity"这个词汇还没有一个统一的概念界定，也有的翻译为"组织双重性""二元组织"和"双元能力"等。根据研究实际，本书中采用"双元能力"的概念。

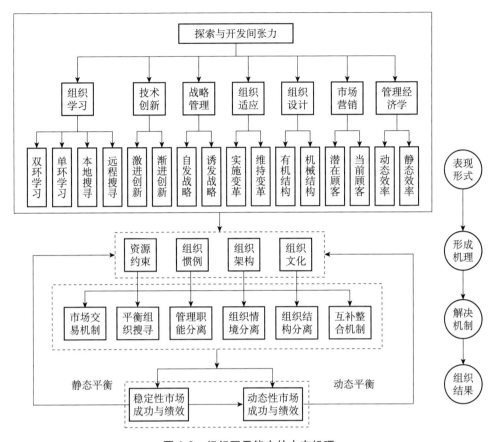

图 4.3 组织双元能力的内在机理

表 4.3 组织双元能力研究概况

代表学者	研究视角	主要观点	文献出处
马奇 （March, 1991）	组织学习	认为学习是组织生存的主要方式，指出探索性学习与利用性学习对企业绩效提升的影响作用，并强调组织通过平衡这两种能力来实现持续发展	Organization Science, 1991 (1)：71 - 87
阿德勒等 （Adler et al., 1999）	组织设计	通过对丰田生产系统的变革分析了组织效率与组织弹性之间的关系，提出组织氛围、员工培训、信任以及领导力这四种主导机制	Organization science, 1999 (1)：43 - 68
阿图阿赫内－吉马 （Atuahene-Gima, 2005）	企业战略 技术创新	认为市场定位是解决企业能力刚性悖论的关键手段，能够平衡累积性创新以及激进式创新之间的冲突，实现企业技术效率与市场效率的共赢	Journal of Marketing, 2005 (4)：61 - 83

代表学者	研究视角	主要观点	文献出处
拉维和罗森科夫（Lavie & Rosenkopf, 2006）	社会网络	以企业职能、组织结构以及环境因素等角度对企业联盟中的双元能力进行分析，并指出通过跨领域的合作以及资源共享来实现组织探索活动和利用活动的平衡	Academy of Management Journal, 2006（4）：797－818
奥莱利和图什曼（2008）	组织设计企业战略	提出双元能力是组织动态能力的一种积聚体现，并指出企业效率和创新需要一种战略上的权衡与高绩效团队的支持	Research in Organizational Behavior, 2008（28）：185－206
康和斯奈尔（Kang & Snell, 2008）	组织学习	以探索与利用能力为基础，认为组织双元能力源于智力资本，并提出通过双元学习能力来实现智力资本增值，从而优化企业人力资源管理系统	Journal of Management Studies, 2008（1）：65－92
希姆塞克（Simsek, 2009）	社会网络	企业是社会组织系统的最主要组成部分，双元能力受组织内部、组织之间以及外界环境等多重因素的影响。提出利用企业在社会网络的中心地位以及与外界联系的紧密程度来衡量双元能力	Journal of Management Studies, 2009（4）：597－624
穆勒等（Mueller et al., 2015）	创业过程	创业企业在同一时间处理新产品、流程、任务及组织结构所带来的不同需求，在这些需求中形成动态切换，以及利用现有的产品市场，提升当下的效率的综合能力	International Small Business Journal, 2015（2）：109－129
郑晓明、丁玲等（2012）	企业战略领导理论	以海底捞公司为研究对象，以授权控制和整合能力的双元性分析企业的敏捷性特征	管理世界, 2012（2）：131－147
娄雅婷和刘臻玮（2012）	人力资源管理	基于企业人力资源管理实践视角，探讨探索性创新与开发性创新的在二元组织中的具体运用	中国人力资源开发, 2012（11）：61－64
张玉利和李乾文（2009）	创业导向	分析机会探索能力和机会开发能力在企业创业与绩效实现的中介作用	管理科学学报, 2009（1）：137－152
何红渠和沈鲸（2012）	战略管理	运用多维构思将探索与利用能力细分到战略定位、战略选择以及战略实施三个阶段	系统工程, 2012（8）：30－37
张延平和冉佳森（2019）	创新过程	创业企业经历了需求"点"、技术"线"及市场"面"三个逐级递进的颠覆性创新进程	中国软科学, 2019（1）：117－135

企业创意价值的实现是一个充满不确定性的组合过程，既不会发生在混乱和随机的自由地带，也不可能存在于理性和规范的刻板模式当中。不论是创意个人本身，还是创意组织，都始终处于一种矛盾的二元状态。罗森伯格（Rothenberg，1979）[245]在对科学艺术领域的创意过程分析中指出，在限制和约束的边界中，创意人才通过妥协与合作包容性地融合了多种资源来实现常规思维的飞跃。从创造性思维和创意价值的实现过程中可以发现，创意具有天然的双元属性。此外，从生态系统健康的内在运行机理来看，双元能力不仅体现了系统功能流的基本现状，同时也是对系统运行机制完善程度的一种诠释。因此，以双元能力来分析创意组织生态系统的活力和恢复力具有一定的合理性。

基于上述文献研究以及研究情境，笔者认为，创意企业的双元能力指的是组织通过对企业现有资源的整合、重构和选择来实现利用能力与旨在搜索、识别和创新组织资源的探索能力之间的有效管理来确保组织始终保持高绩效的稳定状态。需要指出的是，创意企业的探索与利用能力并非一种交替或是对立的关系，而是一种相互依存、相互促进的和谐相融关系。双元能力的张力与活力要求创意企业要同时追求两种活动效果的最大化，以实现企业创意生态系统的长期动态稳定。与此同时，本书构建了以探索—利用能力为支撑，以组织学习能力、市场感知能力、资源整合能力和组织重构能力为组成部分的创意企业双元能力结构，如图4.4所示。

创意企业的双元能力主要以探索能力和利用能力两个方面为基础框架，其中利用能力包括资源整合能力以及组织重构能力两个部分，两者的功能体现在对创意企业内外部资源的整合以及重构上，能够对企业短期内的绩效产生直接效果；探索能力则涵盖了市场感知能力以及组织学习能力，两者的功能更多地集中在对企业未来长远发展的机会识别以及战略定位上，强调的是创意企业长期绩效的实现。其中，市场感知能力为资源整合能力提供前提条件，资源整合能力为组织重构能力提供基础来源，组织重构能力为组织学习能力提供组织保

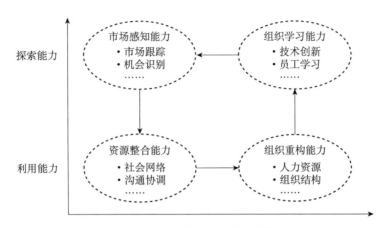

图4.4 创意企业双元能力模型

障，而组织学习能力又为市场感知能力的提升创造了有利条件，四种能力相互依存、相互促进，共同构成了一体二维四面创意企业双元能力模型。需要指出的是，根据双元理论的基本内涵，不论是从技术创新、组织学习、企业战略还是组织设计层面，其本身都兼具有探索性和利用性的双重功能。本书研究中之所以将其内部结构进行拆分，主要是从创意企业人才生态系统内在运行机理出发，认为资源整合、组织重构更偏向于利用能力；而市场感知和组织学习更偏向于探索能力[246]。模型中的虚线以及箭头也从另一个侧面反映了四种能力之间边界的模糊性以及关系的动态性。

4.2.2.1 探索能力

（1）市场感知能力

市场感知是生命个体环境识别能力的首要体现。创意系统由各种利益相关群体组成，创意人才的劳动成果以及劳动价值能否最终得以实现，主要依据的是市场认可程度。创意企业探索能力的首要构成要素是以市场为导向的感知能力，该能力是变革环境中创意人才生态系统稳定性的关键组织能力。笔者认为，创意企业的市场感知是对市场、技术、文化等资源的跟踪、搜集、识别并进行战略调整或定位的一系列行动过程。市场感知识既是组织战略反应的一种诠释，也是基于顾客导向的企业绩效实现的保障。尼尔等（Neill et al.，2007）[247] 将企业组织视为一个由动荡的市场环境、开放的文化氛围以及多样性的功能性群体驱使的感知单元，并从沟通、解释和分析的维度对感知能力进行界定。威克等（Weick et al.，2005）[248] 认为，市场感知是组织对外界环境的一种转化能力，是管理实践的基本出发点和目标导向。提斯（2007）[170] 则细分了市场感知的内容，指出感知是建立在对组织资源探索基础上的一种市场跟踪与机会识别能力。奥莱利和图什曼（O'Reilly & Tushmanb，2008）[249] 认同提斯（2007）从信息搜寻、资源选择以及配置三个方面对动态能力的划分，主张将信息搜寻能力纳入组织双元能力中的探索维度。同时，该研究还以组织生态的视角诠释了企业技术跟踪以及机会识别对于解决组织惰性难题的功能性作用。

（2）组织学习能力

在创意人才生态系统中，学习机制不仅能够确保创意人才种群的基因遗传突变顺利实现，而且能够提升系统内部个体以及组织的互动效果。创意组织的学习能力建立在创意个体基础上，但又不完全等同于单个创意人才学习吸收能力的总和。组织学习是马奇（March，1991）[240] 早期对企业双元能力研究的基本出发点，该研究将组织学习区分为探索性与利用性学习。在此之所以将创意企业的组织学习纳入探索能力的范畴，主要原因是基于生态系统学习机制对外界信息资源依赖程度以及创意价值取向所表现出来的探索性功能比较明显，其次则是认为创意企业的学习方式更多彰显的是对原有理念、方法的一种破坏性创新（李娜，2021；沃尔什等，2009）[22,95]。组织学习能力体现在员工学习和企业学习两个方面。佐特（Zott，2003）[250]，杜健、姜雁斌等（2011）[251] 以知识获取和整合能力提出组织创新绩效的框架体系。罗塔梅尔和赫斯（Rothaermel & Hess，2007）[252] 认为，技术创新是一种全员行为，存在于个体、组织以及网络层面，不同层面的创新水平存在显著性差异，同时也强调技术创新是一种对外界信息资源高度依赖的组织学习过程。技术创新系统的作用在于能够给创意企业产品研发、生产流程、市场运营提供一种支撑工具，从而降低产品的研发周期，提升创意产品的品质。

4.2.2.2 利用能力

（1）资源整合能力

企业创意人才生态系统的一个明显的特征就是互动，即创意人才、创意企业与利益相关者及环境的相互影响和相互依存。组织利用能力的首要因素就是对内外部资源的整合，即一种协作共生的交互行为。从外部而言，组织利用能力体现在对社会网络资源的整合；从内部来说，则主要涉及创意人才之间的沟通协调。在社会网络关系当中，企业组织是一种主要的社会单元，以经济利益为基础的利益驱动将不同的企业捆绑在一起，彼此互惠、互换，以实现价值共享（阿德勒和权，2002）[253]。社会关系能力是创意企业为了适应动荡的市场环境，在市场感知的基础条件下，通过同网络节点中不同组织进行沟通与合作，以获得必要的知识、信息、技术和资本。其能力高低取决于战略伙伴的资源状况、行为方式以及彼此之间关系的紧密程度。肖丁丁和朱桂龙（2016）[254]认为，对外界资源的获取之后能否迅速在技术企业中发挥应有的效用并转化为企业的核心竞争优势，与内部转化能力息息相关。创意从来都不是一项能够独立完成的简单工作。在信息技术以及产品异质化的影响下，创意部门与传统采购、制造、营销、人事、物流等部门之间的关系开始发生转变。成员之间的交流摆脱了僵化式的组织约束，平等、互利、共享的合作关系促成了跨部门、跨职能的新型组织产生（巴卢，2000；贝克和福克纳，2004）[255,256]。

（2）组织重构能力

创意人才既是创意企业的主要构成部分，同时也是组织管理的具体对象。由于创意人才性格特征、心理需求以及工作方式具有明显的复杂性和多元化，因此，不论是从市场感知、资源整合还是组织学习的角度，都要求创意企业具备一种对组织内部结构进行优化重组的动态能力，以克服组织已有的结构惰性（提斯，2007）[170]。双元能力是基于组织设计的复杂过程，企业资源整合的过程往往要伴随着管理流程、人力资源和企业文化的调整来进行。为了能够重复挖掘企业内部现有资源的潜力，企业管理者需要拥有组织系统设计能力和人员配置能力（奥莱利和图什曼，2008；赫尔法特和彼得拉夫，2003）[249,257]。苏巴那拉辛哈（Subbanarasimha，2001）[258]认为，组织动态能力的形成是由组织设计和人力资源管理两个因素来决定的。其中，组织设计关注的是组织权力职责配置以及信息流动的柔性化；而人力资源管理则突出了系统性工作分析的运用、高品质员工的遴选、员工培训的知识宽度和深度以及激励机制的有效实施。

创意企业是一种典型的二元组织，创意人才也具有二元性特征。王敏和陈继祥（2008）[259]将企业部门划分为破坏性部门和维持性部门，并从管理目标、员工特征、文化管理和企业培训等角度提出双元组织的人力资源管理功能。娄雅婷和刘臻玮（2012）[260]基于探索创新与开发创新而导致的组织失衡问题提出构建二元组织的必要性，并认为，二元组织是一种组织动态能力的体现，允许不同类型部门之间通过企业战略、管理制度、组织结构和文化资源来实现冲突中的平衡。胡京波、欧阳桃花等（2018）[261]研究表明，创新生态系统中的核心企业通过组建双元创新单元、强化组织联结最终实现创新的共享共创。

4.2.3　基于创意氛围的系统环境因素分析

环境是生态物种生存与发展所依赖的外界条件，对生态系统健康目标的实现起着至关重要的作用。创意人才的显著特征是依靠创造性智慧和能力来实现创意价值，对环境有高度的依赖性。创意人才群落往往体现出一种较为明显的地域集聚现象，对工作地域的文化设施、开放程度、技术水平表示出强烈的关注。环境要素越充分、越优越，就越有可能吸引和集聚更多的优秀创意人才，就越有利于促进创意产业的发展[127]。而对于创意企业而言，不论是企业战略决策，还是具体的资源配置，都始终围绕在内部选择与外部选择相互匹配这一核心问题上。外界环境的复杂与多变，既为企业发展带来挑战，同时也让企业迎来了机遇。[151]

创意环境，也称创意氛围，囊括了能够激发创意所必要的软硬件设施，强调了对创意人才的吸引以及集聚的功能，其质量好坏是系统环境健康与否的判断标志。卡马尼（Camagni，1991）[262]较早提出创意氛围（creative milieu）的概念，他认为，在有限的地理区域内，社会关系网络节点上不同的利益主体通过协同作用和共同学习的方式形成了地区特殊外部形象和内部特征。创意人才在选择工作或生活栖息地时所考虑的综合因素有许多。佛罗里达（2002）[6]将影响创意人才的外界因素概括为地方品质。他指出，具备良好地方品质的区域能够为处于生命进程不同阶段、不同类型的人提供不同可供选择的生态位，不同生态位之间的良性互动而簇拥的创意资源又能够促使创意人才种群更加丰富和多样。此外，他提出著名的4T理论，即技术（technology）、人才（talent）、宽容度（tolerance）和地域资产（territory assets）是创意经济发展的四大驱动力。国内关于创意生态环境与创意人才关系的研究，以厉无畏（2006）[263]的研究成果最具代表性。他试图从产业经济学的角度，提出创意生态的环境框架。他认为，创意产业集群是一个复杂多维的生态系统，创意阶层的发展壮大在很大程度上取决于外界条件的影响与支持，并提出创意环境的三角结构，即以文化公共品和创意基础设施为核心，经济要素、文化氛围以及法律环境三者相互支撑的三角结构，如图4.5所示。根据创意环境的三角结构原理，经济与文化发展要保持同步，过度的商业化开发或者仅有文化氛围的营造而缺乏经营运作，都会打破创意生态环境的平衡，而法律环境恰恰是维持这种平衡的一种制度保障，三者缺一不可。

为了进一步对创意氛围的内在维度有一的清晰的认识，本书对国内外的相关研究文献进行了归纳整理，如表4.4所示。

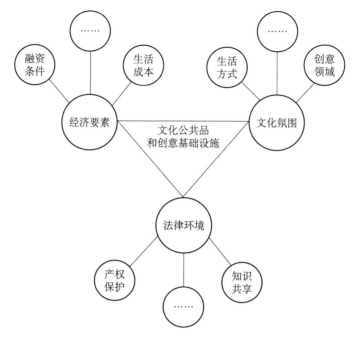

图 4.5　创意生态环境的三角结构

表 4.4　创意氛围研究概况

代表学者	研究概况	内在维度	文献出处
安德森（Andersson，1985）	从区域经济发展的角度对具有创意品质的地区进行研究	健全而又不受太多约束的金融基础、一定的知识基础和创新能力、顾客需求与市场机会的不平衡、社会开放程度、个人交流与出行的便利、社会结构的动态性	Papers of the Regional Science Association, 1985 (1)：5 – 20
德雷克（Drake，2003）	研究集聚在创意产业园区中的中小创意企业员工创意与地域环境之间的关系	宜居环境、文化活动、城市品牌、历史传统以及创意社区	Geoforum, 2003 (4)：511 – 524
康宁汉（Cunningham，2004）	将创意环境引入积聚在创意产业园区中的关键性企业，并探讨了与创意部门绩效之间的内在联系	文化基础、知识积累以及服务设施	International Journal of Cultural Studies, 2004, 7 (1)：105 – 115
格莱赛（Glaeser，2005）	对佛罗里达的 3T 理论提出质疑，认为真正能够推动创意产业发展的有效因素是 3S	技能（skills）、阳光（sun）和城市蔓延（sprawl）	Regional Science and Urban Economics, 2005 (5)：593 – 596

代表学者	研究概况	内在维度	文献出处
斯科特 （Scott，2006）	创意氛围存在一种场域（Field）现象，创意人才集聚程度主要取决于城市对创意场域的规划设计	创意人才、创意企业、社会机构、基础设施以及信息渠道	Journal of Urban Affairs，2006（1）：1 - 17
兰德里 （Landry，2008）	对创意氛围的形成以及内在机理进行了系统性分析，该研究从硬件设施以及软性环境两个方面归纳了创意氛围的具体内容	硬件设施包括了文化场所、交通设施、商业社区以及科研单位等配套设施；软性环境则涉及全民创意热情、社会网络构成及社会和谐程度等方面	Charles Landry. The creative city: A toolkit for urban innovators. Earthscan，2008：36 - 49
泰勒 （Taylor，2015）	发掘文化、政策与文化产业发展之间的关系	创意经济的发展得益于市场机制、法律规范以及政策导向三者发挥中介机制	Regional Studies，2015（3）：362 - 373
陈倩倩和 王缉慈 （2005）	以音乐产业为例，认为创意产业集群能够为创意阶层的发展壮大提供环境支持	从产业环境、企业合作网络、营销系统、先进技术以及知识产权五个方面提出创意氛围的具体维度	地域研究与开发，2005（5）：5 - 8
张纯、 王敬甯等 （2008）	基于创意环境和实体空间的互动，着重指出能否吸引具有创意潜质的人才是评判创意氛围好坏的基本准则	从历史遗迹、文艺表演、娱乐场所、交流活动等方面提出创意环境的基本框架	地理研究，2008（2）：439 - 448
杨震宁、 吕萍等 （2008）	对科技园创新环境与企业绩效之间的关系进行研究	办公服务和文化氛围、资金服务支持、技术服务支持以及市场服务支持	科学学与科学技术管理，2008（7）：102 - 107
陈颖 （2012）	对创意环境与创意企业竞争优势的互动关系进行了研究	政策支持、园区特色、区位特征、管理配套、孵化服务以及社会评价	财贸经济，2012（6）：124 - 130
徐汉明和周箴 （2017）	提出注重创意阶层与创意产业园区环境之间互动关系的创意产业园区环境效度评估指标体系	基础环境、人文环境、区位环境、政策环境、知识环境	中国软科学，2017（3）：164 - 177
张京成 （2020）	构建以"文化创意+"理论为基础的中国城市文化创意指数评价模型	"文化创意+"创意生态：智力资本、资本环境、政策环境、市场潜力	中国创意产业发展报告2020，中国经济出版社，2020：360 - 361

目前国内城市兴起一股竞相发展动漫游戏、文化旅游、产品设计的创意热潮，各地创意产业园区如雨后春笋般涌现出来，也迅速成为创意企业以及创意

人才的重要集聚地。为了确保研究对象遴选的有效性和科学性，本书对创意氛围的范围界定倾向于从创意产业园区的角度出发。基于上述文献探讨以及研究情境，笔者认为，创意氛围是一个容纳并且支持所有创意人才活动的社会物质条件总和，包括政策氛围的保障、地域氛围的支持、文化氛围的吸引以及技术氛围的支撑四个方面，四者相互影响，相互联系，共同构成了创意人才生存与发展的创意生态氛围，如图 4.6 所示，其中，C（creative talent）代表创意人才，居于模型的中心位置，受到政策、文化、技术以及地域四种主要生态因子的影响。

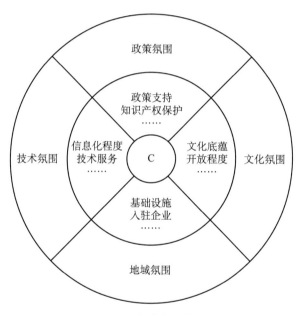

图 4.6　创意氛围模型

4.2.3.1　政策氛围

从西方发达国家的成功经验来看，创意产业园区是一种具有明显政策导向的空间集合体，各种形式的产业组织受政策辐射的作用而汇集一处。如英国政府早期成立了旨在引导创意产业发展的特别工作小组，从人才培养、教育改革、资金扶持等方面提出产业发展的政策框架体系。韩国政府组建创意人才培养委员会，实行订单式创意人才培养方案等。因此，创意人才所处的政策氛围首先体现在创意产业集聚区所在地的政府和主管部门对产业发展的扶持和引导力度上。创意企业是创意人才生态系统的组织承载者，承担着人才使用与发展、创意成果转化和产业升级的重要任务。作为一种对环境高度依赖的新兴企业组织，创意企业的建立与发展与所在区域产业政策的连续性有着密切联系，政策的好坏直接影响着企业具体的经营行为，也关系到创意人才的积聚程度。

一般而言，创意政策包括了人才、资金、技术、财政、税收等多个方面（张㴑英，2011；安德森，1985）[264,265]。此外，从广义上讲，法治环境尤其是知识产权保护也属于政策环境的范畴。"创意"是涉及知识产权保护最多的智力性工作，高效和完善的知识产权法律体系能够充分维护创造者的利益并且激励持续的创新，是创意人才生存和发展的最根本保障（杨张博、高山行，2013；康宁汉，2004）[215,266]。

4.2.3.2 地域氛围

创意城市是创意经济时代城市发展空间的新取向。世界主要大城市的共同特点，在于经济能力、文化创造力和群众活力，在强调城市硬件的同时，这些城市更关注人际交流互动、强调个体的活力张扬，从而间接保证公众享受的生活品质得以提升。地方习俗、传统文化，以及某项技能的特殊潜质，形成创意产业集聚的"地区象征"，集聚形态成为产业发展在空间上的映射，对产业转型和空间布局的重构，产生很大的影响作用。企业创意人才生态系统是一个和谐共生的网络集合体，系统中不同的创意个体、创意种群以及创意群落相互关联、相互影响。由此，创意人才所处的地域氛围体现出来的更多集中在为系统内部互动升级提供的各种物质、信息和能量上。

佛罗里达（2002）[6]的研究表明，创意人才热衷于具有包容性和多样性的创意社区，洁净的空气、杰出的建筑、顺畅的交通、独特的景观和街道艺术是创意栖息地的重要标志。创意产业集聚区将文化、艺术、商业等与创意相关的行业整合到特定的区域中，以此集聚大量的创意人才，为创意合作搭建中介平台。因此，衡量创意人才生态系统的经济因素首先要考虑的是园区基础设施的建设和管理配套方面，如园区的建设规划、物业服务水平、公共服务设施、商业服务设施、企业孵化服务等多个方面。除此以外，入驻企业的质量、数量以及相互匹配程度也是经济环境所要综合考虑的另一种因素（阿尔塔等，2007；陈颖，2012）[268,267]。何金廖和曾刚（2019）[269]研究发现，位于舒适性较强城市的创意企业能够比较高效地对人才、资金、设备、技术、文化等资源以及生产、销售与管理进行合理的统筹，以发挥创意产业园区资源共享的优势。

4.2.3.3　文化氛围

创意是一种根植于传统社会文化资源的创造性工作。随着消费者文化素养和审美品位的普遍提高，对精神文化领域产品的需求逐步增加，消费者的情感消费比例也不断提高，个性化、差异多样化需求日益增多，基于文化嵌入性商业创新模式显得尤为重要。这就需要坚持创意与文化相结合，特别是与心理诉求、宗教信仰、风俗习惯、价值观念等社会文化背景相结合，这样一来，文化产品在进入市场后，不仅可以通过文化产品新颖独特的内容及形式的创意性表达吸引消费者眼球，而且可以通过文化产品所传达的文化元素，暗合当前消费者的文化偏好及文化精神，进一步促进消费者对文化创意产品的消费与使用。

霍金斯（2009）[131]指出，创意往往隐藏在具有文化底蕴的环境中。历史古迹、文化场馆或者是街头艺术活动，这些事件构成了创意生活的主要元素，在这种环境当中，创意群体彼此互动，共同追求活泼、刺激的创意生活，同时也培育了更多的创意资源。张迺英（2011）[264]进一步指出，创意人才集聚的内在动因主要是创意企业所在地域以及相关的人群具有共同的文化艺术特性，这也是一种基于文化艺术表达和市场需求的共振效应。与此同时，创意也强调了社会环境的开放性、多样性和宽容性。何金廖和曾刚（2019）[269]的研究指出教育舒适性对创意阶层的聚集作用。佛罗里达（2002）[6]早期的研究表明，一个地区对移民、艺术家、同性恋以及种族融合的开放程度是创意阶层发展壮大的基础性条件。莫瑞吉奥（Maurizio，2009）[270]则从创意工作的角度提出对文化的另一种理解。他认为，创意是一种人与人之间的交流和互动，创意人才往往需要宽松的氛围、经常性的沟通以及相互激发的灵感。因此，能够为创意人才生态系统健康目标的实现而提供的社会环境应当是文化底蕴和开放氛围有机结合的产物。创意产业园区的形成和发展必须要立足于区域特有的文化积淀来进行创造性开发和利用，同时依靠工作、生活以及休闲相结合的环境建设，来为创意人才提供一个宽松愉悦的生存氛围。

4.2.3.4 技术氛围

创意产业的高端化和高科技是该产业核心竞争力的综合表现。技术的应用不仅能够有效地拓展内容的表达方式，延伸产品链的创意内容，而且能够推动不同形式创意的融合。因此，创意人才生态系统所涵盖的创意氛围应当是一个多维的概念，既要具备孕育和培养创意人才的能力，又与地区丰富的文化底蕴与优厚的条件保障密不可分，同时还要具备发展创意产业所需要的数字、网络、多媒体等现代信息技术的支持。

巴拉巴斯（2005）[168]针对百老汇舞台剧创意团队工作模式的一项研究指出，创意企业将科学、艺术与商业化运作有效融合到了一起，多媒体技术的广泛运用使艺术工作更富有价值。库拉（Currah，2007）[271]的研究则系统性地分析了信息技术在创意企业生态环境中的重要性。他认为，创意生态实质上是一种科技基因的表现，信息技术所具备的非竞争性和非排他性特征给创意产品的生产带来了新的挑战，并由此催生了互联网创意经济现象。霍金斯（2009）[131]也指出，互联网是创意经济最基本的生产工具。他认为，网络环境虽然没有惹眼的建筑物，但其构造出来的概念特征比其他有形的环境更具优越性。电子邮件、博客、论坛等与Web2.0信息技术的强大交互功能相关的沟通平台日益普及，网络协作、创意社群、知识共享等互动创意形式应运而生。陈颖

（2011）[272]主张从园区的信息化完善程度以及技术服务支持来评价创意产业集聚区的技术氛围。黄斌和向勇（2017）[273]认为，互联网极大地降低了创意活动的知识积累和传播成本，在前所未有的广度和深度上激发了大众创意活力，扩展了创意素材来源，推动了越来越多的创意者进入创意产业行列。

4.3　企业创意人才生态系统健康影响因素的内在关系假设

传统管理理论认为，企业的首要使命是解决自己当前的生存问题，即能够养活现有员工和维系基本的生产经营。而随着产品需求以及市场环境的日益复杂，企业生命价值的主题开始由生存转向发展，甚至是承担了部分社会责任。创意企业是在传统组织形式的基础上衍生出来的一种集文化、科技和人才于一体的新兴社会新单元，除了保证盈利之外，该类企业还承担着实现文化艺术价值以及创意人才价值的双重使命。本书在第 3 章关于企业创意人才生态系统健康概念界定的时候指出，系统健康既是对创意企业人力资源管理水平的隐喻，同时也是对创意企业管理目标的一种理想化追求。为了使研究主题与具体管理情境相结合，本书采用企业绩效的概念来表述企业创意人才生态系统健康目标的内涵。

绩效反映的是企业达成特定目标的程度。兰普金和德斯（Lumpkin & Dess，1996）[274]认为，绩效是企业经营管理具体成效的体现，具有多维度的表现形式。目前学界对企业绩效的界定主要从财务绩效与非财务绩效、长期绩效与短期绩效两个方面展开研究。李和吉马（Li & Gima，2001）[275]主张从企业利润率、投资回报、销量增长等财务硬性指标来衡量企业绩效水平。吴（2006）[276]提出从创新速度、市场响应速度、生产效率和生产柔性四个方面来测量 IT 企业的绩效水平。道拉察希和曹（Dowlatshahi & Cao，2006）[277]基于敏捷制造视角对虚拟企业与信息技术的关系进行研究，并运用了有别于传统财务指标的绩效评价准则，即产品创新、企业声誉、顾客满意度、员工发展等。纽伯特（Newbert，2008）[278]从企业战略的角度指出竞争优势有助于企业绩效的实现，从另一层面揭示了企业绩效的非财务维度，并指出，财务绩效是企业发展初级阶段经营收益的一种表现，而非财务绩效则是企业发展到第二个乃至更高级阶段的经营成果体现。国内学者贾生华、陈宏辉等（2003）[279]早期基于利益相关者视角的企业绩效分析框架也涵盖了绩效的多维构思，该研究强调了决策参与、工作条件等员工利益诉求的实现方式对企业绩效的显著性影响。陆庆平（2006）[280]进一步丰富了利益相关者的绩效评价模式。他认为，现代企业的发展目标是追求企业的长期稳定发展和总价值的持续增长。企业绩效本身应当满足员工、股东、社会等利益主体的诉求，以使企业价值最大化。江瑶和高长春（2018）[281]从创意溢出、创意学习和创意共享视角分析创意产业空间集聚的绩效。

事实上，从绩效的具体内涵来看，财务绩效主要体现的是与企业当前既得利益有关的经济产出，而非财务绩效则更多的指向企业长远发展。根据上述相关理论的探讨以及本书研究主题的内涵，笔者倾向于利用财务指标来反映创意企业短期绩效，而用非财务指标来反映创意企业长期绩效，并由此构建创意企业的绩效评价框架。

4.3.1 企业创意人才生态系统健康与创意企业绩效的关系及研究假设

霍金斯（2009）[131]的创意生态理论认为，创意在没有市场的情况下虽然有可能获得一时的繁荣，但是却难以产生长远的经济价值，发挥最终功效。从企业创意人才生态系统健康的内涵来看，在宽容的创意氛围影响下，生态系统的主体因素，即创意人才的胜任力水平会维持在一个较高的水平；生态系统的组织因素，即创意企业的探索能力和运用能力会维持在一个动态的平衡状态。因此，创意人才、创意环境以及创意组织三者的有机结合与良性互动，能够确保创意人才生态系统内部的物质、信息以及能量不断优化、升级，最终落实到企业绩效持续提升这一核心问题上。从目前现有的研究文献来看，直接针对企业创意人才生态系统健康与企业绩效之间关系的研究并不多见，主要散见于组织生态系统以及人力资源生态系统理论研究中。

汉南（1984）[150]早期关于组织生态的研究就曾指出，组织内部演化的最终目标是克服组织惰性问题，即如何确保企业拥有持续长久的竞争优势。近年来，组织生态系统研究注入了更多立体思维。如赫恩和佩斯（2006）[157]的"价值创造生态"（value-creating ecologies）就指出，由创意人才、创意企业、服务部门等相关主体构成的创意产业生态系统是一个价值共生体。由于企业绩效是企业价值的一种表现形式，因此，价值创造生态概念本身也蕴含了组织生态系统健康对企业绩效的促进作用。国内学者何继善和戴卫明（2005）[161]在对产业集群生态系统平衡条件进行分析时就指出，如果具备差异化的集群企业彼此之间能够始终保持与外界的物质交换和信息交流，那么该系统就是功能完善的。胡彬（2007）[96]也从价值创造的视角揭示了创意产业群落的功能，即提升顾客价值以及繁荣地区文化。同时，该研究还试图从产业链视角分析了创意人才、创意企业等利益相关者在实现创意市场价值中的增值效应。陈颖和高长春（2013）[282]基于平衡计分卡工具，从财务、市场、创新以及管理流程四个方面对提出创意企业竞争优势的评价准则。

吉梅拉（2005）[169]从创意团队合作机制的角度分析了创意企业健康运行的基本构成要素，并进一步指出团队规模、创新思维以及学习程度对团队绩效的影响。提斯（Teece D J，2007）[170]认为，与商业生态系统环境相匹配的企业一般具有卓越的绩效水平，尤其是企业家个人的综合素质表现突出。迈斯肯萨等（2010）[171]则指出，创业机制能够为社会和经济发展创造价值，并详细分析了创意种群在共生网络中的协同倍增效应。企业创意人才生态系统健康是一种高绩效人力资源管理的表现，系统本身涵盖了一系列可以促使企业绩效稳步提升的若干人力资源管理措施的集合（张一弛和李书玲，2008）[283]。颜爱民（2007，2011）[179,180] 提出的企业人力资源生态系统的研究也涉及了系统与组织绩效的内在关联。他认为，企业人力资源生态系统的功能性作用主要体现在稳态机制上，即对外界环境的抵抗能力以及自身的恢复能力。而稳态机制最终带来的效果则是企业拥有高素质的员工、和谐的文化氛围、弹性的组织结构以及持续的盈利水平。研究还表明，企业人力资源生态系统健康追求的是一种动态、长效、稳定的健康。姚艳虹、高晗等（2019）[205] 研究表明，健康的创新生态系统能够带来高生产率、持续适应性和多样性。

综合上述分析过程及理论探讨，笔者对企业创意人才生态系统健康与创意企业绩效之间的关系做出如下假设。

假设 1（H1）：企业创意人才生态系统健康对创意企业绩效具有显著正向影响。

（H1-1）：企业创意人才生态系统健康对创意企业长期绩效具有显著正向影响。

（H1-2）：企业创意人才生态系统健康对创意企业短期绩效具有显著的正向影响。

假设 2（H2）：企业创意人才生态系统健康对创意企业长期绩效的影响效果大于短期绩效。

4.3.2　创意人才胜任力与创意企业绩效的关系及研究假设

从胜任力的概念属性来看，其天生就具有与绩效密不可分的联系。麦克莱兰（1973）[224] 指出，胜任力是区分优秀员工与普通员工的个人特征，而优秀与普通的判断依据则体现在员工的工作行为以及工作成果上。巴亚提齐斯（1982）[226]、斯宾塞夫妇（1993）[225] 继承和发展了麦克莱兰对胜任力的理解，并进一步将胜任力的影响效果延伸到组织绩效层面。随着胜任力理论研究的深入，以不同行业、不同工作为背景来研究胜任力与绩效关系逐渐成为主流。作为创意人才研究的一个基础性问题，探究胜任力对企业绩效的预测作用显得尤为重要。

当求新立异成为生活主流的时候，围绕着创意活动而构建基础经济结构成为一种必然。文化艺术、科技创新和创意工作的共同发展，催生了经济增长。佛罗里达（2002）[6]认为，创意是最重要的经济驱动力，创意既可以表现为一种全新的技术产品，同时也可以是一种新颖的商业模式或方法。创意人才是创意工作的组织者和承载者，因此，追求创意的商业价值则成为首要目标。达尔和莫罗（Dahl & Moreau，2007）[284]认为，创意是企业营销能力的保障，在市场环境以及技术革新的多重影响下，如果企业产品想要获得消费者认可，基本的前提条件就是要有新颖的产品设计理念，而这最终都归结于是否拥有一支高效的创意工作团队。国内学者李津（2007）[124]、向勇（2009）[285]对创意人才胜任力模型的构建以及内部维度的分析，也从侧面反映了对企业短期财务绩效以及长期非财务绩效的诉求。

知识是创意工作的来源。詹妮弗和静（Jennifer & Jing，2001）[284]早期对创意工作行为的研究表明，企业创意并不是随意产生的，需要的是在某一个领域中知识、经验和技能的深度积累，尤其是对高素质创意人才的依赖。同时侧重讨论了员工心理认知对创意工作成效的影响。赖特（2005）[233]指出，具有高技术水平和丰富经验的知识工作者能够运用知识管理流程来实现高绩效的工作产出，同时，还强调独特的认知能力、信息处理能力、人际关系能力以及学习能力是促成企业成功的重要因素。创意企业需要不断地从外部环境中去获取、吸收和利用系统健康运行所需的物质、信息和能量，知识流入是影响企业创意活动效率的重要因素。程聪（2012）[286]认为，知识流入是企业创意的源泉，知识流入通过企业创意实践来实现财务绩效和市场绩效。

创意人才胜任力同时也更多地指向员工价值以及企业的持续竞争优势。创业导向是既是创意人才的核心特质，同时也是创意企业生存与发展的主线。亚历山大等（2003）[68]将人格特征、先验知识以及社会关系视为创业成功的关键因素。爱尔兰等（2009）[70]把创业行为上升到企业战略的高度，认为员工的创业意识是实现持续企业竞争优势的保障。汤书昆、李健等（2006）[287]构建以创新能力、敬业精神、风险意识、抗压能力等为主要内容的知识员工素质模型来用于员工价值的评估，并指出，员工价值是薪酬待遇、职业发展以及职业竞争力的综合体现。周楠和丁孝智（2006）[288]从能力视角探讨了人力资源配置与企业竞争优势之间的关系，并认为，具备高素质的员工队伍不仅能够给企业带来丰厚的经济回报，同时能够为企业的长远发展提供动力支持。胜任力是人力资源价值的核心，人力资源价值总量是货币与非货币的集合。林炳坤、吕庆华等（2019）[42]的研究表明，创意人才的创新创造和反馈合作正向影响工作繁荣维度下的活力和学习。张铮和陈雪薇（2021）[289]对文化创意产业员工的研究表明，员工的创造性人格与工作绩效呈显著正相关，高创造性人格的个体更容易获取高水平绩效。

综合上述分析过程及理论探讨，笔者对创意人才胜任力与创意企业绩效之间的关系做出如下假设。

假设3（H3）：创意人才胜任力对创意企业绩效具有显著的正向影响。

（H3－1）：创意人才胜任力对创意企业长期绩效具有显著的正向影响。

（H3－2）：创意人才胜任力对创意企业短期绩效具有显著的正向影响。

假设4（H4）：创意人才胜任力对创意企业长期绩效的影响效果大于短期绩效。

假设5（H5）：创意知识对创意企业绩效具有显著的正向影响。

（H5－1）：创意知识对创意企业长期绩效具有显著的正向影响。

（H5－2）：创意知识对创意企业短期绩效具有显著的正向影响。

假设6（H6）：创意能力对创意企业绩效具有显著的正向影响。

（H6－1）：创意能力对创意企业长期绩效具有显著的正向影响。

（H6－2）：创意能力对创意企业短期绩效具有显著的正向影响。

假设 7（H7）：创意特质对创意企业绩效具有显著的正向影响。

（H7 – 1）：创意特质对创意企业长期绩效具有显著的正向影响。

（H7 – 2）：创意特质对创意企业短期绩效具有显著的正向影响。

4.3.3　创意企业双元能力与创意企业绩效的关系及研究假设

双元能力是企业创意人才生态系统活力以及弹性的具体表现，既反映了创意企业对现有资源的整合利用，又体现了对新机会的探索识别。关于双元能力与企业绩效的关系，目前理论界和实务界的观点普遍认为企业双元能力有利于企业绩效的实现[290]。从现有文献来看，相关研究观点主要集中表现在两个方面，一方面是将双元能力视为整体来探讨与绩效之间的关系；另一方面则是从双元能力的内在维度探讨与绩效之间的关系。

首先是双元能力整体与企业绩效的关系。莱文塔尔和马奇（1993）[241]早期的研究表明，能够确保组织探索能力以及利用能力动态平衡的企业往往具有较高的绩效水平。吉布森和伯金肖（Gibson & Birkinshaw，2004）[291]通过对 41 家国际新创企业 4195 个样本数据的分析，认为双元能力对企业绩效具有明显的促进作用。汉和赛莉（Han & Celly，2010）[291]认为，企业的发展历程必然会陷入一种基于战略性双元矛盾来寻求卓越绩效。在对 70 家加拿大国际新创企业的实证研究中发现，能够追求并具体落实双元战略的企业一般具有较高的利润回报和市场增长率。国内学界对双元能力与绩效关系的研究观点也较为统一。李乾文、赵曙明等（2009）[292]对国内 185 家样本企业的实证研究表明，组织探索能力以及开发能力对企业绩效具有显著作用。何红渠和沈鲸（2012）[293]从中国情境的角度来研究国际化企业对矛盾战略目标的解决，表明双元能力能够有效地提升企业国际化的财务绩效和成长绩效。臧金娟、李垣等（2012）[290]基于领导者才能、组织资源以及组织之间的联系等层面分析了平衡型双元模式以及组织型双元模式对组织绩效的正向影响关系，同时指出，双元能力对企业长期绩效的影响效果比较明显。张延平和冉佳森（2019）[294]从市场、价值与服务三个维度探索了双元能力对需求、技术和市场创新颠覆的促进作用。

其次是目前对双元能力维度与企业绩效的内在细化关系研究成果仍以国外学界为主。卡提拉和阿胡加（2002）[242]认为，探索能力和利用能力两者之间相互影响、相互促进，是一种正交关系。何和王（2004）[295]基于206个制造型企业的实证数据，从企业技术创新视角来验证探索能力与应用能力对企业绩效的影响。研究结果表明：探索性创新与利用性创新之间的互动关系对销售业绩的增长具有显著的促进作用；探索性创新与利用性创新之间的相对不平衡与销售业绩的增长呈负相关关系。詹森（2005）[243]通过对两种能力的目标、表现形式以及结果分析，得出探索能力对企业长期绩效的影响效果较为明显，而利用能力则对企业短期绩效具有明显的促进作用。詹森等（2006）[296]后续的研究表明，追求探索性创新的企业在动荡的环境中更具活力；反之，追求利用性创新对处于竞争激烈环境中的企业财务绩效的实现更有利。罗塔梅尔和亚历山大（Rothaermel & Alexandre，2009）[297]以技术导入为研究立足点，提出探索能力和利用能力的平衡程度与企业绩效呈现一种倒"U"型的关系。穆勒等（Mueller et al.，2015）[298]的研究发现，创业企业在同一时间处理新产品、流程、任务及组织结构所带来的不同需求中形成动态切换。

综合上述分析过程及理论探讨，笔者对创意企业双元能力与创意企业绩效之间的关系做出如下假设。

假设8（H8）：创意企业双元能力对创意企业绩效具有显著的正向影响。

假设9（H9）：创意企业探索能力对创意企业长期绩效具有显著的正向影响。

假设10（H10）：创意企业利用能力对创意企业短期绩效具有显著的正向影响。

假设11（H11）：创意企业探索能力对长期绩效的影响效果大于利用能力对短期绩效的影响。

4.3.4　以创意企业双元能力为中介变量的研究假设

企业创意人才生态系统的一个显著性特点就是以创意人才为主体来发挥系统的功能性作用。胜任力凝聚了高绩效创意人才的综合素质，既体现了创意人才生态系统的活力，也彰显了创意人力资源的核心价值。此外，创意人才是创意企业的主要管理对象和价值源泉，如何通过有效的管理手段来充分挖掘创意人才的内在价值则成为创意企业取得长久不衰竞争优势的保障。创意企业的双元能力本质上要求对以创意人才为核心的企业资源进行探索与利用，从而使企业绩效长期稳定地维持在一个较高的水平。因此，从创意人才生态系统健康的理论分析看，双元能力在创意人才胜任力与企业绩效之间发挥中介桥梁作用，即创意人才胜任力水平的高低会制约创意企业双元能力的实现，进而影响到创意企业的绩效水平，具体如图 4.7 所示。

图 4.7　双元能力在创意人才胜任力与企业绩效之间的中介作用

此外，目前从人力资源、竞争优势、动态能力等视角的研究成果也印证了双元能力在创意人才胜任力与企业绩效之间的中介作用。

胜任力模型是高绩效人力资源管理活动的基石，这一模型的规范与运用，一方面能有效提高招聘、录用、培训开发、绩效评估和薪酬管理等人力资源基础工作的效率；另一方面也有利于员工自身评估与职业发展（桑德伯格，2000）[299]。蒂宾斯和苏西（Tippins & Sohi，2003）[300] 提出信息技术胜任力（IT Competency）的概念，并通过 271 个企业管理者的调查数据证明了组织学习能力在胜任力与企业绩效之间的关键作用。创意是一种对人类创造力高度依赖的复杂性工作，因此创意企业双元能力集中反映了对创意人力资源的开发与整合力度，是高绩效人力资源管理的表现形式。柯林斯和克拉克（Collins & Clark，2003）[301]针对美国73家高新技术企业的实证研究结果表明，社会网络能力在企业人力资源管理实践与企业绩效（销售增长与股价增长）之间起到中介作用。博塞利等（Boselie et al.，2005）[302]通过对1994～2003年关于人力资源与企业绩效之间关系的文章回顾，指出人力资源管理的重心在于培养员工的体验性技能以及对职业的感知能力，并强调只有通过必要的管理手段才能够发挥员工的积极性以确保企业绩效的实现。张一弛和李书玲（2008）[283]对中国本土企业的实证研究也表明，人力资源是企业竞争优势的主要来源，而企业战略实施能力在人力资源管理与企业绩效的实现之间扮演中介变量的角色。崔毅、李伟铭等（2008）[303]以创业胜任力为出发点，立足企业内部资源以及外部环境，探讨了与企业动态能力以及竞争优势之间的关系，如图4.8所示。该研究认为，企业竞争优势的源泉是胜任力，而企业动态能力是两者产生效应的中介机制。

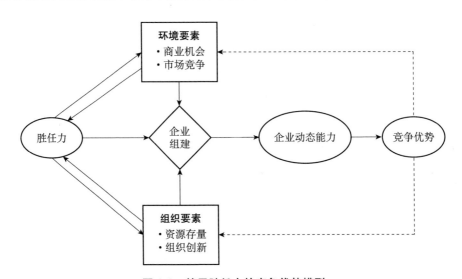

图4.8 基于胜任力的竞争优势模型

双元能力是组织动态能力的核心。近年来，有较多的理论将企业动态能力视为影响企业资源积累与组织绩效提升的关键因素。吴（2006）[276]针对中国台湾地区 244 家 IT 企业的实证分析表明，在动荡的市场环境中，企业资源并不能直接影响到企业绩效的提升，相反，要通过企业动态能力的有效运用才能取得应有的效果。马什和斯托克（Marsh & Stock，2006）[304]的研究表明，动态能力在知识保留、知识解释活动与新产品开发绩效之间具有显著的中介作用。廖等（Liao et al.，2009）[305]基于 120 家互联网企业的样本数据分析，不仅发现了包括人力资源在内的企业资源积累程度和动态能力对企业创新具有积极的影响效果，还表明了动态能力在资源存量与绩效之间具有显著性的中介效应。国内学者冯军政、魏江等（2011）[306]通过对近 10 年来双元能力研究成果的梳理，认为组织因素是双元能力与企业绩效的前因变量。此外，胡望斌和张玉利（2012）[307]从创业导向角度的实证研究也发现了动态能力的中介作用。胡京波、欧阳桃花等（2018）[261]研究表明，利用式和探索式创新作用于创新生态系统管理的战略目标、运营和组织边界。

综合上述分析过程及理论探讨，笔者对创意企业双元能力在创意人才胜任力与创意企业绩效之间的关系做出如下假设。

假设 12（H12）：创意企业双元能力在创意人才胜任力与创意企业绩效之间起中介作用。

（H12－1）：创意企业探索能力在创意人才胜任力与创意企业长期绩效之间起中介作用。

（H12－2）：创意企业利用能力在创意人才胜任力与创意企业短期绩效之间起中介作用。

4.3.5　以创意氛围为调节变量的研究假设

企业创意人才生态系统是一个开放的动态系统，不论是创意活动、创意人才还是创意企业本身，对外界环境的属性、状态以及变化都表现出特别强烈的敏感。从上述的相关研究假设中可以发现，创意人才胜任力、创意企业双元能力与创意企业绩效之间具有直接的关系。而作为具有不确定性特征的创意氛围，是否会直接对创意企业绩效产生影响，是否会导致胜任力、双元能力与企业绩效的关系发生变化，这是研究假设所要解决的最后一个关键性问题。

从系统的内在运行机理分析，创意人才核心生态位的最优状态首先取决于自身综合素质的高低，而创意品质的塑造又与外界环境的影响密不可分，即在多样化、宽容性的创意氛围中，创意源会更丰富，创意人才的创意基因也会更多元化。在人与环境的互动中，创意人才往往是被动地受到环境的调节来实现工作绩效。同理，在由政府主导的创意产业生态环境中，创意企业往往扮演的是政策执行对象的角色，对政策制定、硬件建设、文化资源以及软件服务等环境因素的直接影响效果并不明显。创意企业只能在动态的创意氛围中去探索与利用能够支撑自身持续发展的资源来实现企业绩效。由此可见，环境作为外生因素在创意企业双元能力与企业绩效之间也起调节作用。

此外，从现有文献探讨来看，目前学界基于竞争优势、双元能力等视角的研究成果也印证了创意氛围在创意人才、创意企业双元能力与创意企业绩效之间的调节作用。

4.3.5.1　创意氛围在创意人才胜任力与创意企业绩效之间的调节作用

互联网、现代通信技术以及交通运输的发展，使区域环境的功能开始出现弱化。而与之相反的却是大量的创意企业积聚在由政府主导的创意空间集合中。这在一定程度上反映了创意活动本身与环境之间具有密不可分的天然联系。佛罗里达（2002）[6]针对创意阶层工作方式的研究表明，创意人才与创意企业的积聚是一种交互性的关系，而连接两者关系的纽带是一个具有多样性、包容性以及容易接受新思想的地方。具有优秀地方品质的区域能够为不同类型的创意人士以及创意企业提供最优的生态位与宽容的创意氛围。创意人才胜任力是企业人力资本的主要表现形式，凝聚在高绩效员工身上的知识、技能和经验是企业具有价值性、稀缺性和不可替代性的战略资源，能够为企业创造竞争优势

（科恩和卡梅纳基斯，2007）[308]。朱马和麦基（Juma & McGee，2006）[309]、李冬伟和汪克夷（2009）[310]通过对高科技企业智力资本的实证研究发现，行业环境因素对人力资本与企业绩效之间的关系起调节作用。谷尔等（Goll et al.，2007）[311]认为，企业知识能力是员工教育程度、技术水平等素质的综合体现。该研究同时指出，企业环境能有效地调节知识能力、战略变革与企业绩效之间的关系。王念新、仲伟俊等（2010）[312]从信息技术的角度分析 IT 能力（人力资源、关系资源与技术资源）与企业绩效之间的关系，研究表明，环境的动荡性对企业战略价值的实现具有调节作用。刘井建（2011）[313]从动态能力的角度也证明环境动态性调节创业学习与组织绩效之间的关系。卫军英和吴倩（2019）[314]研究认为，创意人才嵌入生产与消费、全球与地方、线上与线下的创意关系网络中，而编织本地网络且接入更大网络则将成为衡量其核心竞争力的重要指标。

综合上述分析过程及理论探讨，笔者对创意氛围在创意人才胜任力与创意企业绩效之间的调节效应做出如下假设。

假设 13（H13）：创意氛围在创意人才胜任力与创意企业绩效之间起正向调节作用①。

（H13 - 1）：政策氛围在创意人才胜任力与创意企业绩效之间起正向调节作用。

（H13 - 2）：地域氛围在创意人才胜任力与创意企业绩效之间起正向调节作用。

（H13 - 3）：技术氛围在创意人才胜任力与创意企业绩效之间起正向调节作用。

---

① 从企业战略管理的角度来看，对环境的理解一般是从复杂性以及动态性两个方面来展开解释。为了与研究主题相符并突出创意氛围的特殊功能，本书中对创意氛围复杂性以及动态性的表述倾向于采用佛罗里达的标准，即用宽容度来描述，创意氛围宽容度越高，对胜任力与绩效之间关系的调节效应就越明显。下同。

（H13－4）：文化氛围在创意人才胜任力与创意企业绩效之间起正向调节作用。

4.3.5.2　创意氛围在创意企业双元能力与创意企业绩效之间的调节作用

创意氛围最主要的特征表现在本身内部构成的复杂及影响效果的多变，由此也决定了处于该氛围影响下的创意主体感知具有明显的不确定性。从企业战略管理的研究历程来看，环境长期以来都是作为解释组织发展状态及其与绩效表现的一个重要变量。

莱文塔尔和马奇（1993）[241]早期对组织学习的研究就表明，探索性学习与企业长远绩效以及利用性学习与企业短期绩效之间的平衡关系受到动荡环境的影响。当创意企业处于一个稳定的政治环境、繁荣的经济环境、先进的技术环境以及多元的文化环境当中时，组织内部面临的绝大多数问题是属于结构化的，可以通过利用组织现有的人力资源、技术资源以及管理手段优势来形成常规管理，从而达到预期的管理效果；反之，当创意企业面临的是一个复杂且动荡的环境时，内部资源的配置机制往往会受到冲击，此时，组织向外界去探索新的知识、技术和经验来实现变革则成为另一种战略选择（佐特，2003）[250]。因此，可以说，环境因素是组织双元能力的重要边界条件（西格尔科夫和莱文塔尔，2003）[315]。詹森（2006）[296]、希姆塞克（Simsek，2009）[316]的研究表明，环境的动荡性和竞争性调节着探索性创新以及利用性创新的效率实现。曹等（2009）[317]认为，不论是平衡型双元还是组合型双元，只有在相对稳定的环境中才能获取必需的组织资源，实证结果也表明，高宽容性的环境因素能够较好地帮助企业发挥资源探索能力以及利用能力的功效，从而提升组织绩效水平。

国内学者对环境变量调节组织双元能力的观点也普遍持赞同态度。焦豪（2008）[318]对国内200多家企业的实证分析表明，环境动荡性是企业动态能力战略以及绩效实现之间的调节变量。项国鹏、张旭等（2012）[319]基于浙江300家民营企业的实证研究结论也表明，环境动态性对企业战略柔性与盈利能力以及成长潜力存在调节效应。何红渠和沈鲸（2012）[293]针对中国国际化企业的调研数据分析指出，组织环境的动态性和复杂性在双元能力对企业绩效实现的影响过程中起到显著性的正向调节作用。陈颖（2012）[267]以创意企业为样本数据，指出创意企业集聚区的环境氛围通过对创意企业智力资本的影响来对竞争优势产生作用。徐汉明和周箴（2017）[320]研究表明，创意环境影响因素与环境效度之间的中介传导是创意阶层。

综合上述分析过程及理论探讨，笔者对创意氛围在创意人才胜任力与创意企业绩效之间的调节效应做出如下假设。

假设 14（H14）：创意氛围在创意企业双元能力与创意企业绩效之间起正向调节作用。

（H14 - 1）：政策氛围在创意企业双元能力与创意企业绩效之间起正向调节作用。

（H14 - 2）：地域氛围在创意企业双元能力与创意企业绩效之间起正向调节作用。

（H14 - 3）：技术氛围在创意企业双元能力与创意企业绩效之间起正向调节作用。

（H14 - 4）：文化氛围在创意企业双元能力与创意企业绩效之间起正向调节作用。

4.4　研究假设模型

综合上述的理论分析以及文献探讨，识别了创意人才胜任力、创意企业双元能力、创意氛围以及创意企业绩效等变量之间的结构关系，并由此构建了企业创意人才生态系统健康的研究假设模型，如图 4.9 所示。

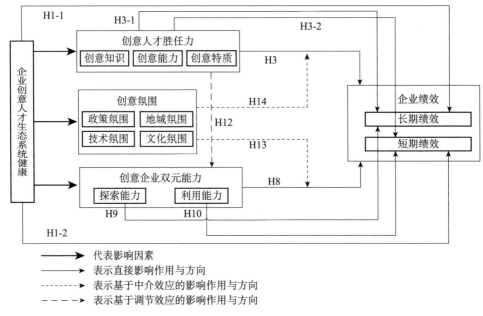

图 4.9　企业创意人才生态系统健康研究假设模型

4.5　本章小结

本章在理论分析、文献探讨的基础上，设计了研究的理论框架。首先对企业创意人才生态系统健康影响因素的相关维度进行界定；其次提出相关理论假设并构建出本书研究现有的研究假设模型。由于本书研究主题所涉及的创意人才与创意企业属于较新生的事物，直接针对此方面的相关实证研究并不多见，因此，在对相关变量的选取以及变量之间关系进行分析时，除了参考组织生态、企业战略、人力资源管理等相关理论文献的研究结果外，还根据生态系统的内在运行机理以及前期调研的实际背景作为假设的参考依据。本章为下文的变量测量、量表设计以及实证调研工作奠定了基础。

第 5 章

研究设计

在第 4 章企业创意人才生态系统健康实证研究理论模型构建、影响因素识别以及系统健康与创意企业绩效、创意人才胜任力与企业绩效、创意企业双元能力与企业绩效之间等相关研究假设提出之后，为了检验基于生态系统演变机理以及相关理论探讨而提出的一系列变量以及研究假设的可靠性，本部分将围绕科学规范的实证研究思路进行设计。主要内容包括：问卷设计的基本流程、问卷的主要内容、研究假设涉及变量的描述与测量、量表架构、问卷发放与回收以及数据分析方法的运用等问题。

本章研究的设计思路如图 5.1 所示。

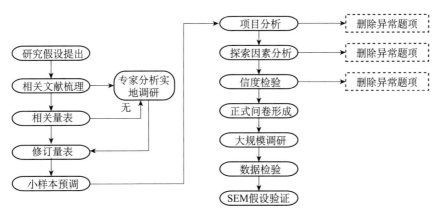

图 5.1 研究设计思路

5.1 问卷设计

5.1.1 问卷设计的过程

问卷是用来帮助研究者对理论概念进行测量的一种调查工具，目前国内外学界在开展实证研究中也大量采用此法。由于本章所涉及的内容是立足组织层面来研究创意人才个人行为和态度与创意企业管理行为以及绩效之间的关系，所需要的实证数据无法从企业公开的资料中获取，因此，对数据的搜集应当采用问卷调查的方式。问卷设计是整个实证研究的关键步骤，一般而言，规范的问卷设计步骤包括确定测量内容、确定测量方法、规范测量用语、问卷编排以及问卷修正五个步骤[321]，如图 5.2 所示。

图 5.2 问卷设计流程

根据问卷设计以及研究情境的客观需要，本章的问卷设计过程主要包括以下三个部分。

第一，梳理相关文献。由于本书研究是依托生态系统理论研究视角来诠释创意人才、创意企业、创意氛围与企业绩效之间的内在联系，且创意人才领域的研究还处于发展的初级阶段，因此，相关的实证研究以及测量问卷并不多见。

为了确保实证分析与理论基础相契合，在问卷设计中，本书中将生态系统的隐喻与现有人力资源管理、战略管理、创意产业等领域成熟的实证研究结果相结合。在对国内外相关文献进行细致的归纳与消化之后，初步整理出创意人才胜任力、创意企业双元能力、创意氛围以及创意企业绩效四个部分的测量框架体系。

第二，征求专家意见。本书的研究视角、主题和内容在不同程度上涉及了生态学、管理学、经济学等多学科领域的专业知识。因此，在初始问卷的设计过程中，一方面请生态学领域的教授、博士等学者针对文章中关键术语的转化、系统的模型构建、测量因素的提取等方面提出意见和建议；另一方面，与长期从事人力资源管理、战略管理、创意产业营运的博导、教授、博士等专家学者针对研究假设的提出、问卷形式、内容、题型、题量、表述方式等方面的问题进行多次深入的探讨和交流。最终结合专家的反馈意见对问卷框架与内容进行修正。

第三，深入业界调研。在初始问卷框架与内容形成之后，为了使理论研究能够与具体情境相融合，本书充分利用前期主持和承担的课题中与创意产业协会、创意产业管理园区以及创意企业形成的良好合作关系，通过实地走访调查，与部分政府工作人员、创意企业中高层管理人员进行深度访谈，对题项内容与形式的合理性和可行性进行讨论，从而对语义表达、逻辑关系进行了修正与补充，最终形成了既符合理论要求又贴近实际情况的初始调研问卷。

5.1.2 问卷的基本内容

本章研究的问卷主要围绕企业创意人才生态系统健康影响因素来设计，要求问卷信息能够为理论研究提供可靠和充分的数据。问卷内容包括两大部分，即背景资料和测量量表。其中背景资料涵盖了个人信息和企业信息，如性别、年龄、工龄、学历、企业所属行业、区域等。测量量表是问卷的核心部分，包

括了创意人才胜任力、创意企业双元能力、创意氛围以及创意企业绩效四个部分。（初始调查问卷见附录 A）

为了保证潜变量能够得到可靠和准确的测量，在量表设计中，利用三个或三个以上的测量题项来对变量进行观测。此外，为了更好地区分受调查者的态度倾向，在量表测量形式上采取主观感知法，即由答卷者根据自身以及企业的实际情况感知来进行分值勾选。评分采用 Likerts7 级尺度。1 代表"完全不符合"，2 代表"很不符合"，3 代表"比较不符合"，4 代表"说不清楚"，5 代表"比较符合"，6 代表"很符合"，7 代表"完全符合"。

5.1.3 问卷的发放与回收

由于目前对"创意人才"这一概念的界定还存在较多争议，因此样本的遴选存在一定的难度。为了尽可能确保研究对象的准确性，对创意人才的选择主要集中在创意产业园区中的相关创意企业。按照目前国内较为通用的《北京市文化创意产业分类标准》，创意产业包括了文化艺术、新闻出版、广播电视电影、软件网络及计算机服务、广告会展、艺术品交易、设计服务、旅游休闲娱乐和其他辅助服务共 9 大类。同时，问卷发放过程中还结合所调研区域当地政府的创意产业相关政策来确认创意人才这一劳动群体。

具体到研究区域，受研究经费所限，小规模预调研阶段集中在笔者所在地，即泉州地区的创意产业园区；而大规模调研则延伸到厦门和福州两个地区。之所以选择这三个城市作为研究区域，主要基于三点考虑：第一，区域发展优势。福建省文化资源禀赋丰富，是"21 世纪海上丝绸之路经济带"的核心区、国家数字经济创新发展试验区。近年来着力推动文化与经济融合，大力发展文化创意产业，建立海峡两岸文化产业合作中心，着力培育专、精、特、新文化企业，努力使海峡西岸经济区成为全国重要的文化产业基地。第二，创意产业发展初具规模。根据第四次全国经济普查数据显示，2012～2018 年，福建省文化产业年均增长 12.8%，占 GDP 比重从 3.6% 增长到 4.1%，文化产品和服务贸易总额同比增长长期高于全国平均水平。以厦门为例，创意设计、影视动画、文化旅游和数字内容等创意产业园区建设步伐不断加快，基础设施以及管理配套服务逐步完善。其中厦门闽台文化产业园被文化部命名为"国家级文化产业试验园区"；厦门软件园影视动画区被国家广电总局命名为"国家动画产业基地"。第三，创意人才相对集聚。《中国创意产业发展报告（2020）》的调查数据显示，从行业和区域分布看，福建的创意人才主要汇聚在福州、厦门和泉州三大城市，其中福州地区从业人员最多，2019 年该城市文化创意指数全国排名第18，较上一年上升 34 名。

问卷发放形式以实地走访、面对面指导填写纸质问卷的方式为主。此外，以委托在创意企业工作的学生、同学、朋友填写并代为发放和回收问卷为补充。

5.2　变量测量

变量测量是对研究假设内容的细化。在第 4 章企业创意人才生态系统健康结构维度及内在假设探讨的基础上，本章建立了"系统健康—绩效"实证研究框架，由此确定了四类需要测量的变量。一是对创意人才胜任力的测量；二是对创意企业双元能力的测量；三是对创意氛围的测量；四是对创意企业绩效的测量。变量测量题项来源于四个方面：①直接采用现有实证研究量表中的测量题项；②根据研究情境对量表题项进行结构、语义等方面的改良；③根据文献探讨和理论推演提出测量题项；④综合学界和业界调研意见直接提出测量题项。

5.2.1　创意人才胜任力的测量

胜任力是人力资源管理领域中较为成熟的理论，目前对其进行测量主要采用两种方法。一是自行开发量表，即利用开放式问卷调查和关键行为事件访谈法来搜集胜任力测量条目，最后进行整理汇编。二是选自胜任力词典，即直接选取成熟胜任力词典中的测量指标进行题项说明。[232]本书对创意人才胜任力的测量以向勇（2011）[231]编制的《创意经理人胜任力词典》为题项设计主要依据，并以文献探讨和实地调研为补充。

创意人才胜任力（competence of creative talent）是高绩效工作者的创意知识（creative knowledge）、创意能力（creative ability）以及创意特质（creative personality）有机结合的产物。因此，对胜任力的测量主要从知识、能力以及个性特质三个维度来选取题项。佛罗里达（2002）[6]主张以地区本科学历人数比重作为创意人才指数的主要评价准则。佩克（2005）[119]认为，创意人才是具有无形创造能力、行为难以预测、崇尚宽松多样和开放氛围等基本特征的新兴劳动群体。赖特（2005）[233]提出关系能力、学习能力和认知能力能够提升知识工作效率。

周霞等（2012）[232]提出知识、品德、能力、精神和人格特质的胜任综合体，同时发现工作热情、责任感是胜任力的核心。王刚等（2016）[135]构建了由创意基础、创意能力、创意人格组成的文化产业创意人才素质模型。吴贵明（2017）[136]根据文化创意产业研发人才不同职业发展时期，提出三心（匠心、文心、爱心）两意（韵意、创意）胜任力模型。

向勇（2011）[231]通过开放问卷调查以及关键行为事件访谈方法编制了文化产业创意经理人胜任力素质量表，包括专业知识、行业经验、学习能力、关系能力、成就导向、吃苦耐劳等76项素质，并采用等级量表的方式对这些素质内容进行详细解释。

综合上述分析，本书根据研究情境编制创意人才胜任力的测量量表，如表5.1所示。

表 5.1　创意人才胜任力测量量表

测量变量	测量题号	题项内容	文献来源
创意知识	CK01	我接受过系统的学历教育	佛罗里达（2002）；佩克（2005）；易华（2010）；王刚等（2016）等
	CK02	我掌握了必备的文化基础知识	
	CK03	我有相关的专业背景资质	
	CK04	我有一定的行业从业经验	
	CK05	我对所处行业的发展有一定认识	
	CK06	我接受过本职工作的专业训练	
	CK07	我对本职工作涉及的专业知识很清楚	
	CK08	我能鉴别出企业产品与项目的价值	
创意能力	CA09	我能与同事和谐相处	斯科特和布鲁斯（1994）；佛罗里达（2003）；王飞鹏（2009）；陈要立（2011）等
	CA10	我能密切配合同事完成工作任务	
	CA11	我能与外界相关部门保持良好关系	
	CA12	我主动参与企业组织的各项培训活动	
	CA13	我经常关注新知识、新技术和新领域	
	CA14	我对新事物具有良好的接受性	
	CA15	我敢于对传统和常识提出质疑	
	CA16	我愿意承担风险去尝试新方法	
创意特质	CP17	我能对自己做出客观的评价	芒福德（2002）；赖特（2005）；霍金斯（2009）；蒋三庚、王晓红等（2009）；吴贵明（2017）等
	CP18	我对目前从事的工作很迷茫（反向题）	
	CP19	我不断追求卓越的工作成果	
	CP20	我喜欢有挑战性的工作任务	
	CP21	我渴望得到他人的认可	
	CP22	我对工作能做到言行一致	
	CP23	我能在指定时间内完成本职工作	
	CP24	我知道本职工作的重要性，并愿意承担相关责任	

5.2.2　创意企业双元能力的测量

双元能力（organizational ambidexterity）是顺应企业战略环境发展变化而衍生出来的旨在综合评价企业管理能力的新思维。该能力是组织充分开发利用已有资源来顺应市场需求，并努力探索新的方法来满足正在出现的市场机会的管理机制组合。创意企业是一个对环境变化高度敏感的新型社会组织，高绩效的创意组织更具有双元特性。从现有的文献看，对双元能力的测量，并没有单纯局限在探索能力以及利用能力这两个理论维度上，而是更多地从组织学习、技术创新、组织设计、人力资源管理实践以及社会网络等更加具体的企业管理行为来进行测量。在第4章结构维度分析的基础上，本章基于文献探讨及研究情境构建了以探索—利用能力为支撑，以组织学习能力、市场感知能力、资源整合能力和组织重构能力为组成部分的创意企业双元能力结构。因此，对双元能力变量的衡量则主要集中体现在上述四个方面。

探索能力包括市场感知和组织学习两个维度。一是市场感知能力。尼尔（2007）[247]将企业组织视为一个环境感知单元，并主张通过从内外沟通、机会分析、资源解释三个方面对感知能力进行界定。提斯（2007）[170]认为，市场感知是建立在对组织资源探索基础上的一种市场跟踪与机会识别能力。奥莱利和图什曼（2008）[249]指出，双元能力是组织动态能力的核心，并将信息搜寻能力纳入组织双元能力的探索维度。二是组织学习能力。佐特（2003）[250]从员工培训和企业学习两个角度对学习能力进行了诠释。罗塔梅尔和赫斯（2007）[252]认为，技术创新是一种全员行为，是对外界信息资源高度依赖的组织学习过程。

利用能力包括资源整合和组织重构两个维度。一是资源整合能力。资源整合涵盖了对外部社会网络资源以及内部沟通协调两个部分。阿德勒和权（2002）[253]认为，企业组织是社会网络中的关键节点。希姆塞克（2009）[322]提出，从社会网络的角度来衡量组织双元能力。他认为，企业在社会网络中心的地位以及同外界紧密程度决定了双元能力的高低。巴卢等（Ballou et al.，2000）[255]、贝克和福克纳（Baker & Faulkner，2004）[256]从企业员工内部形成的平等、互利以及共享的角度来对内部资源整合进行说明。二是组织重构能力。苏巴那拉辛哈（2001）[258]从组织权力配置和人力资源管理实践两个方面来分析企业动态能力。赫尔法特和彼得拉夫（Helfat & Peteraf，2003）[257]、奥莱利和图什曼（2008）[249]的研究则进一步指出，组织系统设计能力和人员调配能力能够使企业内部资源得到充分发挥。娄雅婷和刘臻玮（2012）[260]从战略调整、管理制度、组织设计和企业文化四个方面分析了双元组织特性。王敏和陈继祥

(2008)[259]主张从管理目标、员工特征、文化管理和企业培训等角度实现双元组织的人力资源管理功能。

综合上述分析，本书根据研究情境编制出创意企业双元能力测量量表，如表 5.2 所示。

表 5.2　创意企业双元能力测量量表

测量变量	测量题号	题项内容	文献来源
探索能力	ER01	企业经常通过各种途径了解行业发展现状和趋势	尼尔（2007）；提斯（2007）；罗塔梅尔和赫斯（2007）；奥莱利和图什曼（2008）；穆勒等（2015）
	ER02	企业密切监控竞争对手的商业行为	
	ER03	企业经常和同行、顾客和供应商频繁交流	
	ER04	企业经常探索如何挖掘和满足顾客需求	
	ER05	企业能认识到环境变化并提前做好应对措施	
	ER06	企业密切跟踪行业领域的最新研究成果	
	ER07	企业在产品研发方面的投入很少（反向题）	
	ER08	企业热衷于引进先进技术来提升产品竞争力	
	ER09	企业通过联盟或合作方式向成功企业学习	
	ER10	企业努力营造创新文化氛围	
	ER11	企业拥有完善的员工培训体系	
	ER12	企业支持和奖励员工学习和创新行为	
利用能力	EI13	企业能够与同行保持良好的关系	阿德勒和权（2002）；巴卢（2000）；贝克和福克纳（2004）；赫尔法特和彼得拉（2003）；奥莱利和图什曼（2008）；娄雅婷和刘臻玮（2012）等巴卢（2000）；贝克和福克纳（2004）；娄雅婷和刘臻玮（2012）等
	EI14	企业从外界获取的新知识能得到迅速转化	
	EI15	企业能及时向员工传播行业信息和市场信息	
	EI16	企业内部拥有顺畅的沟通机制	
	EI17	企业不同部门之间合作良好	
	EI18	企业目标能得到有效分解与落实	
	EI19	企业拥有规范的人力资源管理制度	
	EI20	企业人力资源管理部门参与战略决策	
	EI21	企业能够为员工发展提供平台	
	EI22	企业能够灵活调整组织结构	
	EI23	企业适时对工作流程和工作职能进行再设计	
	EI24	企业赋予不同部门一定的自主权	

5.2.3　创意氛围的测量

创意氛围（creative milieu）是指能够容纳并支持创意人才活动的软硬件设

施的总和。本章在借鉴佛罗里达（2002）[6]"4T"理论的基础上，结合文献探讨，通过对相关生态因子的扫描、识别与遴选，最终提取以政策氛围、地域氛围、文化氛围和技术氛围为构成要素的创意生态氛围结构。

（1）政策氛围（policy milieu）

从发达国家的成功经验来看，创意产业的兴起与繁荣离不开政府的主导和扶持。刘平（2009）[8]从成立管理部门、出台产业政策、重视人才培养等方面分析了欧美发达国家的政府对创意产业的支持。安德森（1985）[265]、张迺英（2011）[264]从产业发展的财政优惠、资金扶持、人才政策等方面提出创意发展的政策维度。康宁汉（2004）[266]、杨张博和高山行（2013）[215]认为，知识产权保护是支持创意发展的必要手段，强调了政府在法律环境氛围营造中的重要地位。

（2）地域氛围（territory milieu）

佛罗里达（2002）[6]、兰德里（2008）[111]指出，创意人才对交通设施、文化场馆、人文景观等地区品质有显著偏好。耿帅（2005）[323]认为，产业集聚区提供的服务配套和企业网络群能够发挥资源共享优势。陈颖（2012）[267]主张从入驻企业数量、地理区位和管理配套等方面对园区环境进行评价。

（3）文化氛围（culture milieu）

霍金斯（2009）[131]指出历史古迹、文化场馆以及街头艺术活动是创意生活的文化要素。张迺英（2011）[264]认为，文化艺术的共融以及对多元化生存氛围的追求是创意人才集聚的动因。佛罗里达（2002）[6]则从一个地区对移民、艺术家和同性恋等群体的宽容程度来衡量创意氛围。

（4）技术氛围（technology milieu）

巴拉巴斯（2005）[168]认为，多媒体技术的广泛应用能够使创意产品价值不断提升。库拉（2007）[271]从互联网创意经济的视角提出信息技术对创意产品的支撑作用。

需要指出的是，由于本书研究对象的选取以集聚在创意产业中的创意人才为主，所以对环境因素的测量将主要参考创意产业集聚区的环境指标。目前，国内学者陈颖（2012）[267] 对创意产业方面的研究较为成熟。因此，本章对创意氛围测量题项的设计将以该研究中的《创意产业集聚区环境量表》为主要参考依据。

综合上述分析，笔者根据研究情境编制出创意氛围测量量表，如表 5.3 所示。

表 5.3　创意氛围测量量表

测量变量	测量题号	题项内容	文献来源
政策氛围	PM01	园区所在地政府有出台促进产业发展的相关政策	刘平（2009）；安德森（1985）；张迺英（2011）；康宁汉（2004）；张京成（2020）等
	PM02	园区有租金优惠政策	
	PM03	园区有财税优惠政策	
	PM04	园区有人才引进优惠政策	
	PM05	园区有知识产权保护政策	
地域氛围	TTM06	园区所在位置交通便利	佛罗里达（2002）；兰德里（2008）；耿帅（2005）；陈颖、高长春（2012）等
	TTM07	园区有鲜明的产业特色和定位	
	TTM08	园区基础设施配套合理（如停车场、商务中心等）	
	TTM09	园区管理水平良好（如物业服务、项目孵化服务等）	
	TTM10	园区入驻企业数量较多	
文化氛围	CM11	园区所在地具有深厚的文化底蕴	霍金斯（2009）；佛罗里达（2002）；张迺英（2011）等
	CM12	园区内有相应的文化场馆（如图书馆、创意中心等）	
	CM13	园区经常举办各类文化艺术活动	
	CM14	园区具备"创新创造创业"的"三创"氛围	
	CM15	园区文化兼容并蓄，具有开放性、多样性和包容性	
技术氛围	TEM16	园区内信息化程度较高（如网络、信息共享平台等）	巴拉巴斯（2005）；库拉（2007）；杨震宁、吕萍等（2008）；徐汉明和周箴（2017）等
	TEM17	园区有专门的信息技术服务平台	
	TEM18	园区较少采用多媒体、数字技术（反向题）	
	TEM19	园区经常举办技术交流活动	
	TEM20	园区为企业技术创新成果转化提供服务	

5.2.4　创意企业绩效的测量

创意企业绩效（creative enterprise performance）源于对创意资源的有效整合，是基于创意人才的智慧和才能以及企业双元能力共同作用的结果，最终表现形式不仅单纯体现在诸如销售额、利润率等反映企业短期发展状况的客观财务指标上，更与企业员工的职业发展、顾客满意度以及社会认可等长远主观指标密切相关。由于财务指标涉及商业机密，且调研的企业绝大多数属于非上市企业，因此，无法直接从公开渠道获取相关资料。目前，学界对企业绩效的测量普遍倾向于采用主观度量法，即根据受访者的主观感受来判断企业绩效水平高低。已有大量研究表明，对企业绩效采用主观感知来测量的结果与采用客观数据测量的结果之间存在很强的正相关。[324]因此，本书中采用主观度量法来测量创意企业绩效水平，要求受访者根据主观感受对企业绩效水平与主要竞争者进行对比，并将其认可程度作为最终测量依据。同时，采用短期绩效（short-term performance）维度来表示财务指标，长期绩效（long-term performance）表示非财务指标。

李和吉马（2001）[275]从企业利润率、投资回报、销量增长等方面来衡量企业财务绩效。吴（2006）主张从创新速度、市场响应速度、生产效率和生产柔性四个方面来测量IT企业的长期绩效水平。道拉察希和曹（2006）[277]从产品创新、企业声誉、顾客满意度和员工发展四个方面衡量企业的长远发展。贾生华、陈宏辉等（2003）[279]、陆庆平（2006）[280]认为，企业绩效是员工、股东和社会等利益相关者共同作用的结果。江瑶和高长春（2017）[281]主张从资本收益率和资产回报率来衡量创意企业绩效水平。张铮和陈雪薇（2021）[289]提出创意工作绩效的三大维度，即任务绩效、周边绩效和适应绩效。

综合上述分析，本书根据研究情境编制出创意企业绩效测量量表，如表5.4所示。

表 5.4　创意企业绩效测量量表

测量变量	测量题号	题项内容（与主要竞争对手对比）	文献来源
短期绩效	SP01	企业的投资回报率较高	李和吉马（2001）；鲁南和霍兰德（Lunnan & Haugland，2007）；许正良和王利政（2007）；胡元木和纪端（2017）等
	SP02	企业的净利润水平较高	
	SP03	企业的销售利润率较高	
	SP04	企业的经营成本较低	
	SP05	企业的现金流量较多	
长期绩效	LP06	企业产品市场占有率较高	纽伯特（2008）；贾生华、陈宏辉等（2003）；陆庆平（2006）；张铮和陈雪薇（2021）等
	LP07	企业新产品开发速度较快	
	LP08	企业的员工满意度较高	
	LP09	企业的顾客满意度较高	
	LP10	企业拥有良好的社会声誉	

5.3　数据分析方法

本书研究中主要使用 SPSS22.0 和 AMOS22.0 统计软件对问卷搜集到的数据进行处理和分析，涉及的统计方法主要包括描述性统计、信度分析、效度分析和结构方程分析四部分（吴明隆，2009、2010）[325,321]。

5.3.1　描述性统计

描述性统计也称叙述性统计，用于将搜集到的原始资料进行整理以形成有意义的信息和统计量。本书研究中的描述性统计主要包括：①利用频数分布来分析调查样本的分布情况，如创意人才的年龄分布、学历分布；创意企业的行业分布、地域分布等。②计算变量的总数、均值、标准差、偏度和峰度，用于描述创意人才胜任力、创意企业双元能力、创意氛围以及创意企业绩效等量表所搜集的样本数据是否属于正态分布情况。

5.3.2 信度分析

信度是指用来衡量量表所测量结果的稳定性和一致性，具体而言，是要用来验证量表内部各个题项之间的相符程度以及两次度量结果的前后一致性问题。本书研究中采用内部一致性信度（internal consistency reliability）即克朗巴哈（cronbach's alpha）系数来对企业创意人才生态系统健康影响因素的三个构面以及创意企业绩效长短期绩效的两个构面量表信度进行检验。按照目前学界的研究惯例，克朗巴哈系数越高，表示该变量中各个题项的相关性越大，即内在一致性程度就越高。系数的取舍标准是：小于 0.35 表示信度过低；大于 0.35 而小于 0.65，则应重新修订研究工具或重新编制量表；介于 0.65 ~ 0.70 为最小的可接受值域；介于 0.70 ~ 0.80 表示相当好；介于 0.80 ~ 0.90 表示非常好；在 0.90 以上表示测量或问卷的信度甚佳。同时，还必须结合修正的项目总相关系数来判定题项的去留，一般而言，当相关系数小于 0.4 时，该题项与测量维度的相关程度偏低，应该考虑删除；反之，当相关系数高于 0.4，则可以考虑保留该测量项目。此外，由于结构方程对数据质量要求较高，因此，大样本数据处理中还采用潜在变量的组合信度（composite reliability，CR）来判别模型内在质量，一般判断标准为 CR 大于 0.6，就符合要求。

5.3.3 效度分析

效度指的是量表题项测量出来的结果能够解释研究者所要了解对象的心理或者行为特质达到何种程度，即测量结果的准确性。本书中将采用效度分析对企业创意人才生态系统健康影响因素的三个构面以及企业绩效的两个构面的准确性进行检验。一般而言，效度分析主要从内容效度（content validity）和结构效度（construct validity）两个方面来进行。

（1）内容效度

内容效度指的是量表题项的适切性和代表性，即测量的内容能够客观反映所要研究的变量。因此，内容效度带有一定的主观倾向，只能作为预测测量结果的补充评价。为了克服这种缺陷，本问卷一方面在量表设计中严格遵循科学的流程和规则（如在量表中编制 1～3 道反向题），尽可能让量表所涉及的题项建立在国内外专家学者的研究基础之上；另一方面，结合专家访谈、实地调研的结果对题项进行不断改良，以便使量表充分覆盖所测量的内容。所以，从整体上看，本问卷的内容效度比较高。

（2）结构效度

结构效度指的是量表实际测得的分数能够解释多少某一构面上的具体要素。比如，创意人才的知识构成、创新能力以及创意特质部分的测量得分是否能够解释胜任力这个构面。在统计学上，检验结构效度常用的做法是运用探索性因素分析（exploratory factor analysis，EFA）来抽取共同因素与理论架构进行比较。本书研究涉及胜任力、双元能力、创意氛围以及企业绩效四个量表，每个量表又由不同的构成因素组成，因此，运用探索性因子分析方法，先采取 KMO 样本充分性检验和 Bartlett's 球形检验来判断是否适合做因子分析。当 KMO 大于 0.60、Bartlett's 球形检验统计值的显著性概率小于或者等于显著性水平时，可以做探索性因子分析。其次，以因素负荷量大于 0.5、累积解释变异量大于 50% 作为因素最终选定的标准。此外，本书在利用结构方程进行因素验证分析时，也将参照参数估计统计显著性指标来作为结构效度判定的另一种依据，如采用平均方差抽取量（average variance extracted，AVE）大于 0.5 来辨别共同因素的效度。需要指出的是，由于结构效度测量运用的技术指标较多，且与区别效度的分析具有一定的共通之处，因此，在后续技术分析中，对结构效度的分析本身也包含了区别效度这一项内容。

5.3.4　结构方程模型分析

结构方程模型（structural equation model，SEM）是目前社会学领域定量分析的重要工具，该方法融合了传统多变量统计分析中的"因素分析"与"线性回归分析"技术，对因果模型的辨识、估计与验证具有较好的运行效果。本书中之所以采用 SEM 来检验理论假设之间的关系主要基于两点考虑。首先，研究主题与 SEM 相符。本书是从生态学的视角来研究创意人才问题，难以直接找到一个度量工具来对"生态系统健康"主题进行验证，而 SEM 对潜在变量测量的明显优势则正好与研究主题的实证思路相符。其次，研究框架与 SEM 相通。SEM 不仅能够反映理论模型中要素之间的独立关系，而且能够突出要素之间的内在联系。本书中对企业创意人才生态系统健康理论模型的构建，正是隐含了一种结构性思维，尤其是三个影响因素与企业绩效之间的互动关系，更是对 SEM 功能的诠释。

本书中主要从三个方面来使用 SEM 技术。①验证性因素分析（confirmatory factor analysis，CFA）。经过小样本预调以及探索性因素分析的数据处理，为了探究正式量表的因素结构模型是否与大样本调研实际搜集的数据契合，指标变量（如探索能力和利用能力）是否可以有效作为因素构念（如双元能力）的测量变量，本书中利用验证性因素分析来对数据进行处理，进而验证影响企业创意人才生态系统健康的三个主要因素。②潜在变量的路径分析（path analysis with latent variables，PA-LV）。该方法主要用来验证创意人才胜任力、创意企业双元能力与创意企业绩效三者之间的因果关系，同时明确彼此之间影响效果的大小。③多群组分析（simultaneous analysis of several groups）。该方法主要用来评估理论模型在不同样本群之间是否相等或具有不变性。基于此原理，在以创意氛围为调节变量的假设验证中，本书中采用多群组分析方法。

评价结构方程的主要依据是模型适配度指标，包括整体适配度指标（模型外在质量的评估）和模型内在结构适配度指标（模型内在质量的检验）两个方面。如表 5.5 所示。由于结构方程对数据质量的要求较高，在实际社会科学的研究中，并不是所有的统计指标都能够完全符合理想的标准。按照目前学界普遍的观点，倾向于采用多元和多数准则，即只要大部分指标能够符合要求，且与理论研究相匹配，就可以判断模型适配（舒马赫和洛马克斯，1996）。

表 5.5　结构方程模型主要适配度评价指标

模型适配度指标			判断标准	参考依据
整体适配度指标	绝对适配度指数	χ^2（卡方值）	卡方值，越大表示 S 矩阵偏离 $\sum$ 矩阵越远	里格登（Rigdon, 1995）
		χ^2/df（CMIN/DF）	卡方自由度比，一般认为小于 2 模型适切，较宽松的规定值是 5	黄铭芳（2004）
		RMSEA	近似误差均方根，一般认为数值介于 $0.08 \sim 0.1$ 模型可以接受	布朗和库德克（Browne & Cudeck, 1993）
		GFI	拟合优度指数，数值接近 1，模型适配度越佳。一般认为数值最好大于 0.9，较宽松的规定是大于 0.8 就可以接受	余民宁（2006）；侯杰泰、温忠麟等（2010）
		AGFI	调整后适配度指数，数值越接近 1，模型适配度越佳。一般认为数值最好大于 0.9，较宽松的规定是大于 0.8 就可以接受	胡和本特勒（Hu & Bentler1999）；侯杰泰等（2010）
	相对适配度指数	NFI	规范拟合指数，数值越接近 1，模型适配度越佳。一般认为数值最好大于 0.9，较宽松的规定是大于 0.8 就可以接受	邱皓政（2005）；侯杰泰等（2010）
		CFI	规范拟合指数，数值越接近 1，模型适配度越佳。一般认为数值最好大于 0.9，较宽松的规定是大于 0.8 就可以接受	本莱尔（Benler, 1995）；侯杰泰等（2010）
		PGFI	简约适配度指数，数值大于 0.5，表示模型可以接受	余民宁（2006）
内在适配度指标		λ	因素负荷量，介于 $0.5 \sim 0.95$，表示模型基本适配度良好	博伦（Bollen, 1989）
		C. R.	临界比值，用来代表 t 值，绝对值大于 1.96，或 p 小于 0.05，表示模型内在结构适配度好	伯恩（Byrne, 2001）
		R^2	个别观察变量的项目信度系数，如果高于 0.5，表示模型内在质量良好	博戈兹（Bogozzi, 1988）

模型适配度指标		判断标准	参考依据
内在适配度指标	ρ_c	潜在变量的组合信度（CR），如果大于0.6，表示测量指标之间内在关联度高	黄铭芳（2004）
	ρ_v	潜在变量的平均方差抽取量（AVE），如果大于0.5，表示潜在变量具有良好的信度和效度	博戈兹（1988）

此外，在 SEM 分析中，本书中主要采用 AMSO22.0 软件包来进行数据处理。主要原因有三点。第一，AMOS 软件是 SPSS 旗下的主要产品，两者的数据文件可以互通；第二，AMOS 软件主要采用按钮式绘图方法，操作简便，尤其适合复杂假设模型的验证分析；第三，AMOS 软件输出结果可视性强，容易理解，方便对数据进行系统解释。

5.4　本章小结

本章在确定实证研究思路的基础上，首先，介绍了问卷设计流程、问卷主要内容以及问卷的发放与回收；其次，在理论推演以及文献探讨的基础上，结合实地调研、专家访谈以及管理情境的要求，对研究假设中的变量测量进行了系统分析，最终形成了创意人才胜任力、创意企业双元能力、创意氛围以及创意企业绩效四个测量量表；最后，对数据分析中将运用到的描述性统计、信度分析、效度分析以及结构方程模型等统计方法进行了简要介绍。

第6章

小样本预调研及数据处理

为了确保搜集数据的质量，本章对设计的问卷进行了小规模的预调研。首先，通过描述性统计将搜集到的原始数据做初步性分析；其次，通过信度检验来对四个分量表的可靠性和稳定性进行测量，从而剔除部分不符合统计要求的题项项目；最后，通过探索性因子分析来确定测量量表的维度以及具体题项，以形成用于正式调研的问卷。

问卷预调研区域以笔者学校所在地为主，包括泉州"源和1916"创意产业园和泉州领SHOW天地创艺乐园两个创意产业园区。其中，"源和1916创意产业园"既是泉州市首家创意产业园区，也是闽南文化在中国保留最完整的创意产业园。目前，该园区已经被评为福建省文化产业示范基地。而领SHOW天地创艺乐园目前属于泉州市科技创新创业人才孵化基地以及中小企业产业服务平台。因此，不论是从园区规划、企业数量还是文化氛围以及人才集聚的角度来看，两个园区都具有一定的代表性。为了确保调研数据的质量，预调阶段数据全部通过笔者实地走访企业并直接指导受调查对象现场填写问卷而得。

预调研阶段发放纸质版问卷共计100份，回收95份，问卷回收率为95%。通过对问卷中填写不完整、前后矛盾、多次勾选等不符合填写规范题目的初步检查，删除了9份问卷，最终得到用于进一步数据分析的有效问卷共计86份，有效问卷率为86%，基本符合统计学要求。

6.1 预调研数据的描述性统计

首先，对原始数据进行初步检验，以检查录入的数据是否有无极端值或错误值，进而通过偏度和峰度等指标判断数据是否符合正态分布。数据处理结果显示，测量题项的数值介于1～7，没有超出极端值，平均值也主要集中在4.5左右，没有出现偏向一端的情况，表明量表的相关维度都具有一定程度的重要性。此外，所有测量题项的偏度绝对值都小于2，峰度的绝对值也都小于5，各潜在变量的测量题项符合正态分布的规定，可以进行进一步的数据分析。

其次，对样本数据分布情况进行分析汇总，如表6.1所示。

表 6.1 预调研样本的分布情况

基本特征	分类	样本数目	比例（%）
年龄	30 岁以下	27	31.4
	30～40 岁	35	40.7
	41～50 岁	18	20.9
	51 岁以上	6	7.0
性别	男	58	67.4
	女	28	32.6
工龄	5 年以下	22	25.6
	6～10 年	39	45.3
	11～15 年	19	22.1
	16～20 年	6	7.0
学历	大专以下	7	8.1
	大专	26	30.2
	本科	43	50.0
	研究生	10	11.6
岗位性质	研发设计岗位	23	26.7
	生产岗位	13	15.1
	执行岗位	23	26.7
	管理岗位	27	31.4

续表

基本特征	分类	样本数目	比例（%）
企业所属行业	文化艺术	16	18.6
	新闻出版	3	3.5
	广播电视电影	11	12.8
	软件网络及计算机服务	15	17.4
	广告会展	14	16.3
	艺术品交易	7	8.1
	设计服务	12	14.0
	旅游休闲娱乐	8	9.3

从样本分布情况来看，本次调查对象的人口统计学指标以及企业的基本情况能够与研究主题吻合，样本具有一定的代表性。

6.2　信度分析

信度是判断量表质量的首要依据。本部分主要采用内部一致性信度指标来对影响企业创意人才生态系统健康的三个因素以及创意企业绩效量表进行信度检验。

6.2.1　创意人才胜任力测量题项的信度分析

使用内部一致性信度指标来分析创意人才胜任力测量题项信度的结果如表6.2 所示。

表 6.2　创意人才胜任力测量题项的信度分析

测量变量	测量题号	修正的项目总相关	项目删除时的 cronbach's alpha 值	量表的 cronbach's alpha 值
创意知识	CK01	0.518	0.772	0.796
	CK02	0.444	0.783	
	CK03	0.529	0.770	
	CK04	0.527	0.770	

测量变量	测量题号	修正的项目总相关	项目删除时的 cronbach's alpha 值	量表的 cronbach's alpha 值
创意知识	CK05	0.530	0.769	0.796
	CK06	0.333#	0.796	
	CK07	0.617	0.755	
	CK08	0.534	0.769	
创意能力	CA09	0.602	0.844	0.860
	CA10	0.648	0.839	
	CA11	0.575	0.848	
	CA12	0.614	0.845	
	CA13	0.574	0.847	
	CA14	0.689	0.833	
	CA15	0.586	0.845	
	CA16	0.596	0.844	
创意特质	CP17	0.535	0.842	0.853
	CP18	0.599	0.835	
	CP19	0.657	0.827	
	CP20	0.603	0.835	
	CP21	0.495	0.853	
	CP22	0.735	0.820	
	CP23	0.588	0.837	
	CP24	0.612	0.834	
总量表内部一致性信度 cronbach's alpha 值				0.897

注：#表示未达到最低标准，下同。

表6.2中，创意人才胜任力量表的整体信度系数（cronbach's alpha）为0.897，大于0.8，整体一致性相当好，符合研究要求。

在创意知识的测量中，该维度的信度系数为0.796，大于0.7，符合研究要求；但是数据处理结果显示，CK06题项与该维度量表的相关系数为0.333，低于0.4的判断准则，而且，如果项目被删除后，该维度的信度系数可以提高到0.796，因此在问卷的修正应该将此题项删除。

在创意能力的测量中，该维度的信度系数为0.860，大于0.8，符合研究要求，且所有题项的相关系数都高于0.4，故不需要剔除题项。

在创意特质的测量中，该维度的信度系数为0.853，大于0.8，也符合研究要求，且所有题项的相关系数都高于0.4，因此也不需要剔除题项。

6.2.2　创意企业双元能力测量题项的信度分析

使用内部一致性信度指标来分析创意企业双元能力测量题项信度的结果如表6.3所示。

表6.3　创意企业双元能力测量题项的信度分析

测量变量	测量题号	修正的项目总相关	项目删除时的 cronbach's alpha 值	量表的 cronbach's alpha 值
探索能力	ER01	0.689	0.895	0.905
	ER02	0.758	0.892	
	ER03	0.876	0.886	
	ER04	0.761	0.891	
	ER05	0.554	0.901	
	ER06	0.521	0.903	
	ER07	0.476	0.905	
	ER08	0.246[#]	0.917	
	ER09	0.684	0.895	
	ER10	0.739	0.892	
	ER11	0.581	0.901	
	ER12	0.649	0.846	
利用能力	EI13	0.699	0.855	0.874
	EI14	0.533	0.866	
	EI15	0.401	0.874	
	EI16	0.718	0.854	
	EI17	0.582	0.863	
	EI18	0.619	0.861	
	EI19	0.526	0.866	
	EI20	0.446	0.862	
	EI21	0.666	0.857	
	EI22	0.746	0.853	
	EI23	0.581	0.863	
	EI24	0.400	0.875	
总量表内部一致性信度 cronbach's alpha 值				0.901

表6.3中，创意企业双元能力量表的整体信度系数为0.901，大于0.9，整体一致性非常理想，符合研究要求。

在探索能力的测量中，该维度的信度系数为0.905，大于0.9，符合研究要求；但是数据处理结果显示，ER08题项与该维度量表的相关系数为0.246，低于0.4的判断准则，而且，如果项目被删除后，该维度的信度系数可以提高到0.917，因此在问卷的修正应该将此题项删除。

在利用能力的测量中，该维度的信度系数为0.874，大于0.8，符合研究要求，且所有题项的相关系数都高于0.4，因此也不需要剔除题项。

6.2.3 创意氛围测量题项的信度分析

使用内部一致性信度指标来分析创意氛围测量题项信度结果如表6.4所示。

表6.4　创意氛围测量题项的信度分析

测量变量	测量题号	修正的项目总相关	项目删除时的cronbach's alpha 值	量表的cronbach's alpha 值
政策氛围	PM01	0.495	0.664	0.719
	PM02	0.534	0.648	
	PM03	0.501	0.664	
	PM04	0.515	0.657	
	PM05	0.359#	0.721	
地域氛围	TTM06	0.576	0.800	0.823
	TTM07	0.510	0.819	
	TTM08	0.743	0.749	
	TTM09	0.783	0.737	
	TTM10	0.487	0.823	
文化氛围	CM11	0.441	0.690	0.722
	CM12	0.158#	0.773	
	CM13	0.659	0.593	
	CM14	0.526	0.656	
	CM15	0.624	0.613	

测量变量	测量题号	修正的项目总相关	项目删除时的 cronbach's alpha 值	量表的 cronbach's alpha 值
技术氛围	TEM16	0.768	0.763	
	TEM17	0.693	0.778	
	TEM18	0.553	0.819	0.831
	TEM19	0.464	0.844	
	TEM20	0.706	0.776	
总量表内部一致性信度 cronbach's alpha 值				0.842

表 6.4 中，创意氛围量表的整体信度系数为 0.842，大于 0.8，整体一致性理想，符合研究要求。

在政策氛围的测量中，该维度的信度系数为 0.719，大于 0.7，符合研究要求；但是数据处理结果显示，PM05 题项与该维度量表的相关系数为 0.359，低于 0.4 的判断准则，而且，如果项目被删除后，该维度的信度系数可以提高到 0.721，因此，在问卷的修正应该将此题项删除。

在地域氛围的测量中，该维度的信度系数为 0.823，大于 0.8，符合研究要求，且所有题项的相关系数都高于 0.4，故不需要剔除题项。

在文化氛围的测量中，该维度的信度系数为 0.722，大于 0.7，符合研究要求；但是数据处理结果显示，CM12 题项与该维度量表的相关系数为 0.158，低于 0.4 的判断准则，而且，如果项目被删除后，该维度的信度系数可以提高到 0.773，因此在问卷的修正应该将此题项删除。

在技术氛围的测量中，该维度的信度系数为 0.831，大于 0.8，符合研究要求，且所有题项的相关系数都高于 0.4，故不需要剔除题项。

6.2.4　创意企业绩效测量题项的信度分析

使用内部一致性信度指标来分析创意企业绩效测量题项信度的结果如表 6.5 所示。

表6.5 创意企业绩效维度各测量题项的信度分析

测量变量	测量题号	修正的项目总相关	项目删除时的cronbach's alpha 值	量表的cronbach's alpha 值
短期绩效	SP01	0.047[#]	0.720	0.625
	SP02	0.400	0.561	
	SP03	0.646	0.439	
	SP04	0.452	0.534	
	SP05	0.421	0.550	
长期绩效	LP06	0.115[#]	0.827	0.761
	LP07	0.474	0.737	
	LP08	0.708	0.648	
	LP09	0.640	0.675	
	LP10	0.719	0.641	
总量表内部一致性信度 cronbach's alpha 值				0.763

表6.5中，创意企业绩效量表的整体信度系数为0.763，大于0.7，整体一致性较高，符合研究要求。

在短期绩效的测量中，该维度的信度系数为0.625，大于0.6，符合研究要求；但是数据处理结果显示，SP01题项与该维度量表的相关系数为0.047，低于0.4的判断准则，而且，如果项目被删除后，该维度的信度系数可以提高到0.720，因此在问卷的修正应该将此题项删除。

在长期绩效的测量中，该维度的信度系数为0.761，大于0.7，符合研究要求，但是数据处理结果显示，LP06题项与该维度量表的相关系数为0.115，低于0.4的判断准则，而且，如果项目被删除后，该维度的信度系数可以提高到0.827，因此在问卷的修正应该将此题项删除。

6.3 探索性因子分析

6.3.1 创意人才胜任力量表的探索性因子分析

剔除信度分析中不符合要求的题项CK06，将剩余的题项进行 KMO 和

Bartlett's 检验，以判断是否进行因子分析，结果如表 6.6 所示，KMO 高于 0.6 且 Bartlett's 检验达到显著水平，因此，可以做探索性因子分析。

表 6.6　创意人才胜任力量表的 KMO 和 Bartlett's 检验

Kaiser-Meyer-Olkin 抽样适度性测量		0.808
Bartlett's 球形检验	Approx. Chi-Square（方方值）	972.421
	df（自由度）	253
	Sig（显著性）	0.000

探索性因子分析结果如表 6.7 所示。

表 6.7　创意人才胜任力量表探索性因子分析结果

二级变量	测量题号	因子		
		1	2	3
创意知识	CK01			0.691
	CK02			0.573
	CK03			0.628
	CK04			0.576
	CK05			0.695
	CK07			0.624
创意能力	CA09	0.682		
	CA10	0.708		
	CA11	0.581		
	CA12	0.521		
	CA13	0.700		
	CA14	0.766		
	CA15	0.637		
	CA16	0.717		
创意特质	CP17		0.694	
	CP18		0.515	
	CP19		0.566	
	CP20		0.617	
	CP21		0.654	
	CP22		0.785	
	CP23		0.777	
	CP24		0.735	
解释变异量（%）		18.704	17.736	17.554
累计解释变异量（%）		18.704	36.440	53.994

经过数据处理，最终由表 6.7 可知，创意人才胜任力量表提取了 3 个共同因子，与本书研究的假设相符，且共同解释了变异量的 53.994%，观察变量对因子的负荷量都很理想，证明创意人才胜任力量表的结构效度较好，本部分的量表设计可以得到支持。

6.3.2 创意企业双元能力量表的探索性因子分析

剔除信度分析中不符合要求的题项 ER08、ER10、EI15 和 EI24，将剩余的题项进行 KMO 和 Bartlett's 检验，以判断是否进行因子分析，结果如表 6.8 所示，KMO 高于 0.6 且 Bartlett's 检验达到显著水平，因此，可以做探索性因子分析。

表 6.8　创意企业双元能力量表的 KMO 和 Bartlett's 检验

Kaiser-Meyer-Olkin 抽样适度性测量		0.864
Bartlett's 球形检验	Approx. Chi-Square	1065.353
	df	136
	Sig	0.000

探索性因子分析结果如表 6.9 所示。

表 6.9　创意企业双元能力量表探索性因子分析结果

二级变量	测量题号	因子	
		1	2
探索能力	ER01	0.790	
	ER02	0.808	
	ER03	0.895	
	ER04	0.845	
	ER05	0.598	
	ER06	0.534	
	ER09	0.778	
	ER10	0.782	
	ER11	0.654	
	ER12	0.845	

续表

二级变量	测量题号	因子	
		1	2
	EI13		0. 781
	EI14		0. 626
	EI15		0. 548
	EI16		0. 762
	EI17		0. 638
利用能力	EI18		0. 634
	EI19		0. 541
	EI21		0. 754
	EI22		0. 803
	EI23		0. 650
	EI24		0. 519
解释变异量（%）		24. 237	29. 173
累计解释变异量（%）		24. 237	53. 412

经过数据处理，删除不符合要求的题项 ER07 和 EI20，最终由表 6.9 可知，创意企业双元能力量表提取了 2 个共同因子，与本书研究的假设相符，且共同解释了变异量的 53.412%，观察变量对因子的负荷量都很理想，证明创意企业双元能力量表的结构效度较好，本部分的量表设计可以得到支持。

6.3.3　创意氛围量表的探索性因子分析

剔除信度分析中不符合要求的题项 PM05 和 CM12，将剩余的题项进行 KMO 和 Bartlett's 检验，以判断是否进行因子分析，结果如表 6.10 所示，KMO 高于 0.6 且 Bartlett's 检验达到显著水平，因此，可以做探索性因子分析。

表 6.10　创意氛围量表的 KMO 和 Bartlett's 检验

Kaiser-Meyer-Olkin 抽样适度性测量		0. 722
Bartlett's 球形检验	Approx. Chi-Square	1065. 353
	df	136
	Sig	0. 000

探索性因子分析结果如表 6.11 所示。

表 6.11　创意氛围量表探索性因子分析结果

二级变量	测量题号	因子			
		1	2	3	4
政策氛围	PM01				0.735
	PM02				0.763
	PM03				0.675
	PM04				0.711
地域氛围	TTM06	0.565			
	TTM07	0.621			
	TTM08	0.879			
	TTM09	0.874			
	TTM10	0.685			
文化氛围	CM13			0.811	
	CM14			0.823	
	CM15			0.856	
技术氛围	TEM16		0.811		
	TEM17		0.846		
	TEM18		0.801		
	TEM20		0.741		
解释变异量（%）		18.322	17.936	15.258	14.795
累计解释变异量（%）		18.322	36.259	51.516	66.321

经过数据处理，删除不符合要求的题项 CM11 和 TEM19，最终由表 6.11 可知，创意氛围量表提取了 4 个共同因子，与本书研究的假设相符，且共同解释了变异量的 66.321%，观察变量对因子的负荷量都很理想，证明创意氛围量表的结构效度较好，本部分的量表设计可以得到支持。

6.3.4　创意企业绩效量表的探索性因子分析

剔除信度分析中不符合要求的题项 SP01 和 LP06，将剩余的题项进行 KMO 和 Bartlett's 检验，以判断是否进行因子分析，结果如表 6.12 所示，KMO 高于 0.6 且 Bartlett's 检验达到显著水平，因此，可以做探索性因子分析。

表 6.12　创意企业绩效量表的 KMO 和 Bartlett's 检验

Kaiser-Meyer-Olkin 抽样适度性测量		0.718
Bartlett's 球形检验	Approx. Chi-Square	227.128
	df	28
	Sig	0.000

探索性因子分析结果如表 6.13 所示。

表 6.13　创意企业绩效量表探索性因子分析结果

二级变量	测量题号	因子	
		1	2
短期绩效	SP02		0.664
	SP03		0.813
	SP04		0.664
	SP05		0.785
长期绩效	LP07	0.648	
	LP08	0.849	
	LP09	0.821	
	LP10	0.888	
解释变异量（%）		27.612	33.072
累计解释变异量（%）		27.612	60.684

经过数据处理，最终由表 6.13 可知，创意企业绩效量表提取了 2 个共同因子，与本书研究的假设相符，且共同解释了变异量的 60.684%，观察变量对因子的负荷量都很理想，证明创意企业绩效量表的结构效度较好，本部分的量表设计可以得到支持。

6.4　正式问卷的形成

基于小样本预调研的数据，通过描述性统计、信度分析以及探索性分析三个步骤的数据处理和分析，对实证研究所涉及的四个测量量表中的所有题项进行了可靠性和一致性的验证。预调研结果共删除测量题项 10 个。其中，创意人才胜任力量表删除题项 1 个，为 CK06；创意企业双元能力量表删除题项 3 个，分别为 ER07、ER08 和 EI20；创意氛围量表删除题项 4 个，分别为 PM05、CM11、CM12 和 TEM19；创意企业绩效量表删除题项 2 个，分别为 SP01 和 LP06。

正式问卷的基本结构如表 6.14 所示，正式问卷详见附录 B。

表 6.14　正式调研问卷的基本结构

序号	问卷模块	主要内容	题目类型	题项数目
前言	背景信息	受访个人以及所在企业的基本信息，如工龄、学历、行业领域等	事实判断型（单选）	7
第一部分	创意人才胜任力	创意人才的知识、能力以及个性特质	事实判断型（单选）	23
第二部分	创意企业双元能力	创意企业的探索能力以及利用能力	事实判断型（单选）	21
第三部分	创意氛围	创意产业园区的政策氛围、地域氛围、文化氛围和技术氛围	事实判断型（单选）	16
第四部分	创意企业绩效	创意企业的长期绩效和短期绩效	事实判断型（单选）	8
附言	补充说明	受访者对调研的意见和建议	开放式题型	—

6.5　本章小结

本章通过小样本预调研对初始问卷中涉及的四个量表的信度和效度进行了检验，剔除了 10 个不符合统计要求的测量题项，从而为第 7 章大规模正式调研搜集的数据质量提供坚实保障。

第 7 章

大样本实证研究分析

本章将在第 6 章小样本预调研的基础上，开展大规模的正式调研来验证研究假设。首先，对搜集的数据进行描述性统计分析，并进行数据信度和效度的检验。其次，运用结构方程的验证性分析、路径分析以及多群组分析来对数据样本进行深层次的处理，从而对实证模型以及相关假设进行验证。最后，从理论与实践层面对研究结果进行讨论，进而提出管理启示与相关建议。

7.1　调研概况

本书的研究对象是创意人才，目前学界对该概念的界定仍未达成共识。本书中对创意人才的界定倾向于从劳动类型入手，认为创意人才是积聚在创意企业中从事产品生产、研发设计以及经营管理的劳动群体。同时，为了尽可能确保样本遴选的准确性，本书研究中调查区域集中在创意产业园区中的创意企业，调研区域具体情况如表 7.1 所示。

表 7.1　正式调研区域简介

城市	园区	园区简介
泉州	领 SHOW 天地创艺乐园	园区位于成洲老工业区，由 18 幢旧厂房组成，总改造利用面积约 10 万平方米。以"创意+乐活"衍生出"创意办公、艺文活动、个性购物和休闲娱乐"四个业态。同时，该园区也是泉州市科技创新创业人才孵化基地以及中小企业产业服务平台
	源和 1916 创意产业园	园区是泉州市首家创意产业园区，由"源和堂"蜜饯厂改造而成，园区建筑面积约 10 万平方米，集创意空间、艺术广场、时尚街区、商务办公与休闲娱乐于一体，是闽南文化在中国保留最完整的创意产业园
	晋江市创意创业创新园	项目聚焦服务晋江运动休闲、纺织服装、食品饮料等传统优势产业，以创意设计、科研孵化、高端商务为核心，坚持政府主导、市场运作、企业化管理原则，致力打造海峡西岸的"智岭·慧谷"
	六井孔音乐创意园	园区是国家音乐产业基地闽南语音乐中心，由泉州机电厂改造而成，用地面积 5700 平方米，以闽南文化遗产、民间音乐、地方戏曲、地方舞蹈和民间工艺品为主
厦门	厦门软件园影视动画产业区	园区位于厦门软件园二期，是国家广电总局正式批准的第四批"国家动画产业基地"，拥有目前亚洲最大的动作捕捉摄影棚，每天有 100 多分钟片长的动画片在这里产生
	厦门牛庄文化创意产业园	园区以弘扬牛精神、传播牛文化、学习牛品格为主题，定位为两岸时尚创意设计产品流通集散地及文创产品终端销售专业市场，主要文创工程有创意办公区、创意产品街、牛文化馆、时尚发布中心等
	集美集文化创意园	园区拥有 12 幢风格各异的厂房，占地面积 1.3 万平方米，设有艺术展厅、艺术家工作室、店铺、格子铺、画廊经营展示、户外运动、户外展示、影视中心、多媒体、动漫展厅等
	武夷工贸创意园	园区将原大型工业区内的 6 幢厂房改造为商务办公楼，现驻扎 40 多家大型企业，其中八成属于创意设计企业，包括建筑设计、工业设计、服务设计、景观设计等设计类企业
福州	1958 福百祥文化创意园	园区位于福州丝绸厂，共有大小厂房 8 幢，建筑面积近 2 万平方米，以来自创意、设计、艺术等领域的进驻机构、艺术长廊、美术展馆以及展现福建传统文化的闽茶文化、木雕、根雕、陶瓷艺术等工艺品展示为主
	海峡工业设计创意园	园区由造型设计辅助中心、工业设计创新中心、信息中心、国家专利（福建）展示与交易中心等组成。中心分别与福州大学厦门工艺美术学院、福州大学创意产业研究所签订了合作共建协议，充分发挥高校在人才、信息、技术等方面优势
	芍园壹号文化创意园	园区共有大小厂房 8 幢，总建筑面积达 1.4 万平方米，主要有"时尚发布、创意办公、创意体验、顶级会所及配套餐饮"五大功能区域，集中了广告、设计、传媒、艺术、展示、动漫、影视等企业或个人工作室

续表

城市	园区	园区简介
福州	福州软件园	园区是福建省目前规模最大的软件产业园，号称海西硅谷，汇聚了 10 000 多名各类创意人才。其中不乏原创动画、手机动画、网络游戏及数字内容、创意、动漫衍生品开发等创意企业

问卷的发放回收是实证研究工作的重中之重，也是难度最大的一项。为了提升问卷的填写质量以及回收效率，本次调研工作耗时两个月。笔者实地走访泉州、福州以及厦门地区 12 个创意产业园区，调研近 100 家创意企业，直接接触 200 多位创意人才，采取面对面指导填写纸质问卷的方式为主，辅之委托在创意企业中工作的同学和朋友代为发放和回收问卷为补充。

本次调研共发放问卷 460 份，回收 430 份，回收率为 93%。通过对问卷中填写不完整、前后矛盾、多次勾选等不符合填写规范题目的初步检查，删除了 27 份问卷，最终得到用于进一步数据分析的有效问卷共计 403 份，有效问卷率为 87%，基本符合统计学要求。

7.2　描述性统计分析

7.2.1　样本数据的描述分析

有效问卷共涉及创意人才 403 人，其中，男性 206 人，女性 197 人，平均分布在福州、厦门和泉州三个地区，分别为 146 人、128 人和 129 人。通过对创意人才样本的描述性统计，发现有以下几个特点。

7.2.1.1　创意人才年龄构成年轻化

如图 7.1 所示。在接受调查的 403 位创意人才中，年龄在 30 岁以下的共有 280 人，占总调查人数比重的 69.48%；年龄在 30 ~ 40 岁的创意人才共有 96

人，占总调查人数比重的23.82%；年龄在41～50周岁的创意人才共有21人，占总调查人数比重的5.21%；而年龄在51岁以上的创意人才则仅有6人，占总调查人数比重的1.49%。由此可见，创意人才群体普遍比较年轻，因此，对新生事物的尝试与追求也有异于其他劳动群体。

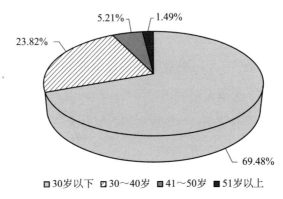

图7.1　创意人才的年龄构成

7.2.1.2　创意人才受教育程度较高

如图7.2所示。在接受调查的403位创意人才中，学历在大专以下的共有49人，占总调查人数比重的12.16%；学历在大专水平的创意人才共有174人，占总调查人数比重的43.18%；学历在本科水平的创意人才共有148人，占总调

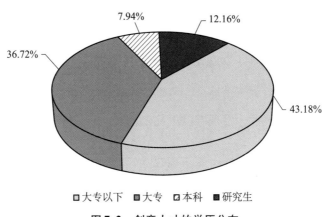

图7.2　创意人才的学历分布

查人数比重的 36.72%；而学历在研究生水平的创意人才共有 32 人，占总调查人数比重的 7.94%。由此可见，创意人才群体受教育程度比较高，普遍接受过高等教育。

7.2.1.3 创意人才工作年限不长

如图 7.3 所示。在接受调查的 403 位创意人才中，工作年限在 5 年以下的共有 238 人，占总调查人数比重的 59.06%；工作年限在 6~10 年的创意人才共有 122 人，占总调查人数比重的 30.27%；工作年限在 11~15 年的创意人才共有 30 人，占总调查人数比重的 7.44%；而工作年限在 16~20 年的创意人才共有 13 人，占总调查人数比重的 3.23%。由此可见，创意人才群体工作年限不长，这点也印证了创意企业大部分都属于新创型企业的基本事实。

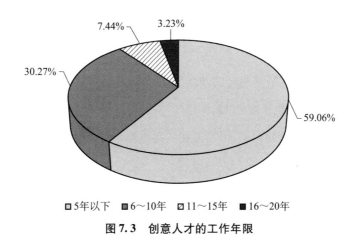

图7.3 创意人才的工作年限

7.2.1.4 创意人才劳动类型多样化

如图 7.4 所示。在接受调查的 403 位创意人才中，从事研发设计工作的共有 90 人，占总调查人数比重的 22.33%；从事生产工作的创意人才共有 27 人，占总调查人数比重的 6.7%；从事执行工作的创意人才共有 122 人，占总调查人数比重的 30.27%；从事管理工作的创意人才共有 164 人，占总调查人数比重的

40.69%。需要指出的是，该调查结果一方面与本书中对创意人才的定义相符；同时，绝大部分调查对象集中在管理岗位上，该群体对企业基本信息的了解比其他岗位的创意人才多，这也从另一方面保证了问卷的质量。

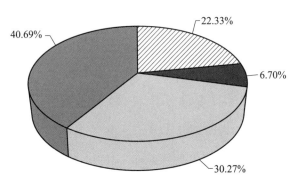

图 7.4 创意人才的岗位分布

7.2.1.5 创意人才行业分布广泛

如图 7.5 所示。在接受调查的 403 位创意人才中，在文化艺术行业工作的有 50 人，占总调查人数比重的 12.41%；在新闻出版行业工作的创意人才共有 25 人，占总调查人数比重的 6.20%；在广播电影电视行业工作的创意人才共有

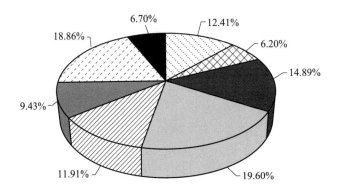

图 7.5 创意人才的行业分布

60 人，占总调查人数比重的 14.89%；在软件网络及计算机服务行业工作的创意人才共有 79 人，占总调查人数比重的 19.6%；在广告会展行业工作的创意人才共有 48 人，占总调查人数比重的 11.91%；在艺术品交易行业工作的创意人才共有 38 人，占总调查人数比重的 9.43%；在设计服务行业工作的创意人才共有 76 人，占总调查人数比重的 18.86%；在旅游休闲行业工作的创意人才共有 27 人，占总调查人数比重的 6.7%。

7.2.2　样本数据的正态性及平均数检验

运用结构方程分析工具的基本前提之一就是样本数据必须符合正态分布，而一般常用的经验标准是偏度的绝对值小于 3、峰度的绝对值小于 5。由表 7.2 可知，所有测量题项均符合该判断标准，因此样本数据适合进行结构方程分析。

此外，从样本数据的平均数也可以看出问卷测量题项的品质较高。本书中测量量表采用的是 Likerts7 级尺度，如果平均分靠近 4，则题项的品质较高；而如果接近 1 或者 7 这两个极端值，则题项的品质较低。由表 7.2 可知，测量题项的平均数介于 4.31 ~ 5.49，没有违反极端值的判断准则，因此样本数据的品质较高，也适合进一步的数据分析。

表 7.2　样本数据的正态性与平均数分析

题项序号	样本量（N）	平均数（Mean）	标准差（Std. Deviation）	偏度（Skewness）		峰度（Kurtosis）	
	统计值	统计值	统计值	统计值	标准误差	统计值	标准误差
CK01	403	5.49	1.305	-0.591	0.122	0.334	0.243
CK02	403	5.47	1.155	-0.232	0.122	-0.311	0.243
CK03	403	5.23	1.275	-0.587	0.122	0.434	0.243
CK04	403	5.26	1.205	-0.371	0.122	-0.117	0.243
CK05	403	5.34	1.121	-0.470	0.122	0.709	0.243
CK07	403	5.29	1.082	-0.373	0.122	0.537	0.243
CK08	403	5.41	1.141	-0.660	0.122	1.077	0.243
CA09	403	5.16	1.052	0.032	0.122	-0.386	0.243
CA10	403	5.19	1.091	-0.229	0.122	-0.165	0.243

题项序号	样本量（N）	平均数（Mean）	标准差（Std. Deviation）	偏度（Skewness）		峰度（Kurtosis）	
	统计值	统计值	统计值	统计值	标准误差	统计值	标准误差
CA11	403	5.20	1.055	−0.478	0.122	1.078	0.243
CA12	403	5.06	1.126	−0.144	0.122	−0.319	0.243
CA13	403	5.26	1.043	−0.320	0.122	0.269	0.243
CA14	403	5.46	1.005	−0.241	0.122	0.133	0.243
CA15	403	5.19	1.107	−0.085	0.122	−0.534	0.243
CA16	403	5.11	1.098	−0.156	0.122	−0.311	0.243
CP17	403	5.87	1.037	−0.994	0.122	1.725	0.243
CP18	403	5.48	1.016	0.008	0.122	−1.101	0.243
CP19	403	5.62	0.996	−0.381	0.122	0.688	0.243
CP20	403	5.43	1.025	−0.267	0.122	0.096	0.243
CP21	403	5.56	1.092	−0.719	0.122	1.269	0.243
CP22	403	5.46	1.049	−0.561	0.122	0.682	0.243
CP23	403	5.47	1.072	−0.381	0.122	0.395	0.243
CP24	403	5.57	1.140	−0.644	0.122	0.558	0.243
ER01	403	5.24	1.134	−0.308	0.122	0.180	0.243
ER02	403	4.73	1.270	−0.378	0.122	0.185	0.243
ER03	403	5.10	1.141	−0.170	0.122	−0.183	0.243
ER04	403	5.30	1.161	−0.158	0.122	−0.363	0.243
ER05	403	5.20	1.135	−0.175	0.122	0.015	0.243
ER06	403	5.14	1.211	−0.422	0.122	0.457	0.243
ER09	403	5.18	1.177	−0.332	0.122	0.156	0.243
ER10	403	5.16	1.169	−0.369	0.122	0.113	0.243
ER11	403	5.05	1.183	−0.378	0.122	0.235	0.243
ER12	403	5.10	1.257	−0.367	0.122	−0.023	0.243
EI13	403	5.20	1.259	−0.535	0.122	0.312	0.243
EI14	403	5.09	1.150	−0.210	0.122	0.083	0.243
EI15	403	5.13	1.138	−0.102	0.122	−0.422	0.243
EI16	403	5.19	1.141	−0.264	0.122	−0.245	0.243
EI17	403	5.24	1.171	−0.285	0.122	−0.207	0.243
EI18	403	5.17	1.114	−0.316	0.122	−0.044	0.243
EI19	403	5.07	1.233	−0.522	0.122	0.348	0.243
EI21	403	5.11	1.186	−0.419	0.122	−0.029	0.243
EI22	403	5.10	1.157	−0.185	0.122	0.010	0.243
EI23	403	5.01	1.189	−0.225	0.122	0.166	0.243
EI24	403	5.05	1.190	−0.461	0.122	0.410	0.243

题项序号	样本量 （N）	平均数 （Mean）	标准差 （Std. Deviation）	偏度 （Skewness）		峰度 （Kurtosis）	
	统计值	统计值	统计值	统计值	标准误差	统计值	标准误差
PM01	403	4.87	1.246	−0.377	0.122	0.541	0.243
PM02	403	4.79	1.310	−0.475	0.122	0.724	0.243
PM03	403	4.52	1.254	−0.494	0.122	0.769	0.243
PM04	403	4.69	1.275	−0.500	0.122	0.721	0.243
TTM06	403	5.16	1.217	−0.315	0.122	0.067	0.243
TTM07	403	5.16	1.235	−0.490	0.122	0.570	0.243
TTM08	403	5.17	1.139	−0.279	0.122	0.130	0.243
TTM09	403	5.14	1.194	−0.380	0.122	0.072	0.243
TTM10	403	5.23	1.203	−0.288	0.122	−0.053	0.243
CM13	403	4.92	1.324	−0.509	0.122	0.410	0.243
CM14	403	4.97	1.235	−0.442	0.122	0.497	0.243
CM15	403	5.05	1.186	−0.326	0.122	0.513	0.243
TEM16	403	5.03	1.211	−0.344	0.122	0.545	0.243
TEM17	403	4.81	1.263	−0.384	0.122	0.502	0.243
TEM18	403	5.23	0.926	0.331	0.122	−0.726	0.243
TEM20	403	4.68	1.247	−0.161	0.122	0.450	0.243
SP02	403	4.65	1.067	−0.173	0.122	1.495	0.243
SP03	403	4.70	1.075	−0.236	0.122	1.236	0.243
SP04	403	4.31	1.226	0.178	0.122	0.324	0.243
SP05	403	4.58	1.135	−0.211	0.122	0.465	0.243
LP07	403	4.77	1.161	−0.328	0.122	0.928	0.243
LP08	403	4.90	1.211	−0.414	0.122	0.647	0.243
LP09	403	5.19	1.092	−0.311	0.122	0.569	0.243
LP10	403	5.26	1.125	−0.231	0.122	0.309	0.243

7.3　企业创意人才生态系统健康的结构维度验证分析

7.3.1　创意人才胜任力的验证性分析

在创意人才胜任力的结构模型中，包含了创意知识、创意能力以及创意特质 3 个潜变量以及 23 个观测变量。运用 AMOS 统计软件进行验证性因子分析处理，结果如图 7.6 与表 7.3 所示。

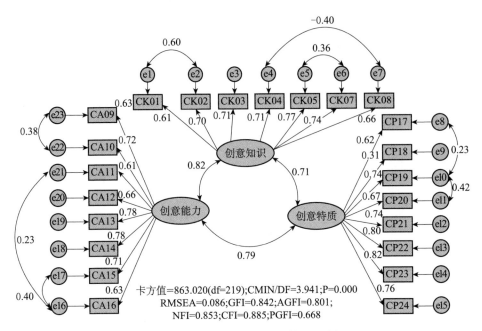

图 7.6　创意人才胜任力验证性因子分析

如图 7.6 所示，从模型的外在适配指标来看，卡方值自由度比（CMIN/DF）小于 5、RMSEA 小于 0.1、PGFI 大于 0.5，三个指标完全符合适配标准；而 GFI、AGFI、NFI、CFI 虽然未能完全符合理想指标的要求，但是已经接近 0.9 的判断准则。因此，从整体上看，模型外在质量基本符合要求。

表 7.3　创意人才胜任力模型内在质量检验指标

潜变量	指标	因素负荷量	临界比值	显著性	信度系数	平均变异抽取值	组合信度
创意知识	CK01	0.61			0.37	0.50	0.87
	CK02	0.70	17.62	***	0.49		
	CK03	0.71	11.52	***	0.51		
	CK04	0.71	11.35	***	0.51		
	CK05	0.77	12.15	***	0.60		
	CK07	0.74	11.76	***	0.55		
	CK08	0.66	5.72	***	0.44		

续表

潜变量	指标	因素负荷量	临界比值	显著性	信度系数	平均变异抽取值	组合信度
创意能力	CA09	0.63	12.00	***	0.39	0.48#	0.88
	CA10	0.72	11.21	***	0.52		
	CA11	0.61	12.66	***	0.38		
	CA12	0.66	12.65	***	0.44		
	CA13	0.78	15.25	***	0.60		
	CA14	0.79	11.94	***	0.60		
	CA15	0.71	10.70	***	0.51		
	CA16	0.63			0.40		
创意个性	CP17	0.62			0.38	0.50	0.88
	CP18	0.31#	5.72	***	0.31		
	CP19	0.74	13.73	***	0.55		
	CP20	0.67	11.26	***	0.45		
	CP21	0.74	12.16	***	0.55		
	CP22	0.80	12.77	***	0.64		
	CP23	0.82	12.98	***	0.67		
	CP24	0.76	12.36	***	0.58		
适配标准		0.5~0.95	>1.96	显著	>0.5	>0.5	>0.6

注：（1）在 AMOS 测量模型中，必须要有一个观测变量的路径系数固定为 1，否则模型无法进行估计。因此，表中 CK01、CA16、CA17 三个题项的固定参数设为 1，统计结果中的 C. R. 和显著性 P 值均为空白。（下同）

（2）#表示未达到最低标准。（下同）

如表 7.3 所示，从模型的内在适配指标来看，因素负荷量，除 CP18 外，其余测量指标都在介于 0.5~0.95；临界比值绝对值，全部都大于 1.96 且达到显著水平；信度系数，绝大部分都高于 0.5 的判断准则；潜在变量的平均方差抽取量，都接近 0.5 的最低判断标准；组合信度，全部符合大于 0.6 的判断准则。因此，从整体上看，模型内在质量基本符合要求。

综上所述，本书中提出的创意人才胜任力模型适配度良好，基本拟合。

7.3.2　创意企业双元能力的验证性分析

在创意企业双元能力的结构模型中，包含了探索能力和利用能力 2 个潜变量以及 21 个观测变量。运用 AMOS 统计软件进行验证性因子分析处理，结果如图 7.7 与表 7.4 所示。

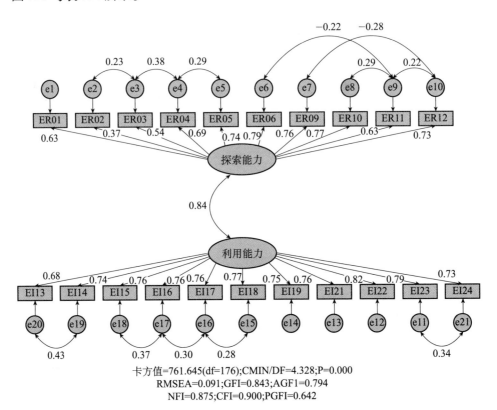

卡方值=761.645(df=176);CMIN/DF=4.328;P=0.000
RMSEA=0.091;GFI=0.843;AGFI=0.794
NFI=0.875;CFI=0.900;PGFI=0.642

图 7.7 创意企业双元能力验证性因子分析

如图 7.7 所示，从模型的外在适配指标来看，卡方值自由度比（CMIN/DF）小于 5、RMSEA 小于 0.1、PGFI 大于 0.5、CFI 等于 0.9，四个指标完全符合适配标准；而 GFI、AGFI、NFI 三个指标虽然未能完全符合理想指标的要求，但是已经接近 0.9 的判断准则。因此，从整体上看，模型外在质量基本符合要求。

表 7.4 创意企业双元能力模型内在质量检验指标

潜变量	指标	因素负荷量	临界比值	显著性	信度系数	平均变异抽取值	组合信度
探索能力	ER01	0.63				0.46#	0.89
	ER02	0.37#	6.80	***	0.13		
	ER03	0.54	9.72	***	0.30		
	ER04	0.69	11.79	***	0.47		

续表

潜变量	指标	因素负荷量	临界比值	显著性	信度系数	平均变异抽取值	组合信度
探索能力	ER05	0.74	12.53	***	0.55	0.46#	0.89
	ER06	0.79	13.10	***	0.62		
	ER09	0.76	12.71	***	0.58		
	ER10	0.77	12.97	***	0.60		
	ER11	0.63	10.86	***	0.40		
	ER12	0.73	12.25	***	0.53		
利用能力	EI13	0.68	14.56	***	0.47	0.57	0.94
	EI14	0.74	15.94	***	0.54		
	EI15	0.76	16.62	***	0.58		
	EI16	0.76	16.67	***	0.58		
	EI17	0.76	16.52	***	0.58		
	EI18	0.77	16.89	***	0.60		
	EI19	0.75	16.19	***	0.56		
	EI21	0.76	16.56	***	0.58		
	EI22	0.82	18.18	***	0.67		
	EI23	0.79			0.62		
	EI24	0.73	19.41	***	0.53		
适配标准		0.5~0.95	>1.96	显著	>0.5	>0.5	>0.6

如表 7.4 所示，从模型的内在适配指标来看，因素负荷量，除 ER02 外，其余测量指标都介于 0.5~0.95；临界比值绝对值，全部都大于 1.96 且达到显著水平；信度系数，绝大部分都高于 0.5 的判断准则；潜在变量的平均方差抽取量，利用能力高于 0.5 的判断准则，探索能力虽然未达到理想值，但也接近 0.5 的最低标准；组合信度，全部符合大于 0.6 的判断准则。因此，从整体上看，模型内在质量基本符合要求。

综上所述，本书中提出的创意企业双元能力模型适配度良好，基本拟合。

7.3.3　创意氛围的验证性分析

在创意氛围的结构模型中，包含了政策氛围、地域氛围、技术氛围和文化氛围4个潜变量以及16个观测变量。运用AMOS统计软件进行验证性因子分析处理，结果如图7.8与表所示。

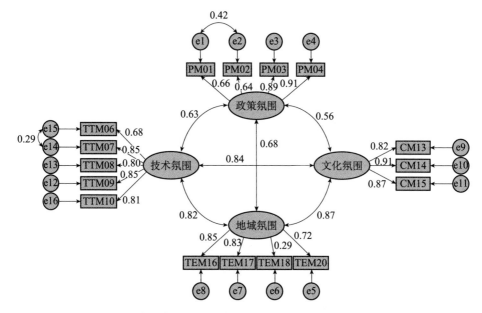

卡方值=297.124(df=96);CMIN/DF=3.095;P=0.000
RMSEA=0.072;GFI=0.917;AGFI=0.883
NFI=0.937;CFI=0.956;PGFI=0.647

图7.8 创意氛围验证性因子分析

如图7.8所示，从模型的外在适配指标来看，卡方值自由度比（CMIN/DF）小于5、RMSEA小于0.1、PGFI大于0.5、CFI大于0.9、GFI大于0.9、NFI大于0.9，指标完全符合适配标准；而AGFI指标虽然未能完全符合理想指标的要求，但是已经接近0.9的判断准则。因此，从整体上看，模型外在质量基本符合要求。

表7.5 创意氛围模型内在质量检验指标

潜变量	指标	因素负荷量	临界比值	显著性	信度系数	平均变异抽取值	组合信度
政策氛围	PM01	0.66			0.43	0.62	0.86
	PM02	0.64	15.12	***	0.41		
	PM03	0.89	14.88	***	0.79		
	PM04	0.91	15.05	***	0.83		

续表

潜变量	指标	因素负荷量	临界比值	显著性	信度系数	平均变异抽取值	组合信度
技术氛围	TTM06	0.68	15.25	***	0.47	0.64	0.90
	TTM07	0.85	21.32	***	0.72		
	TTM08	0.80	19.34	***	0.64		
	TTM09	0.85			0.73		
	TTM10	0.81	19.91	***	0.66		
文化氛围	CM13	0.82	12.00	***	0.67	0.74	0.90
	CM14	0.91	22.41	***	0.83		
	CM15	0.87	21.19	***	0.76		
地域氛围	TEM16	0.85	16.10	***	0.72	0.51	0.78
	TEM17	0.83	15.86	***	0.69		
	TEM18	0.29#	5.55	***	0.08		
	TEM20	0.72			0.52		
适配标准		0.5~0.95	>1.96	显著	>0.5	>0.5	>0.6

如表 7.5 所示，从模型的内在适配指标来看，因素负荷量，除 TEM18 外，其余测量指标都介于 0.5~0.95；临界比值绝对值，全部都大于 1.96 且达到显著水平；信度系数，绝大部分都高于 0.5 的判断准则；潜在变量的平均方差抽取量，全部符合大于 0.5 的判断准则；组合信度，全部符合大于 0.6 的判断准则。因此，从整体上看，模型内在质量基本符合要求。

综上所述，本书中提出的创意氛围模型适配度良好，基本拟合。

7.3.4　企业创意人才生态系统健康的验证性分析

在企业创意人才生态系统健康模型中，包含了创意人才胜任力、创意企业双元能力以及创意氛围 3 个潜变量以及 9 个观测变量。运用 AMOS 统计软件进行验证性因子分析处理，结果如图 7.9 与表 7.6 所示。

如图 7.9 所示，从模型的外在适配指标来看，卡方值自由度比（CMIN/DF）小于 0.5、RMSEA 小于 0.1、GFI 大于 0.9、AGFI 大于 0.9、NFI 大于 0.9、CFI 大于 0.9，指标完全符合适配标准；而 PGFI 指标虽然未能完全符合理想指

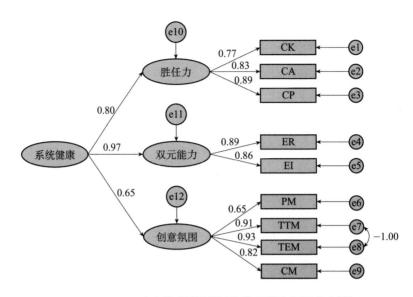

卡方值=74.274(df=23);CMIN/DF=3.229;P=0.000
RMSEA=0.074;GFI=0.962;AGFI=0.925
NFI=0.969;CFI=0.978;PGFI=0.492

图 7.9　企业创意人才生态系统健康验证性因子分析

标的要求，但是已经接近 0.5 的判断准则。因此，从整体上看，模型外在质量基本符合要求。

表 7.6　创意人才生态系统健康模型内在质量检验指标

潜变量	指标	因素负荷量	临界比值	显著性	信度系数	平均变异抽取值	组合信度
胜任力	CK	0.77			0.67	0.69	0.87
	CA	0.83	17.20	***	0.86		
	CP	0.89	18.16	***	0.84		
双元能力	ER	0.89			0.42	0.76	0.87
	EI	0.86	20.10	***	0.74		
创意氛围	PM	0.65			0.79	0.70	0.90
	TTM	0.91	14.41	***	0.79		
	TEM	0.93	14.57	***	0.70		
	CM	0.82	14.74	***	0.59		
适配标准		0.5~0.95	>1.96	显著	>0.5	>0.5	>0.6

如表 7.6 所示，从模型的内在适配指标来看，因素负荷量，所有指标都介于 0.5~0.95；临界比值绝对值，全部都大于 1.96 且达到显著水平；信度系数，

所有指标都高于 0.5 的判断准则；潜在变量的平均方差抽取量，全部符合大于 0.5 的判断准则；组合信度，全部符合大于 0.6 的判断准则。因此，从整体上看，模型内在质量基本符合要求。

综上所述，本书中提出的创意人才生态系统健康模型适配度良好，基本拟合。

7.3.5　创意企业绩效的验证性分析

在创意企业绩效的结构模型中，包含了长期绩效和短期绩效 2 个潜变量以及 8 个观测变量。运用 AMOS 统计软件进行验证性因子分析处理，结果如图 7.10 与表 7.7 所示。

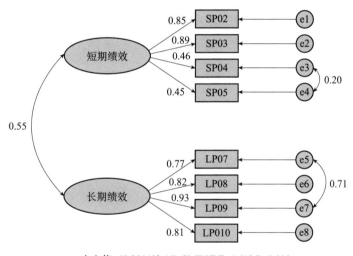

卡方值=69.291(df=15);CMIN/DF=4.619;P=0.000
RMSEA=0.095;GFI=0.958;AGFI=0.899
NFI=0.963;CFI=0.971;PGFI=0.399

图 7.10　创意企业绩效验证性因子分析

如图 7.10 所示，从模型的外在适配指标来看，卡方值自由度比（CMIN/DF）小于 5、RMSEA 小于 0.1、GFI 大于 0.9、NIF 大于 0.9、CFI 大于 0.9 等指标完全符合适配标准；而 PGFI 指标虽然未能完全符合理想指标的要求，但是也较为接近 0.5 的判断准则, AGFI 指标虽然未能完全符合理想指标的要求, 但是也较为接近 0.9 的判断准则。因此, 从整体上看, 模型外在质量基本符合要求。

表 7.7 创意企业绩效模型内在质量检验指标

潜变量	指标	因素负荷量	临界比值	显著性	信度系数	平均变异抽取值	组合信度
短期绩效	SP02	0.85			0.71	0.48#	0.77
	SP03	0.89	23.24	***	0.80		
	SP04	0.46#	9.32	***	0.21		
	SP05	0.45#	8.42	***	0.42		
长期绩效	LP07	0.77			0.56	0.57	0.86
	LP08	0.82	17.79	***	0.68		
	LP09	0.93	18.97	***	0.86		
	LP10	0.82	23.24	***	0.67		
适配标准		0.5~0.95	>1.96	显著	>0.5	>0.5	>0.6

如表 7.7 所示, 从模型的内在适配指标来看, 因素负荷量, SP04 和 SP05 的数值虽然未达到理想值, 但也较为接近, 其余测量指标都介于 0.5~0.95; 临界比值绝对值, 全部都大于 1.96 且达到显著水平; 信度系数, 绝大部分都高于 0.5 的判断准则; 潜在变量的平均方差抽取量, 短期绩效的数值虽然未达到理想值, 但也较为接近, 而长期绩效的数值符合判断准则; 组合信度, 全部符合大于 0.6 的判断准则。因此, 从整体上看, 模型内在质量基本符合要求。

综上所述, 本书中提出的创意企业绩效模型适配度良好, 基本拟合。

7.3.6 企业创意人才生态系统健康内在结构维度的相关性分析

从上述分析可知, 创意人才生态系统健康、创意人才胜任力、创意企业双元能力、创意氛围以及创意企业绩效的理论模型都得到了实证数据的验证, 基本拟合。为了进一步探究系统内部各个影响因素之间的内部联系, 进行相关性分析, 如表 7.8 所示。

表7.8 企业创意人才生态系统健康内在结构维度的相关性分析

	创意知识	创意能力	创意特质	探索能力	利用能力	政策氛围	地域氛围	技术氛围	文化氛围	短期绩效	长期绩效
创意知识	1	0.684**	0.674**	0.489**	0.441**	0.325**	0.372**	0.368**	0.296**	0.259**	0.367**
创意能力	0.684**	1	0.729**	0.570**	0.535**	0.308**	0.361**	0.388**	0.333**	0.287**	0.451**
创意个性	0.674**	0.729**	1	0.650**	0.618**	0.304**	0.399**	0.495**	0.350**	0.261**	0.459**
探索能力	0.489**	0.570**	0.650**	1	0.761**	0.447**	0.504**	0.507**	0.424**	0.289**	0.456**
利用能力	0.441**	0.535**	0.618**	0.761**	1	0.448**	0.482**	0.549**	0.441**	0.343**	0.602**
政策氛围	0.325**	0.308**	0.304**	0.447**	0.448**	1	0.616**	0.586**	0.526**	0.455**	0.413**
地域氛围	0.372**	0.361**	0.399**	0.504**	0.482**	0.616**	1	0.696**	0.745**	0.529**	0.493**
技术氛围	0.368**	0.388**	0.495**	0.507**	0.549**	0.586**	0.696**	1	0.760**	0.371**	0.507**
文化氛围	0.296**	0.333**	0.350**	0.424**	0.441**	0.526**	0.745**	0.760**	1	0.394**	0.509**
短期绩效	0.259**	0.287**	0.261**	0.289**	0.343**	0.455**	0.529**	0.371**	0.394**	1	0.556**
长期绩效	0.367**	0.451**	0.459**	0.456**	0.602**	0.413**	0.493**	0.507**	0.509**	0.556**	1

注：** 表示在置信度（双测）为 0.01 时相关性是显著的。

从表7.8中可知，创意人才生态系统健康各个维度的具体构成因子都存在显著性相关的关系，并主要呈现出中度相关的关系，一方面表明测量量表的结构效度和区分效度比较高，另一方面也说明了系统内在结构之间存在更深入和更细微的联系。

7.4 企业创意人才生态系统健康的内在关系分析

7.4.1 创意人才生态系统健康与创意企业绩效之间关系的假设验证

在前文的初始假设 H1、H2 中，笔者提出创意人才生态系统健康对创意企业绩效具有显著的正向影响，同时也提出对长期绩效的影响效果大于短期绩效。运用 AMOS 统计软件进行路径分析处理，结果如图 7.11 与表 7.9 所示。

结构方程模型运行结果显示，该模型的卡方值自由度比（CMIN/DF）小于5、RMSEA 小于 0.1、NFI 大于 0.9、CFI 大于 0.9、PGFI 大于 0.5，指标完全符

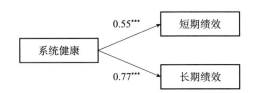

图 7.11　创意人才生态系统健康与创意企业绩效之间的路径系数

合适配标准；而 GFI、AGFI 虽然未能完全符合理想指标的要求，但是已经接近 0.9 的判断准则。因此，从整体上看，模型适配良好，基本拟合。

在模型拟合的基础上，结合参数估计可以判断出创意人才生态系统健康与创意企业长期绩效、短期绩效的路径关系，如表 7.9 所示。

表 7.9　创意人才生态系统健康与创意企业绩效关系的模型参数估计

变量关系			标准化因素负荷量	因素负荷量	估计标准误差	临界比值	显著值/概率值
短期绩效	←	系统健康	0.55	0.99	0.11	9.38	***
长期绩效	←	系统健康	0.77	1.23	0.12	10.11	***

假设 H1 - 1 验证：由图 7.11 与表 7.9 可知，创意人才生态系统健康对创意企业长期绩效的影响效果（路径系数的标准化估计值）为 0.77，与初始假设方向相同，且影响作用较强。临界比值（C.R.）的绝对值大于 1.96，标准化路径系数估计值达到 0.001 的显著性水平。因此，假设 H1 - 1 得到证实，即创意人才生态系统健康对创意企业长期绩效具有显著的正向影响。

假设 H1 - 2 验证：由图 7.11 与表 7.9 可知，创意人才生态系统健康对创意企业短期绩效的影响效果（路径系数的标准化估计值）为 0.55，与初始假设方向相同，且影响作用较强。临界比值（C.R.）的绝对值大于 1.96，标准化路径系数估计值达到 0.001 的显著性水平。因此，假设 H1 - 2 得到证实，即创意人才生态系统健康对创意企业短期绩效具有显著的正向影响。

假设 H1 验证：根据假设 H1 - 1 和 H1 - 2 的验证结果，可以得出创意人才生态系统健康对企业绩效具有显著的正向影响，即假设 H1 得到证实。

假设 H2 验证：根据假设 H1 - 1 和 H1 - 2 的验证结果，发现创意人才生态系统健康对创意企业长期绩效的影响效果为 0.72，明显大于对创意企业短期绩效的影响效果 0.64，因此，假设 H2 得到证实，即创意人才生态系统健康对创意企业长期绩效的影响效果大于短期绩效。

7.4.2　创意人才胜任力与创意企业绩效之间关系的假设验证

在前文的初始假设 H3、H4 中，笔者提出创意人才胜任力对创意企业绩效具有显著的正相关影响，同时也提出对长期绩效的影响效果大于短期绩效。运用 AMOS 统计软件进行路径分析处理，结果如图 7.12 与表 7.10 所示。

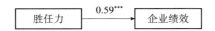

图 7.12　创意人才胜任力与创意企业绩效之间的路径系数

结构方程模型运行结果显示，该模型的卡方值自由度比（CMIN/DF）小于 5、RMSEA 小于 0.1、PGFI 大于 0.5，指标完全符合适配标准；而 GFI、AGFI、NFI、CFI 虽然未能完全符合理想指标的要求，但是已经接近 0.9 的判断准则。因此，从整体上看，模型适配良好，基本拟合。

在模型拟合的基础上，结合参数估计可以判断出创意人才胜任力与创意企业绩效的路径关系，如表 7.10 所示。

表 7.10　创意人才胜任力与创意企业绩效关系的模型参数估计

变量关系		标准化因素负荷量	因素负荷量	估计标准误差	临界比值	显著性/概率值
企业绩效	← 胜任力	0.59	0.56	0.08	7.36	***

假设 H3 验证：由图 7.12 与表 7.10 可知，创意人才胜任力对创意企业绩效的影响效果（路径系数的标准化估计值）为 0.59，与初始假设方向相同，且影响作用较强。临界比值（C. R.）的绝对值大于 1.96，标准化路径系数估计值达到 0.001 的显著性水平。因此，假设 H3 得到证实，即创意人才胜任力对创意企业绩效具有显著的正向影响。

创意人才是生态系统健康的最主要影响因素，为了使创意人才的研究更加具体，在上述模型的基础上，笔者还从创意人才胜任力的内在维度提出更细微的假设，即创意知识、创意能力以及创意特质对创意企业长短期绩效具有显著性影响。运用 AMOS 统计软件进行路径分析处理，结果如图 7.13 与表 7.11 所示。

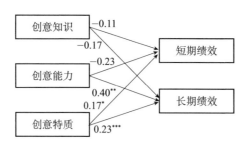

图 7.13 创意人才胜任力构成要素与创意企业绩效之间的路径系数

结构方程模型运行结果显示，该模型的卡方值自由度比（CMIN/DF）小于 5、RMSEA 小于 0.1、PGFI 大于 0.5，指标完全符合适配标准；而 GFI、AGFI、NFI、CFI 虽然未能完全符合理想指标的要求，但是已经接近 0.9 的判断准则。因此，从整体上看，模型适配良好，基本拟合。

表 7.11 创意人才胜任力构成要素与创意企业绩效关系的模型参数估计

变量关系			标准化因素负荷量	因素负荷量	估计标准误差	临界比值	显著性/概率值
短期绩效	←	创意知识	-0.11	0.206	0.168	-1.22	0.221
长期绩效	←	创意知识	-0.17	0.306	0.152	-2.01	0.044
短期绩效	←	创意能力	0.23	0.257	0.155	1.66	0.097
长期绩效	←	创意能力	0.40	0.446	0.143	3.12	0.002 **
短期绩效	←	创意特质	0.17	0.356	0.172	2.06	0.039
长期绩效	←	创意特质	0.23	0.468	0.157	2.98	0.003 **

注：*** 表示 $P<0.001$，** 表示 $P<0.01$，* 表示 $P<0.05$。下同。

假设 H5-1 验证：由图 7.13 与表 7.11 可知，创意知识对创意企业长期绩效的影响效果（路径系数的标准化估计值）为 -0.11，且与初始假设方向相反。临界比值（C.R.）的绝对值小于 1.96，显著性概率 $P=0.221>0.05$，标准化路径系数估计值不显著，因此，假设 H5-1 未能得到证实，即创意知识对创意企业长期绩效没有显著的正向影响。

假设 H5-2 验证：由图 7.13 与表 7.11 可知，创意知识对创意企业短期绩效的影响效果（路径系数的标准化估计值）为 - 0.17，与初始假设方向相同。临界比值（C. R.）的绝对值大于 1.96，显著性概率 P = 0.044 < 0.05，标准化路径系数估计值达到 0.05 的显著水平。因此，假设 H5 - 2 得到的是反向证实，即创意知识对创意企业短期绩效有显著的负向影响。

假设 H5 验证：由于假设 H5 - 1 和假设 H5 - 2 都未能得到完全证实，因此，假设 H5 也无法获得证实。

假设 H6 - 1 验证：由图 7.13 与表 7.11 可知，创意能力对创意企业长期绩效的影响效果（路径系数的标准化估计值）为 0.40，与初始假设方向相同，影响作用尚可。临界比值（C. R.）的绝对值大于 1.96，显著性概率 P = 0.002 < 0.01，标准化路径系数估计值达到 0.01 的显著水平。因此，假设 H6 - 1 得到证实，即创意能力对创意企业长期绩效有显著的正向影响。

假设 H6 - 2 验证：由图 7.13 与表 7.11 可知，创意能力对创意企业短期绩效的影响效果（路径系数的标准化估计值）为 0.23，与初始假设方向相同。临界比值（C. R.）的绝对值小于 1.96，显著性概率 P = 0.097 > 0.05，标准化路径系数估计值不显著，因此，假设 H6 - 2 未能得到证实，即创意能力对创意企业短期绩效没有显著的正向影响。

假设 H6 验证：虽然假设 H6 - 1 获得证实，但假设 H6 - 2 未能得到证实，因此，假设 H6 仅能获得部分证实。

假设 H7 - 1 验证：由图 7.13 与表 7.11 可知，创意特质对创意企业长期绩效的影响效果（路径系数的标准化估计值）为 0.23，与初始假设方向相同，影响效果尚可。临界比值（C. R.）的绝对值大于 1.96，显著性概率 P = 0.003 < 0.01 标准化路径系数估计值达到 0.01 的显著水平，因此，假设 H7 - 1 得到证实，即创意特质对创意企业长期绩效有显著的正向影响。

假设 H7 - 2 验证：由图 7.13 与表 7.11 可知，创意特质对创意企业短期绩效的影响效果（路径系数的标准化估计值）为 0.17，与初始假设方向相同。临界比值（C. R.）的绝对值大于 1.96，显著性概率 P = 0.039 < 0.05，标准化路

径系数估计值达到 0.05 的显著水平，因此，假设 H7 - 2 得到证实，即创意特质对创意企业短期绩效有显著的正向影响。

假设 H7 验证：由于假设 H7 - 1 和假设 H7 - 2 均得到证实，因此，假设 H7 也获得证实。

7.4.3 创意企业双元能力的中介作用分析

在前文的初始假设 H12 中，笔者以创意企业双元能力为中介变量，提出创意人才胜任力对创意企业绩效的间接影响，以及创意企业探索能力与利用能力对创意企业绩效的直接影响等相关假设。运用 AMOS 统计软件进行路径分析处理，结果如图 7.14 与表 7.12 所示。

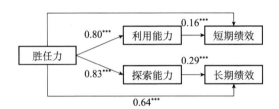

图 7.14　创意企业双元能力为中介变量的结构模型

结构方程模型运行结果显示，该模型的卡方值自由度比（CMIN/DF）小于 5、RMSEA 小于 0.1、PGFI 大于 0.5，指标完全符合适配标准；而 GFI、AGFI、NFI、CFI 虽然未能完全符合理想指标的要求，但是已经接近 0.9 的判断准则。因此，从整体上看，模型适配良好。

表 7.12　创意企业双元能力为中介变量的模型参数估计

变量关系			标准化因素负荷量			因素负荷量	估计标准误差	临界比值	显著性/概率值
			直接效果	间接效果	总效果				
利用能力	←	胜任力	0.80	0.00	0.80	0.89	0.10	8.88	***
探索能力	←	胜任力	0.83	0.00	0.83	0.96	0.10	9.14	***
短期绩效	←	胜任力	0.29	0.13	0.42	0.33	0.10	3.37	***
长期绩效	←	胜任力	0.44	0.20	0.64	0.41	0.10	3.96	***

续表

变量关系		标准化因素负荷量			因素负荷量	估计标准误差	临界比值	显著性/概率值
		直接效果	间接效果	总效果				
长期绩效	← 探索能力	0.29	0.00	0.29	0.29	0.07	3.95	***
短期绩效	← 利用能力	0.16	0.00	0.16	0.17	0.07	2.46	0.01 *

假设 H3 - 1 验证：由图 7.14 和表 7.12 可知，创意人才胜任力对创意企业长期绩效的影响效果（路径系数的标准化估计值）为 0.64，与初始假设方向相同。临界比值（C. R.）的绝对值大于 1.96，标准化路径系数估计值达到 0.001 的显著水平，因此，假设 H3 - 1 得到证实，即创意人才胜任力对创意企业长期绩效具有显著的正向影响。

假设 H3 - 2 验证：由图 7.14 和表 7.12 可知，创意人才胜任力对创意企业短期绩效的影响效果（路径系数的标准化估计值）为 0.29，与初始假设方向相同。临界比值（C. R.）的绝对值大于 1.96，标准化路径系数估计值达到 0.001 的显著水平，因此，假设 H3 - 2 得到证实，即创意人才胜任力对创意企业短期绩效具有显著的正向影响。

假设 H4 验证：根据假设 H3 - 1 和 H3 - 2 的验证结果，发现创意人才胜任力对创意企业长期绩效的影响效果大于对创意企业短期绩效的影响效果，因此，假设 H4 得到证实。

假设 H9 验证：由图 7.14 和表 7.12 可知，创意企业探索能力对创意企业长期绩效的影响效果（路径系数的标准化估计值）为 0.29，与初始假设方向相同。临界比值（C. R.）的绝对值大于 1.96，标准化路径系数估计值达到 0.001 的显著水平，因此，假设 H9 能得到证实，即创意企业探索能力对创意企业长期绩效具有显著的正向影响。

假设 H10 验证：由图 7.14 和表 7.12 可知，创意企业利用能力对创意企业短期绩效的影响效果（路径系数的标准化估计值）为 0.16，与初始假设方向相同。临界比值（C. R.）的绝对值大于 1.96，$P = 0.01 < 0.05$，标准化路径系数估计值达到 0.05 的显著水平，因此，假设 H10 能得到证实，即创意企业利用能

力对创意企业短期绩效具有显著的正向影响。

假设 H8 验证：根据假设 H9 和假设 H10 的验证结果，可以得出创意企业双元能力对创意企业绩效具有显著的正向影响，即假设 H8 得到验证。

假设 H11 验证：根据假设 H9 和 H10 的验证结果，发现创意企业探索对创意企业长期绩效的影响效果略大于对创意企业短期绩效的影响效果，因此，假设 H11 得到证实，即创意企业探索能力对长期绩效的影响效果大于利用能力对短期绩效的影响。

假设 H12 - 1 验证：由图 7.14 和表 7.12 可知，创意企业探索能力在创意人才胜任力与创意企业长期绩效之间路径系数的标准化估计值，即创意人才胜任力对创意企业长期绩效的间接影响效果为 0.20，与初始假设方向相同。临界比值（C. R.）的绝对值大于 1.96，标准化路径系数估计值达到 0.001 的显著水平，因此，假设 H12 - 1 得到证实，即创意企业探索能力在创意人才胜任力与创意企业长期绩效之间起中介作用。

假设 H12 - 2 验证：由图 7.14 和表 7.12 可知，创意企业利用能力在创意人才胜任力与创意企业短期绩效之间路径系数的标准化估计值，即创意人才胜任力对创意企业短期绩效的间接影响效果为 0.44，与初始假设方向相同。临界比值（C. R.）的绝对值大于 1.96，标准化路径系数估计值达到 0.001 的显著水平，因此，假设 H12 - 1 得到证实，即创意企业利用能力在创意人才胜任力与创意企业短期绩效之间起中介作用。

假设 H12 验证：根据假设 H12 - 1 和 H12 - 2 的验证结果，可以得出创意企业双元能力在创意人才胜任力与创意企业绩效之间起中介作用，因此，假设 H12 获得证实。

7.4.4 创意氛围的调节作用分析

利用结构方程进行创意氛围调节效应分析的做法是：对创意氛围的不同变

量汇总（取总体平均数），最终以均值为分界线，将总的环境得分分为高环境组和低环境组。然后根据取值高低建立多群组结构方程模型，具体是限制不同组的路径系数相同，以考察不同模型的卡方改变量，如果检验显著，则认为存在显著的调节效应；反之，则不显著。[326]

7.4.4.1　创意氛围在创意人才胜任力与创意企业绩效之间的调节作用分析

在前文的初始假设 H13 中，笔者提出创意氛围在创意人才胜任力与创意企业绩效之间起正向调节作用，并从创意氛围的四个构成维度中，提出 H13 - 1、H13 - 2、H13 - 3 和 H13 - 4 四个分假设。运用 AMOS 统计软件进行多群组分析，结果如表 7.13 所示。①

表 7.13　创意氛围及内在维度对胜任力与企业绩效的调节效应参数估计

组别	变量关系	Std. Estimate（约束模型）	CMIN（变化量）	DF（变化量）	P 值（约束模型）
政策氛围（低分组）	企业绩效 <—胜任力	0.47	1.19	1	0.28
政策氛围（高分组）	企业绩效 <—胜任力	0.49			
地域氛围（低分组）	企业绩效 <—胜任力	0.43	18.34	1	0.000 ***
地域氛围（高分组）	企业绩效 <—胜任力	0.49			
技术氛围（低分组）	企业绩效 <—胜任力	0.37	14.99	1	0.000 ***
技术氛围（高分组）	企业绩效 <—胜任力	0.59			
文化氛围（低分组）	企业绩效 <—胜任力	0.46	7.70	1	0.006 **
文化氛围（高分组）	企业绩效 <—胜任力	0.51			

---

① 由于多群组分析的结构模型图与前述相应路径分析的结构模型图基本一致，且均已证实基本拟合。因此，此处不再罗列具体图形以及拟合指标，仅汇总分组前后的相关参数指标来分析调节效应。

假设 H13-1 验证：由表 7.13 可知，在政策氛围（低分组）路径约束模型中，创意人才胜任力对创意企业绩效的影响效果为 0.47，与初始方向相同。在政策氛围（高分组）路径约束模型中，创意人才胜任力对创意企业绩效的影响效果为 0.49，与初始方向相同。此外，与约束模型相比较，卡方值（CMIN）变化量为 1.19，P = 0.28 > 0.05，未能达到显著水平，因此，假设 H13-1 未能得到证实，即政策氛围在创意人才胜任力与创意企业绩效之间未能起正向调节作用。

假设 H13-2 验证：由表 7.13 可知，在地域氛围（低分组）路径约束模型中，创意人才胜任力对创意企业绩效的影响效果（路径系数的标准化估计值）为 0.43，与初始方向相同。在地域氛围（高分组）路径约束模型中，创意人才胜任力对创意企业绩效的影响效果（路径系数的标准化估计值）为 0.49，与初始方向相同，且高于低分组的路径系数。此外，与约束模型相比较，卡方值（CMIN）变化量为 18.34，P = 0.000 < 0.001，达到 0.001 的显著水平。因此，假设 H13-2 得到证实，即地域氛围在创意人才胜任力与创意企业绩效之间起正向调节作用。

假设 H13-3 验证：由表 7.13 可知，在技术氛围（低分组）路径约束模型中，创意人才胜任力对创意企业绩效的影响效果（路径系数的标准化估计值）为 0.37，与初始方向相同。在技术氛围（高分组）路径约束模型中，创意人才胜任力对创意企业绩效的影响效果（路径系数的标准化估计值）为 0.59，与初始方向相同，且高于低分组的路径系数。此外，与约束模型相比较，卡方值（CMIN）变化量为 14.99，P = 0.000 < 0.001，达到 0.001 的显著水平。因此，假设 H13-3 得到证实，即技术氛围在创意人才胜任力与创意企业绩效之间起正向调节作用。

假设 H13-4 验证：由表 7.13 可知，在文化氛围（低分组）路径约束模型中，创意人才胜任力对创意企业绩效的影响效果（路径系数的标准化估计值）为 0.46，与初始方向相同。在文化氛围（高分组）路径约束模型中，创意人才胜任力对创意企业绩效的影响效果（路径系数的标准化估计值）为 0.51，与初始方向相同。此外，与约束模型相比较，卡方值（CMIN）变化量为 7.7，P = 0.006 < 0.01，达到 0.01 的显著水平。因此，假设 H13 - 4 得到证实，即政策氛围在创意人才胜任力与创意企业绩效之间起正向调节作用。

假设 H13 验证：根据假设 H13 - 1、H13 - 2、H13 - 3 和 H13 - 4 的验证结果，可以得知，创意氛围在创意人才胜任力与创意企业绩效之间起正向调节作用仅能得到部分验证，因此，假设 H13 得到部分支持。

7.4.4.2 创意氛围在创意企业双元能力与创意企业绩效之间的调节作用分析

在前文的初始假设 H14 中，笔者提出创意氛围在创意企业双元能力与创意企业绩效之间起正向调节作用，并从创意氛围的四个构成维度中，提出假设 H14 - 1、H14 - 2、H14 - 3 和 H14 - 4 四个分假设。运用 AMOS 统计软件进行多群组分析，结果如表 7.14 所示。

表 7.14 创意氛围及内在维度对双元能力与企业绩效的调节效应参数估计

组别	变量关系	Std. Estimate（约束模型）	CMIN（变化量）	DF（变化量）	P 值（约束模型）
政策氛围（低分组）	企业绩效 ←—双元能力	0.65	5.00	1	0.025 *
政策氛围（高分组）	企业绩效 ←—双元能力	0.68			
地域氛围（低分组）	企业绩效 ←—双元能力	0.66	6.57	1	0.01 *
地域氛围（高分组）	企业绩效 ←—双元能力	0.70			
技术氛围（低分组）	企业绩效 ←—双元能力	0.57	18.86	1	0.000 ***
技术氛围（高分组）	企业绩效 ←—双元能力	0.83			
文化氛围（低分组）	企业绩效 ←—双元能力	0.62	2.00	1	0.16
文化氛围（高分组）	企业绩效 ←—双元能力	0.73			

假设 H13 - 1 验证：由表 7.14 可知，在政策氛围（低分组）路径约束模型中，创意企业双元能力对创意企业绩效的影响效果（路径系数的标准化估计值）为 0.65，与初始方向相同。在政策氛围（高分组）路径约束模型中，创意企业双元能力对创意企业绩效的影响效果（路径系数的标准化估计值）为 0.68，与初始方向相同。此外，与约束模型相比较，卡方值（CMIN）变化量为 5，P = 0.025 < 0.05，达到 0.05 的显著水平，因此，假设 H13 - 1 得到证实，即政策氛围在创意企业双元能力与创意企业绩效之间起正向调节作用。

假设 H13 - 2 验证：由表 7.14 可知，在地域氛围（低分组）路径约束模型中，创意企业双元能力对创意企业绩效的影响效果（路径系数的标准化估计值）为 0.66，与初始方向相同。在地域氛围（高分组）路径约束模型中，创意企业双元能力对创意企业绩效的影响效果（路径系数的标准化估计值）为 0.70，与初始方向相同，且高于低分组的路径系数。此外，与约束模型相比较，卡方值（CMIN）变化量为 6.57，P = 0.01 < 0.05，达到 0.05 的显著水平。因此，假设 H13 - 2 得到证实，即地域氛围在创意企业双元能力与创意企业绩效之间起正向调节作用。

假设 H13 - 3 验证：由表 7.14 可知，在技术氛围（低分组）路径约束模型中，创意企业双元能力对创意企业绩效的影响效果（路径系数的标准化估计值）为 0.57，与初始方向相同。在技术氛围（高分组）路径约束模型中，创意企业双元能力对创意企业绩效的影响效果（路径系数的标准化估计值）为 0.83，与初始方向相同，且高于低分组的路径系数。此外，与约束模型相比较，卡方值（CMIN）变化量为 18.86，P = 0.000 < 0.001，达到 0.001 的显著水平。因此，假设 H13 - 3 得到证实，即技术氛围在创意企业双元能力与创意企业绩效之间起正向调节作用。

假设 H13 - 4 验证：由表 7.14 可知，在文化氛围（低分组）路径约束模型中，创意企业双元能力对创意企业绩效的影响效果（路径系数的标准化估计值）为 0.62，与初始方向相同。在文化氛围（高分组）路径约束模型中，创意企业双元能力对创意企业绩效的影响效果（路径系数的标准化估计值）为

0.73，与初始方向相同。此外，与约束模型相比较，卡方值（CMIN）变化量为 2，P = 0.16 > 0.05，未能达到显著水平，因此，假设 H13 - 4 未能得到证实，即政策氛围在创意企业双元能力与创意企业绩效之间未能起到正向调节作用。

假设 H13 验证：根据 H13 - 1、H13 - 2、H13 - 3 和 H13 - 4 的验证结果，可以得知，创意氛围在创意企业双元能力与创意企业绩效之间起正向调节作用仅能得到部分验证，因此，假设 H13 得到部分支持。

7.5　模型验证结果汇总

通过 AMOS 统计软件的数据处理，对以创意人才生态系统健康影响因素为核心的 34 个研究假设进行验证，其中，6 个假设未能获得支持，3 个假设获得部分支持。从总体看，笔者所提出的大部分理论假设都得到了实证数据的支持，研究问题能够较好地契合实际，基本完成了主要研究内容并较顺利地实现了研究目标。模型验证结果汇总如表 7.15 所示。

表 7.15　研究假设汇总

假设编号	假设描述	验证结果
假设 1	H1：企业创意人才生态系统健康对创意企业绩效具有显著的正向影响	支持
	H1 - 1：企业创意人才生态系统健康对创意企业长期绩效具有显著的正向影响	支持
	H1 - 2：企业创意人才生态系统健康对创意企业短期绩效具有显著的正向影响	支持
假设 2	H2：企业创意人才生态系统健康对创意企业长期绩效的影响效果大于短期绩效	支持
假设 3	H3：创意人才胜任力对创意企业绩效具有显著的正向影响	支持
	H3 - 1：创意人才胜任力对创意企业长期绩效具有显著的正向影响	支持
	H3 - 2：创意人才胜任力对创意企业短期绩效具有显著的正向影响	支持
假设 4	H4：创意人才胜任力对创意企业长期绩效的影响效果大于短期绩效	支持
假设 5	H5：创意知识对创意企业绩效具有显著的正向影响	不支持
	H5 - 1：创意知识对创意企业长期绩效具有显著的正向影响	不支持
	H5 - 2：创意知识对创意企业短期绩效具有显著的正向影响	不支持

续表

假设编号	假设描述	验证结果
假设6	H6：创意能力对创意企业绩效具有显著的正向影响	部分支持
	H6－1：创意能力对创意企业长期绩效具有显著的正向影响	支持
	H6－2：创意能力对创意企业短期绩效具有显著的正向影响	不支持
假设7	H7：创意特质对创意企业绩效具有显著的正向影响	支持
	H7－1：创意特质对创意企业长期绩效具有显著的正向影响	支持
	H7－2：创意特质对创意企业短期绩效具有显著的正向影响	支持
假设8	H8：创意企业双元能力对创意企业绩效具有显著的正向影响	支持
假设9	H9：创意企业探索能力对创意企业长期绩效具有显著的正向影响	支持
假设10	H10：创意企业利用能力对创意企业短期绩效具有显著的正向影响	支持
假设11	H11：创意企业探索能力对长期绩效的影响效果大于利用能力对短期绩效的影响	支持
假设12	H12：创意企业双元能力在创意人才胜任力与创意企业绩效之间起中介作用	支持
	H12－1：创意企业探索能力在创意人才胜任力与创意企业长期绩效之间起中介作用	支持
	H12－2：创意企业利用能力在创意人才胜任力与创意企业短期绩效之间起中介作用	支持
假设13	H13：创意氛围在创意人才胜任力与创意企业绩效之间起正向调节作用	部分支持
	H13－1：政策氛围在创意人才胜任力与创意企业绩效之间起正向调节作用	不支持
	H13－2：地域氛围在创意人才胜任力与创意企业绩效之间起正向调节作用	支持
	H13－3：技术氛围在创意人才胜任力与创意企业绩效之间起正向调节作用	支持
	H13－4：文化氛围在创意人才胜任力与创意企业绩效之间起正向调节作用	支持
假设14	H14：创意氛围在创意企业双元能力与创意企业绩效之间起正向调节作用	部分支持
	H14－1：政策氛围在创意企业双元能力与创意企业绩效之间起正向调节作用	支持
	H14－2：地域氛围在创意企业双元能力与创意企业绩效之间起正向调节作用	支持
	H14－3：技术氛围在创意企业双元能力与创意企业绩效之间起正向调节作用	支持
	H14－4：文化氛围在创意企业双元能力与创意企业绩效之间起正向调节作用	不支持

7.6　研究结果讨论

本书按照文献探讨、现象观察、概念界定、机理探究等研究顺序，运用理论演绎和归纳，提出企业创意人才生态系统健康实证模型，并基于 SPSS 和 A-MOS 统计工具对样本数据进行处理，既检验了创意人才胜任力、创意企业双元能力、创意氛围等测量量表的信度和效度，同时又验证了企业创意人才生态系统健康内部结构之间的复杂因果关系。为了详细对结果进行解释，结果讨论部分除以相关文献为基础外，还结合针对部分创意企业中高层管理人员的回访，从管理实践角度对研究结果进行说明。

7.6.1　企业创意人才生态系统健康结构维度验证结果讨论

在构建了企业创意人才生态系统健康理论模型的基础上，本书在第 4 章的结构维度分析中对创意人才胜任力、创意企业双元能力、创意氛围以及创意企业绩效四个核心构念的具体构成要素进行了较为详细的阐述。如依据佛罗里达（2002）[6]、向勇（2011、2017）[231,129] 等学者的研究成果提出涵盖创意知识、创意能力和创意特质的创意人才胜任力金字塔模型；按照奥莱利和图什曼（2008）[249]、胡京波和欧阳桃花（2018）[261] 等学者的观点，借鉴企业动态能力理论，提出双元能力的二维（探索能力和利用能力）四面（市场感知能力、组织学习能力、资源整合能力和组织重构能力）结构；遵循佛罗里达（2002）[6]的创意"4T"原则以及江瑶和高长春（2018）[281] 等学者的建议，提取了创意氛围的四个主要生态因子，即政策氛围、文化氛围、地域氛围和技术氛围。

基于 403 个样本数据的实证结果显示，笔者所提出的企业创意人才生态系统健康结构维度均通过了验证性因子分析。

7.6.1.1　创意人才胜任力由创意知识、创意能力和创意特质三个因素组成

从创意人才胜任力结构模型的外在适配值来看，绝大部分指标都符合理想要求，模型质量良好。从模型的内在适配值来看，创意知识、创意能力以及创意特质的平均变异抽取值分别为 0.5、0.48 和 0.5，均接近 0.5 的理想水平；组合信度分别为 0.87、0.88 和 0.88，均达到大于 0.6 的判断标准。因此，创意知识、创意能力以及创意特质三个潜变量能够较好地解释创意人才胜任力构念，

且解释力度大致相当，既体现了创意人才的复杂特性，也表明三个要素在胜任力中都扮演着同等重要角色，缺一不可。

7.6.1.2 创意企业双元能力由探索能力和利用能力两个因素组成

从创意企业双元能力结构模型的外在适配值来看，绝大部分指标都符合理想要求，模型质量良好。从模型的内在适配值来看，探索能力、利用能力的平均变异抽取值分别为 0.46 和 0.57，均接近 0.5 的理想水平；组合信度分别为 0.89 和 0.94，达到大于 0.6 的判断标准。因此，探索能力和利用能力两个潜变量能够较好地解释创意企业双元能力构念。需要指出的是，利用能力对双元能力的解释程度高于探索能力，表明目前创意企业的管理重心仍主要集中在对企业内部资源的整合以及组织重构方面，而对市场的感知以及组织学习等外界资源的探索能力则偏弱。

7.6.1.3 创意氛围由政策氛围、地域氛围、技术氛围和文化氛围四个因素组成

从创意分为内结构模型的外在适配值来看，绝大部分指标都符合理想要求，模型质量良好。从模型的内在适配值来看，政策氛围、技术氛围、文化氛围和地域氛围的平均变异抽取值分别为 0.62、0.64、0.74 和 0.51，均符合大于 0.5 的理想水平；组合信度分别为 0.86、0.9、0.9 和 0.78，均达到大于 0.6 的判断标准。因此，政策氛围、技术氛围、文化氛围和地域氛围四个潜变量能够较好地解释创意氛围构念。需要指出的是，文化氛围对创意氛围的解释程度最高，其次是技术氛围，这点也印证了本书中对创意概念的界定，即创意是以文化为基础，技术为手段的一项复杂性商业活动。

7.6.1.4 创意人才胜任力、创意企业双元能力以及创意氛围是影响创意人才生态系统健康的主要因素

从创意人才生态系统健康结构模型的外在适配值来看，绝大部分指标都符

合理想要求，模型质量良好。从模型的内在适配值来看，创意人才胜任力、创意企业双元能力和创意氛围的平均变异抽取值分别为 0.69、0.76 和 0.7，均符合大于 0.5 的理想水平；组合信度分别为 0.87、0.87 和 0.9，达到大于 0.6 的判断标准。因此，胜任力、双元能力和创意氛围三个潜变量能够较好地解释创意人才生态系统健康构念。此外，从模型的因素负荷量来看，双元能力对系统健康的影响效果最为明显，达到 0.97，说明了组织能力在系统健康目标实现中起主导作用；创意氛围对系统健康的影响效果最弱，为 0.65，一方面说明了环境因素在系统健康目标实现中的效果并未得到充分显现，另一方面也为如何实现系统的持续健康提供具体思路。

7.6.1.5　创意企业绩效由长期绩效和短期绩效两个因素组成

从创意企业绩效结构模型的外在适配值来看，绝大部分指标都符合理想要求，模型质量良好。从模型的内在适配值来看，短期绩效的平均变异抽取值分别为 0.48 和 0.57，接近 0.5 的理想水平；组合信度分别为 0.77 和 0.86，达到大于 0.6 的判断标准。因此，短期绩效和长期绩效两个潜变量能够较好地解释创意氛围构念。需要指出的是，短期绩效对创意企业绩效的解释程度低于长期绩效，一方面体现了创意资源作为企业无形资产的特殊效应，另一方面也表明了创意价值具有多重属性，即商业价值、文化价值与人力资本价值。

7.6.2　企业创意人才生态系统健康与创意企业绩效假设检验结果讨论

在前文的初始假设 H1、H2 中，笔者提出企业创意人才生态系统健康对创意企业绩效具有显著的正向影响，同时也提出对长期绩效的影响效果大于短期绩效，这些假设都通过了实证数据的支持。

7.6.2.1 企业创意人才生态系统健康能够直接促进创意企业绩效的提升

研究结果一方面证实了生态学隐喻下创意人才群体与组织以及环境的契合程度，另一方面则间接印证了霍金斯（2009）、赫恩和佩斯（2006）、迈斯肯萨等（2010）、陈颖和高长春（2013）、颜爱民（2007，2011）等的研究结论。例如，霍金斯（2009）[131]在对创意生态理论的研究中指出，创意的普及是艺术与商业结合的结果。他认为，创意具有产业属性，是整个经济创新系统的一个重要构成要素，能够改变人类的思维方式和商业运作模式。赫恩和佩斯（2006）[157]的研究表明，由创意人才、创意企业、服务部门等相关主体构成的创意产业生态系统是一个价值共生体，具有显著性的价值创造功能。此外，颜爱民（2007，2011）[179,180]的研究也明确指出，企业人力资源生态系统健康的目标是满足员工个人发展、确保顾客满意和提升企业利润。近年来，江瑶和高长春（2018）[281]也指出，创意产业集聚区生态环境通过创意资源对创意企业的竞争优势起到正向的影响作用。

7.6.2.2 企业创意人才生态系统健康对创意企业长期绩效的提升效果大于短期绩效

在系统健康对创意企业绩效影响效果大小方面，笔者也得出了一些有趣的发现，即企业创意人才生态系统健康对创意企业长期绩效的影响效果大于短期绩效，并得到了实证支持。其主要原因包括两个方面，一是创意价值的永续性，朱桂龙和温敏瑢（2020）[327]认为，创意实施的最终目标是通过提升企业创新动力来实现长远发展，而创新动力的永续更多地取决于新产品的研发程度以及员工满意等非财务绩效的实现。二是创意价值的复杂性，比尔顿（2010）[145]认为，创意是源于人类心理活动和历史积淀的一种破坏性工作，而当创意被纳入管理范畴时，尤其在文化政策的规范引导下，创意活动首先体现出的是文化价值，其次才是商业价值。正因如此，企业创意人才生态系统本身对组织长期绩效的影响程度就会明显大于以纯粹财务指标为内容的短期绩效。

7.6.3　创意人才胜任力与创意企业绩效假设检验结果讨论

针对创意人才胜任力对创意企业绩效的影响效果，本书中共提出 5 个主假设和 8 个分假设，从整体上看，绝大部分假设都获得了支持，但同时也发现了与以往相关研究不同的结论。

7.6.3.1　创意人才胜任力能够直接促进创意企业绩效的提升

实证结果显示，创意人才胜任力对创意企业绩效具有显著性的正向影响且对长期绩效的影响效果大于短期绩效。自麦克莱兰（1973）[224]最早提出胜任力以来，该定义与绩效之间就是一个统一整体。本书中将胜任力的研究运用到具体行业和具体工作中，一方面进一步丰富和完善了传统胜任力理论的研究成果，另一方面也支持了达尔和莫罗（2007）、李津（2007）、向勇（2009）等的研究结论。例如，达尔和莫罗（2007）[284]的研究表明，高效的创意团队能够使企业生产出与众不同的产品，提升企业的市场占有率（长期绩效）。李津（2007）[124]将创意人才胜任力概括为门槛类、区别类以及转换类三种，同时指出，第一种胜任力是工作取得成效的最低标准，而后两种则是能够产生持续优秀绩效的员工基本素质。张铮和陈雪薇（2021）[289]在"个体—情境"互动机制下关于创造性人格促进绩效的研究。

7.6.3.2　创意知识对创意企业绩效实现的影响效果不显著

实证结果显示，创意知识对创意企业绩效不具有显著正向影响。这与詹妮弗和静（2001）、赖特（2005）和程聪（2012）等学者的研究结论相反。例如，詹妮弗和静（2001）[284]的研究表明，创意是某一领域中知识、经验和技能的深度累积，是创意工作价值实现的基础。赖特（2005）[233]指出，具有高技术水平和丰富经验的知识工作者能够运用知识管理流程来实现高绩效的工作产出。该假设之所以没有通过验证，一方面可能由于数据质量问题，另一方面可以理解为由于创意知识结构的复杂性、创意工作内容的特殊性等原因造成无法直接支持创意企业绩效的实现，也可能与创意企业所处的发展阶段以及所采用的人力资源管理手段对创意知识作用产生的效果不强等因素有关。

此外，从管理实务中，该结论也可以得到一定的解释。回访中，笔者与一家广告公司的设计总监就设计师的学历水平以及专业结构进行沟通，该总监就指出："虽然设计师普遍都接受过高等教育，也具备了一定的专业素养，但是专业知识结构与岗位实际要求及行业发展趋势的匹配程度不高，员工往往需要较长时间的企业培训或自主学习，才能完全胜任岗位要求。"

因此，本书中得出的创意知识与创意企业绩效之间没有显著性关系的结论是有一定依据的。

7.6.3.3 创意能力能够直接促进创意企业长期绩效的提升

创意能力对创意企业绩效具有显著正向影响得到部分验证。这与斯科特和布鲁斯（Scott & Bruce，1994）、王飞鹏（2009）、李津（2007）等学者的研究成果有吻合之处。如斯科特和布鲁斯（1994）[234]认为，领导能力、问题解决能力和团队合作能力能够对企业的创新行为产生正向影响。王飞鹏（2009）[235]认为，创意人才所具有的高超洞察力和悟性有利于新产品的研发设计；而良好的沟通能力一方面提升了团队合作的效率，决定了团队的成果，另一方面则通过产品推广、市场营运来影响企业效益。同时，研究结果也揭示了创意能力对创意企业绩效影响的独特之处，即创意能力对创意企业的长期绩效具有显著正向影响。这点可以从创意能力的结构来进行解释。笔者提出创意能力是学习能力、合作能力和创造能力的有机组合，其中，合作和学习能力是创意人才生态系统健康运行机制的主要表现形式，而创造能力则是创意人才生命力最本质的体现，三者内在复杂的互动关系能够对企业竞争力的提升产生持续效果。

7.6.3.4　创意特质能够直接促进创意企业绩效的提升

实证结果显示，创意特质对创意企业长期绩效和短期绩效均有显著正向影响，而且对长期绩效的影响效果大于短期绩效。从创意的本源来看，创意是人类复杂的心理活动，创意人才的个性特质是创意人才胜任力最深层次的核心特征，体现了创意人才相对稳定的倾向性特质。因此，关于创意特质的研究假设与芒福德等（2002）、汤书昆和李健等（2006）、向勇（2011）等学者的观点具有一致之处。例如，芒福德等（2002）[238]通过领导行为对创意影响的研究中发现，创意群体对成就和自我价值实现的关注高于权力与归属。王刚等（2016）[135]通过构建了以风险承受能力、包容性和质疑精神为内核的创意人格模型，且突出了包容文化对创意特质的影响作用。此外，员工价值还是薪酬待遇、职业发展以及职业竞争力的综合体现。

7.6.4　创意企业双元能力的中介效应假设检验结果讨论

双元能力是影响创意人才生态系统健康的组织因素，在前文的初始假设H8、H9、H10、H11 和 H12 中，除了提出创意企业双元能力对创意企业绩效具有显著的正向影响之外，同时也指出该能力在创意人才胜任力与创意企业绩效之间发挥中介效应，这些假设全部都得到实证数据的支持。

7.6.4.1　创意企业双元能力能够直接促进创意企业绩效的提升

实证结果表明，创意企业双元能力对创意企业绩效具有显著的正向影响，而具体到内部构成，则体现为探索能力对创意企业长期绩效具有显著正向影响，而利用能力对创意企业短期绩效具有显著正向影响。

首先，研究结论与目前学界对双元能力的主流观点具有一致性。例如，莱文塔尔和马奇（1993）[241]早期的研究表明，高绩效水平的企业往往能够维持探索能力与利用能力之间的平衡。汉和赛莉（2010）[291]针对创新企业的实证结论指出，能够有效化解双元战略矛盾的企业往往具备卓越绩效。何红渠和沈鲸（2012）[293]从中国情境的角度来研究国际化企业对矛盾战略目标的解决，表明双元能力能够有效地提升企业国际化的财务绩效和成长绩效。王寅、孙毅等（2020）[328]发现了系统开发性创新、探索性创新能力与经济增长的正相关。

其次，研究结论证实了创意企业探索能力对长期绩效的影响效果明显大于利用能力对短期绩效的影响。主要原因可以从创意企业的特殊性进行解释。创意企业对传统文化具有很强的渗透性，人力成本比重较高，具备高知识含量，同时也蕴含着与普通企业不同的高风险性（蒋三庚、王晓红等，2009）[90]。因此，创意企业对市场机会的识别和技术创新的追求明显高于非创意企业。此外，该结论既解释了双元能力内部维度具有较强的识别性特征[294]，同时也深化了双元能力理论的研究成果，是该理论研究的新发现。

7.6.4.2 创意企业双元能力在创意人才胜任力与创意企业绩效之间起中介作用

针对双元能力与组织绩效之间的关系，在学界还存在着一种观点，即组织能力对组织绩效或竞争优势的影响作用是间接的（佐特，2003；马什和斯托克，2006；张一弛和李书玲，2008）[250,304,283]。本书基于创意人才胜任力的视角，试图揭示双元能力影响组织绩效的内在机理。实证结果表明，创意企业双元能力在创意人才胜任力与创意企业绩效之间发挥中介作用，即创意人才胜任力水平的高低会制约创意企业双元能力的实现，进而影响到创意企业的绩效水平。具体到双元能力的内部构成，则体现为创意企业探索能力在创意人才胜任力与创意企业长期绩效之间起中介作用，创意企业利用能力在创意人才胜任力与创意企业短期绩效之间起中介作用。此外，研究成果也从另一个角度揭示了创意人才胜任力作为前因变量在组织中的特殊作用（冯军政和魏江，2011）[306]。例如，张一弛和李书玲（2008）[283]的研究指出，企业战略实施能力在人力资源管理与企业绩效的实现之间扮演中介变量的角色。崔毅、李伟铭等（2008）[303]认为，创业者的胜任力与环境要素和组织要素的交互作用提升了企业的动态能力，由此确保企业能够长期获取独特竞争优势。科贝特和蒙哥马利（2017）[72]提出的创业机会创造是由多个主体提供资源并不断互动协同的利益共创结果。

7.6.5　创意氛围的调节效应假设检验结果讨论

除了验证创意人才胜任力、创意企业双元能力不同维度对创意企业绩效的影响效果之外，本书中还将双元能力作为中介变量来揭示胜任力与企业绩效之间的复杂关系，较为系统地分析了企业创意人才生态系统健康的内在机理。然而，不论是胜任力还是双元能力，都仅仅是一种基于由内而外的视角来探究创意企业绩效的实现，而创意氛围则是以由外而内的视角来关注环境变化所带来的机遇和挑战对创意企业绩效实现的影响。因此，以创意氛围为调节变量的研究假设，一方面完善了研究主题的内容，另一方面也是对组织适应性理论研究的深化。

7.6.5.1　创意氛围在创意人才胜任力与创意企业绩效之间部分起正向调节作用

实证结果表明，地域氛围、技术氛围以及文化氛围在创意人才胜任力与创意企业绩效之间起正向调节作用，即三个氛围的宽容度越高，则调节效果更明显，反之则更弱。

第一，政策氛围在创意人才胜任力与创意企业绩效之间的调节效应未能得到证实。创意人才往往是具有高学历、高技能的特殊人群，是创意产业发展的核心资本。以政府为主导的人才培养、资金扶持以及人才服务等政策的有效运用，不仅提升了创意人才的综合素质，同时也吸引和积聚了大量优质的创意人才为企业服务，极大地促进了企业绩效的提升（李程骅，赵曙明，2006；赵友宝，2007；林炳坤、吕庆华等，2019)[137,329,42]。创意人才的培养是个复杂的系统工程，培养和造就规模庞大、质量优秀的创意人才队伍往往需要较长的时间。本书研究中假设之所以没有通过验证，一方面是由于国内创意人才的开发处于初级阶段，培养理念、规格和模式等都需要不断探索；另一方面则是由目前创意人才数量和质量的基本现状所决定的。回访中，笔者曾与多家创意企业的人力资源部负责人进行交流，绝大部分人普遍反映的是招人难，招优秀的创意人才更难。其中，一名软件公司的人力资源部经理就指出："目前我国正经历由人口大国向人力资源强国迈进的关键步骤，由于教学水平、地区发展不平衡以及企业管理方式粗放等因素的制约，创意人才队伍存在明显的总量不足和结构不合理等问题，具备艺术修养且精通管理的复合型或高精尖创意人才风毛麟角。"因此，这在一定程度上抑制了政策氛围在创意人才胜任力与企业绩效之间调节效应的发挥。

第二，地域氛围在创意人才胜任力与创意企业绩效之间的调节效应得到证实，与佛罗里达（2002）、霍金斯（2009）等学者的观点具有一致性。例如，佛罗里达（2002）[6]在对创意阶层特征的分析中就指出，创意人士对地域具有显著的偏好，他们喜欢栖息在具有洁净的空气、杰出的建筑、顺畅的交通、独特的景观和街道艺术社区。霍金斯（2009）[131]则进一步指出创意往往在具有非正式的、协作性的空间中产生，而市场则是创意生态系统能量流动的最终归属地。何金廖和曾刚（2019）[269]的研究证实了城市舒适性有利于创意集聚。

第三，技术氛围在创意人才胜任力与创意企业绩效之间的调节效应得到证实，深化了对创意人才胜任力内涵的理解。现代创意是高端化与高科技结合的产物，因此，信息化技术的广泛普及和应用对创意人才的知识结构以及综合能力提出与普通劳动者不同的新要求。此外，研究结论也证实了科技具有创造绩效的优势特征。例如，朱马和麦基（2006）[309]认为，人力资本是企业绩效的关键决定因素；李冬伟和汪克夷（2009）[310]在针对科技企业的一项实证研究中发现，适宜的环境既能为企业提供闲置资源，同时又能够促进人力资本的价值提升，进而确保企业绩效的实现；卫军英和吴倩（2019）[314]对"互联网＋"形成的文化创意产业网络关系研究。

第四，文化氛围在创意人才胜任力与创意企业绩效之间的调节效应得到证实，进一步印证了人力资本与文化资本在创意当中的核心地位。创意天然源于文化积淀却不拘泥于历史传统，是一项与现代科技结合的创造性工作。佛罗里达（2002）[6]、霍金斯（2009）[131]、张迺英（2011）[264]、袁新敏（2017）[128]等学者的观点普遍认为，宽松愉悦的工作氛围和深厚的文化底蕴不仅有助于汇聚大量各式各样的创意人才，也能够有效地帮助企业迅速发展。此外，本书研究结论与李具恒（2007）[330]期提出的"创意硬核"观点也具有共通之处。他认为，创意人力资本源于文艺熏陶，尤其是在后工业化时代，创意的蓄积和裂变往往能够加速经济与文化一体化的融合趋势，成为当今世界最稀有的资本。因此，文化氛围的辐射效应带来的不仅是创意人才数量的积聚，更是创意商业价值与文化价值的共振。

7.6.5.2　创意氛围在创意企业双元能力与创意企业绩效之间部分起正向调节作用

实证结果表明，政策氛围、地域氛围以及技术氛围在创意企业双元能力与创意企业绩效之间起正向调节作用，即三个氛围的宽容度越高，则调节效果更明显，反之则更弱。

第一，政策氛围在创意企业双元能力与创意企业绩效之间的调节效应得到证实，验证了西方学者对创意产业园区是政策导向产物的观点。创意产业发轫于英国，兴盛于美国，普及于日、韩等国。从这些国家创意产业发展的成功经验来看，以政府主导的产业政策和法律体系有效地引导和保障了产业的健康发展。彼得（Peter，2000）[331]在对创意城市与经济发展的研究中就指出，创意企业是一种对环境具有高度依赖性的新兴组织，地方政策的稳定性以及连续性将直接影响企业的生产经营行为。康宁汉（2004）[266]也认为，文化政策的最终落实关键取决于政府服务职能的有效发挥，创意产业的持续发展与政策扶持密不可分。

第二，地域氛围在创意企业双元能力与创意企业绩效之间的调节效应得到证实。创意产业园区是目前创意企业最主要的栖息地，它能够有效发挥文化、人才与商业要素的融合效应，为创意企业的发展提供完善的配套和便利服务。实证结果表明，地域氛围越适宜，则创意企业对市场机会的识别以及组织资源的利用能力就越强，企业发展就越迅速，该结论支持了耿帅（2005）、阿尔塔（Aertsa，2007）、江瑶和高长春（2018）[52]等学者的观点。例如，耿帅（2005）[323]认为，产业集群能够为企业提供特有的共享性资源以帮助集群企业获取竞争优势。阿尔塔（2007）[268]、江瑶和高长春（2018）[52]研究表明园区企业的数量、质量以及孵化服务是创意企业发展壮大所要考虑的首要因素，优化园区环境是提升企业竞争优势的关键手段。

第三，技术氛围在创意企业双元能力与创意企业绩效之间的调节效应得到证实，印证了创意企业具备高技术含量这一基本属性。创意企业与高科技密不可分，高科技为创意企业提供技术支持和发展平台，同时，创意企业也为高科技增添了新的内容。此外，该研究结论也解释了信息化背景下创意企业实现商业价值的特殊性。例如，巴拉巴斯（2005）[168]早期针对创意团队工作模式的研究就指出，多媒体技术的广泛运用能够使艺术工作的文化价值和商业价值产生共振效应。史密斯和曼努奇（Smith & Mannucci，2017）[52]分析了交互技术与社交网络在创意价值实现的作用。此外，数字技术的普及也为创意产业数字转型和生态化发展提供了手段（臧志彭，2018）[332]。

第四，文化氛围在创意企业双元能力与创意企业绩效之间的调节效应未能得到证实，该假设之所以没有通过，可以从两个方面来进行解释。一方面，产业规划不合理抑制了文化资源商业效应的发挥。回访中，笔者与多家创意企业负责人的沟通中了解到，部分园区对自身定位缺乏清晰的认识，往往不顾地区实际情况而盲目跟风，重复建设、同质化问题十分突出，导致了部分优质文化资源利用的分散、闲置甚至是浪费。另一方面，创意企业文化资源整合能力不足影响了企业绩效的实现。一位创意产业园区的管理人员在访谈中就指出："同发达国家相较而言，创意企业在资源挖掘、产品设计、品牌塑造方面的综合实力仍显薄弱，未能有效发挥地域文化的核心价值，从而导致了绩效水平不高。"

7.7　管理启示与建议

基于上述的理论与实证分析，笔者认为，企业创意人才生态系统健康目标的实现是一项复杂的系统工程，既有赖于创意企业管理方式的变革与创新，又离不开政府部门相关政策的引导与支持，同时又与创意人才自身综合素质的不断完善与提高息息相关。根据研究结论，笔者立足企业、高校、政府和个人的角色，从以下几个方面提出笔者对管理实践的启示及相关建议。

7.7.1　注重人才综合素质培养，提升创意人才胜任力水平

本书研究证实，创意人才胜任力是由高绩效创意工作者的知识、能力以及个性特质相互结合的产物，尤其是创意能力以及创意特质对企业绩效的影响效果更为明显，与此同时，研究还进一步表明，创意氛围能够在创意人才胜任力与创意企业绩效之间发挥较显著的调节作用。因此，提升创意人才胜任力水平是实现系统健康的首要举措。

首先，政府层面，一方面要制定长远人才发展规划，开展全民创新教育。创意人才的培养是个"深耕"的过程，数量庞大、结构合理的创意阶层兴起有赖于国民创造力的普遍提升。因此，创新教育要从儿童开始，并贯穿到青少年、成人和就业的整个过程。如通过引导文化机构和艺术家参与青少年的日常教育

来培养学生的文化艺术修养与创意热情；通过实行图书馆、博物馆、美术馆等文化艺术场馆的免费或优惠以提供艺术熏陶的场所，从而培养青少年的创意思维。另一方面要改进人才培养思路，建设创意型大学。在充分了解市场需求的基础上，高校应当通过发挥原有传统学科的优势，如历史、艺术等，组建跨专业跨学科的创意专业或者创意学院，为创意人才的培养奠定理论基础。此外，利用学界和业界相互联动优势，在教学中，大量采用综合实训和工作室培养的方式渗透到课程中，由学校专任教师负责创意理念的引导和基础知识的传授，而业界兼职教师则负责创意思维形象化和具体化的实践指导。

其次，企业层面，要建立健全企业培训体系。一方面企业应当通过科学规范的工作分析来确立不同岗位的最佳任职资格，并以此来作为衡量员工胜任力水平高低的主要标准，从而为培训内容的确定提供参考依据。另一方面，通过培训方法的选择、培训过程的管理以及培训效果的评估与反馈等方式的规范操作，弥补企业创意人才现有专业知识、创意能力以及工作态度方面的缺陷。此外，在职业发展上，企业应该为创意人才搭建多条基于能力标准的职业生涯通道，形成以管理岗位和专业技术岗位为主的平行双轨通道，利用岗位轮换方式鼓励创意人才进行尝试和锻炼，自由选择成为管理者还是成为专家，为拓宽创意人才的职业发展通道、留住优秀创意人才提供有力保障。

最后，个人层面，创意人才要顺应产业发展趋势和实际工作情况，进行自我素质的提升。本书在对创意人才生态系统健康的分析中指出，进化发展、学习适应、竞合共生等机理是创意人才在稳态系统中自发和自觉的表现形式，因此，对于创意人才自身而言，可以通过接受学历教育、参加职业技能培训和认证等方式来不断优化知识结构、提升创意能力、完善人格品质，以夯实自身职业竞争力。与此同时，创意人才还应当积极参与文化艺术交流活动，与业界同行进行相互交流学习，从而获取与吸收更多有利于本职工作的创意灵感和方法。

7.7.2　遵循创意人才成长规律，完善创意企业管理方式

创意经济除了大量依靠人类的创造力之外，还离不开信息技术的大力普及。在这个时代，企业生存与发展的环境比以往更复杂也更动荡。本书中将双元能力作为影响创意人才生态系统健康的组织因素，并且构建了一体二维四面（市场感知、组织学习、资源整合和组织重构）创意企业双元能力模型。研究结果也说明，在动荡环境下，创意价值的实现同样离不开规范化的管理框架。因此，对于创意企业而言，在把握创意人才基本特征的基础上来创新组织管理能力是实现系统健康的另一个主要途径。

首先，构建人性化企业，营造和谐工作氛围。创意工作持续强调创意个体的个人才能和价值共享，不断追求在多样性和专业性中实现创意价值的动态稳定。因此，对于现代创意企业而言，构建人性化的企业，为创意人才的生存和发展提供组织支持成为一种必然。一方面，企业需要营造宽容的工作环境。由于探索性创新与开发性创新在企业内部并行存在，部门之间的资源争夺以及冲突在所难免。因此，组织应该要致力于消除各种束缚，倡导表达自我、鼓励冒险创新，提供顺畅的沟通渠道，为创意工作营造和谐的生态氛围。另一方面，企业需要营造蕴含创意的工作环境。重创新的特性决定了创意人才不愿意受规则或权威的约束，崇尚自由、宽松和开放的环境。因此，追求工作与生活的平衡、推崇弹性工作时间、热衷"无领"和"创意"办公成为创意工作者的主要偏好。例如，小米科技结合创意人才的性格特征，采用薪酬和软性福利让员工成为粉丝，营造出了愉快而宽松的工作环境，从而有效地激发员工的创意激情。

其次，改造组织结构体系，转变传统管理风格。创意企业是一个典型的二元组织，不同部门之间是一种共生的和谐关系，传统科层制组织结构显然已经不适合他们的生产和发展。企业应当构建一种无边界的组织形态来适应创意人才的工作与发展。广受苹果、联想等企业青睐的自我管理团队（self-managed team，SMT）是目前创意企业比较主导的一种组织方式。它主要是在组织资源平台的支持下，利用信息技术，通过授权，跨部门挑选互补性创意员工而混合组成的自主管理单元。这种灵活弹性的组织结构能够迅速对组织的人才和资源进行调配，引发新的想法和创新，快速响应细分市场的变化，为企业创意人才生态系统的稳定性提供组织上的保障。此外，创意是一个多维度的过程，需要融合不同的思维方式来完成团队目标。创意团队的有效运转离不开适当的管理参与，而这种管理参与已经不是直接的控制和领导创新的过程，而是间接地监督和调整隐藏在创意过程中的各种关系。通过权力下放和愿景分享等软控制手段，创意管理者充当团队内部关系的调解者、联络官或者是经纪人角色，从而实现团队功能的多样化。

最后，建立自我激励机制，优化绩效评价准则。双元能力强调的是一种组织管理过程与结果的动态平衡。与普通员工相比较，创意人才自我价值导向更为突出，内在需求呈现多样化，更加关注专业特长的发展和工作成就的认可，以奖金、晋升为核心的交易式薪酬体系已经不能满足他们的需求。根据马斯洛人本需求理论学说，从某种程度上看，内部动机先于外部动机刺激创意的产生。因此创意企业首先要调整绩效评价准则，打破学历和资历界限，采用过程与结果结合、业绩与态度和行为相联系的考核方式，将员工的创新能力作为创意绩效的主要评判标准。此外，在分配机制上，在对"创意人力资本"充分尊重的基础上，按照员工工作能力与对企业的贡献来分配利益。比如，可以借鉴发达国家对创意人才所采用的高浮动薪酬结构、股票期权、员工技术入股等方式增强员工的归属感，以发挥激励效用的最大化。

7.7.3　优化创意人才生态氛围，推进创意产业园区建设

环境是识别自然生态系统健康与否的主要判断依据。本书以佛罗里达提出的"4T"理论为依据，提出包括政策氛围、地域氛围、技术氛围以及文化氛围

在内的创意人才生态氛围概念。实证研究结果表明，创意氛围对创意人才胜任力与创意企业绩效、创意企业双元能力与创意企业绩效具有显著的调节作用。同时，由于样本数据的遴选主要源于创意产业园区，因此，立足园区所在地政府的人才政策与园区建设来优化创意氛围是确保企业创意人才生态系统健康目标实现的另一个重要举措。

首先，创新人才服务政策，构建人才保障体系。设立引智专项资金。对紧缺人才、高层次管理人才或技术人才，给予优厚待遇；对符合产业发展方向的创意项目采取创业资助、贷款贴息、政府奖励等资金扶持措施；制定创意人才奖励办法，进行定期评奖，并对在技术创新或成果转换取得突出成就的企业或个人进行表彰。破除人才体制障碍。大胆采用"区别对待"办法，为从事文化创意生产、经营、管理或教育的创意人才创造便利条件，在签证、住房、税收、社会保障、子女入学、配偶安置、职称评审、资格考试等方面给予政策支持。实施柔性人才政策。确立"不求所有，但求所用"的人才引进理念，地区之间通过邀请人才担任客座教授、文化顾问等方式从事兼职、讲学、咨询、项目合作、品牌注入，并根据引进人才的贡献程度，授予"荣誉居民"的称号，努力吸引和汇聚更多创意名家和大家。

其次，推动产业园区建设，打造人才发展平台。规划产业发展战略。客观分析区域资源，将发展创意产业与地区文化资源优势、产业结构调整相结合，形成结构合理、分布均匀的创意产业布局。推动产业园区的建设。以传统产业或高新技术产业为基础，依靠兴建产业孵化基地、服务中心，以集聚化优势吸引资金和优质企业，构建集研发、投资、设计、生产、销售、服务于一体的创意产业链，实现创意价值扩散。建立产业服务平台。建立以政府、社会机构和国际组织为主的合作机制，为产品研发、生产、交易、展示提供系统有效的支撑。提高产业市场化程度。打破市场分割和行业垄断，加快地区之间、行业之间的相互渗透、融合和支持，尽快形成规范、竞争、有序、统一的产业市场体系；积极引进跨国文化企业，开展战略合作，学习先进经营管理经验和研发技术以提升产品国际竞争力。

7.8 本章小结

本章利用对大样本调研数据的处理来验证初始假设的准确性。第一，从整体上对样本数据的基本分布、正态性以及平均数等做了描述性统计分析。第二，利用结构方程的验证性因子分析工具对提出的理论模型契合度进行检验。第三，利用结构方程的路径分析工具揭示了创意人才胜任力、创意企业双元能力与创意企业绩效之间的互动关系。第四，利用结构方程多群组分析工具对创意氛围的调节效应进行验证。通过四个步骤的分析，提出的34个初始假设有6个未能获得支持，3个获得部分支持。最终，利用理论分析以及回访调查对研究结果进行了详细的解释，并以此提出具体管理建议。

第 8 章

研究总结

通过前文中的理论与实证分析，本书对企业创意人才生态系统健康影响因素以及内在联系做了系统分析，并对结果进行了解释。本章将对前面的相关研究做最终和总体的总结，简要说明论文的创造性工作、主要观点和研究成果，最后指出本书研究的不足以及未来的研究方向。

8.1　研究的主要工作及结论

创意人才是创意资源的承载者和组织者，对创意人才的管理是创意企业提升竞争力的关键。本书以生态学为研究视角，以企业创意人才为研究对象，按照文献研究、现象观察、概念界定、机理探究、模型构建与数据验证的步骤，围绕企业创意人才生态系统健康这个核心命题展开了理论与实证分析，相关研究成果包括以下几个方面。

8.1.1　创意及创意人才的概念界定

首先，从管理语境提出创意的概念。创意的定义纷繁复杂。本书立足经济学、管理学、教育学、社会学、心理学、管理学等学科领域，将目前创意的定义研究划分为心理学派、应用学派、经济学派以及管理学派，认为管理语境下的创意概念更具价值，并以此提出创意的复合概念，即创意是以人类创造力思维为基础、以科技为动力、以文化为背景、以管理为手段的价值实现过程，同时，创意具备自主性、普遍性、关联性和系统性四个基本特性，与创新和创业相互影响、相互渗透，其中，创意为创新和创业提供信息和资料来源，创新驱动创意和创业，创业助推创新和创意的实现，共同构建出"三创"价值网络体系。

其次，对创意人才进行概念界定。本书通过分析国内外学者的相关研究，将创意人才概念研究总结为行为说、特质说、学历说、地域说、职业说和复合说，认为创意人才是源于创新人才、创造性人才和知识型人才的一个溯源和延伸概念，即创意人才是具有创业意识、创新精神和创造能力，能够胜任岗位要求，利用文化资源与科学技术来从事产品的策划、生产和经营管理的劳动群体。从个性特质上看，创意人才需要有较强的创业意识、创新精神和创造能力且与岗位的具体要求相匹配；从劳动类型上看，创意人才是主要从事与"创意"有关的劳动群体，不仅局限于脑力劳动者；从工作内容上，创意劳动更多地利用地域文化资源和先进科学技术来进行产品的开发设计与经营管理。

8.1.2　企业创意人才生态系统分析

创意过程往往伴随着能够提高人类独立思考能力的各种复杂情绪，只有在一定的条件下才能够被准确定义。本书以自然生态、创意生态、组织生态以及人力资源生态等理论为支撑，从企业组织层面，提出企业创意人才生态系统概念，并从生态位以及系统特征两方面进行了深入分析。

首先，提出企业创意人才生态系统概念。本书基于自然生态系统内在构成与演化规律提出企业创意人才生态系统概念，即创意企业为了在复杂动态的环境中维持自身生存与健康发展，以生态学的原理和方法为基础，构建出一个由创意人才彼此之间以及创意人才与组织、环境之间，基于创意资源所不断进行的物质循环、能量流动以及信息传递而形成的具有相互影响、相互依存的动态稳定网络系统。基于此定义，本书还构建了以创意人才为主体、创意组织为结构、利益相关群体互动为环境的三位一体生态模型。

其次，基于生态位原理揭示了创意人才在创意企业组织中所处的位置以及所发挥的功能。本书从生态位的宽度、重叠以及维度三个方面寻找出能够发挥创意人才功能的"小生境"。分析结果表明：①创意人才生态位宽度是劳动群体的个人综合素质以及资源利用能力的表现形式，创意企业应当通过人才培养、管理机制构建以及氛围营造来适当扩充生态位宽度；②个体差异和资源有限性造成了创意人才生态位重叠现象难以避免，高效的人力资源管理手段能够使生态位重叠现象的负面影响得到削减；③创意人才生态位维度包含四个方面，即创意人才胜任力水平代表自身维度，企业创意资源的充足程度与配置能力代表资源维度，企业生命周期和创意人才职业生涯代表时间维度，创意氛围代表环境维度，四个维度共同体现创意人才在创意生态系统中的核心位置和关键作用。

最后，基于复杂适应系统（CAS）原理分析了企业创意人才生态系统的基本特征。笔者认为，企业创意人才生态系统是以具有主动性和目的性的创意人才为主体的自适应系统，具备七大特征：①"聚集"特征，即具有能动性和智慧性的创意人才主体在系统内不断积聚；②"非线性"特征，即系统中某个因子（创意人才、创意企业或创意氛围）的独立变化会受到其他关联因子的影响，并同时引起其他因子之间的互动；③"流"特征，即创意个体与环境、创意个体之间不断进行着物质、能量和信息的交换，使系统发生乘数以及循环效应；④"多样性"特征，即创意人才个体之间有明显的差异，对环境的高度依赖性会使自身的生态位不断产生变化；⑤"标识"特征，即创意个体具有同质性和互补性的显著特征；⑥"内在模式"特征，即创意主体具有适应环境变化所遵循的准则，系统稳态机制能促进创意人才对环境的预测与识别能力；⑦"构造模块"特征，即企业创意人才生态系统是由若干个具有不同属性的独立系统且相互耦合而成的复杂网络。

8.1.3　企业创意人才生态系统健康命题

在企业创意人才生态系统分析的基础上，本书融合生态学领域的最新研究成果以及组织管理的基本属性，提出"健康"命题，认为在宽容的创意氛围、适度多样的胜任主体和高效运转的管理机制共同作用下，创意企业能够通过人力资源管理实践、组织学习、技术创新、战略调整等管理手段来快速适应嬗变的企业环境，以维持较高企业绩效水平的一种稳定状态或者是动态过程。其中，宽容的创意氛围是系统健康的基础；创意人才的胜任力是系统健康的核心；高效运转的管理机制是系统健康的保障；而实现企业高绩效是系统健康追求的目标。企业创意人才生态系统通过与外界物质、信息和能量的不断循环反馈，实现了一种开放、动态和整体的健康状态。

此外，本书还借鉴生态学的群落更替原理，发现了实现企业创意人才生态系统健康的几种内在机理：①自组织耗散机理，即众多具有不同胜任力水平的创意人才在系统内外与组织以及环境的互动会产生"涌现"现象；②多样维持机理，即创意资源、创意人才构成和行为方式存在差异，系统升级重组现象不断发生；③冗余调节机理，即随着创意企业发展周期的变化，创意人才的数量与质量要发生调整以确保系统保持稳态；④进化发展机理，即创意人才的自我调整和创意企业管理方式的因地制宜；⑤学习适应机理，即创意个体通过个体主动学习以及与创意价值链上的成员彼此之间的交互式学习来适应工作岗位的要求和环境变化；⑥竞合共生机理，即创意个体内心对新点子的不断超越追求而产生自我思维碰撞，以及同各个合作部门之间由于经验分享、思想交流、专业互补而形成协同关系。这六种内在运行机理的有效发挥，能够使创意人才与周边环境发生物质、能量、信息的互通，最终实现人、组织和环境之间的系统耦合。

8.1.4 企业创意人才生态系统健康影响因素的内在关系

为了进一步解释企业创意人才生态系统健康实现的复杂过程，本书以集聚在创意产业园区的创意人才为研究对象，在文献梳理以及实地调研的基础上，构建了企业创意人才生态系统健康实证模型，并采用问卷调查法和数理统计工具分析了系统健康影响因素与创意企业绩效之间的复杂关系。

首先，构建了企业创意人才生态系统健康模型并得到实证数据支持。在理论分析的基础上，本书构建了以创意人才胜任力为主体因素、创意企业双元能力为组织因素以及创意氛围为环境因素的实证模型，同时将创意企业绩效作为系统健康运行追求的目标。实证结果表明：创意人才胜任力、创意企业双元能力以及创意氛围三者共同成为系统健康的影响因素；创意人才胜任力由创意知识、创意能力和创意特质三个因素组成，创意企业双元能力由探索能力和利用能力两个要素组成，创意氛围则由政策氛围、地域氛围、技术氛围和文化氛围四个因素共同组成，而创意企业绩效由短期绩效和长期绩效两个因素组成。

其次，揭示了系统健康内部构成要素与创意企业绩效之间的复杂关系。本书基于创意经济、自然生态、人力资源管理以及组织战略等理论已有成果，提出系统要素之间的直接和间接影响关系假设，实证结果表明，部分假设验证了前人的研究成果，而部分假设却得到了与以往研究不同的发现。①企业创意人才生态系统健康能够直接促进创意企业绩效的提升，且对长期绩效的提升效果明显大于短期绩效，结论与理论分析部分的"健康"命题内涵基本契合；②从整体上看，创意人才胜任力能够直接促进创意企业绩效的提升，但知识、能力以及特质对绩效的影响效果不同，尤其是得到了创意知识对企业绩效影响效果不显著的结论；③创意企业双元能力对绩效具有直接效应，具体体现为探索能力对创意企业长期绩效具有显著正向影响，而利用能力对创意企业短期绩效具有显著正向影响；④创意企业双元能力在创意人才胜任力与创意企业绩效之间起中介作用，该结论为传统胜任力理论研究提供新观点：具体体现为创意企业探索能力在创意人才胜任力与创意企业长期绩效之间起中介作用，创意企业利用能力在创意人才胜任力与创意企业短期绩效之间起中介作用；⑤创意氛围在创意人才胜任力与创意企业绩效之间以及创意企业双元能力与创意企业绩效之间能够部分起到正向调节作用，但具体到构成维度，政策氛围对创意人才胜任力的调节效应以及文化氛围对创意企业双元能力的调节效应均不显著，这与已有研究结论相反，可以成为日后研究的一个重点与方向。

8.2　研究的创新点

本书跳出传统企业管理研究范式，基于"自然生态系统"视角，结合创意生态、创意阶层、生态系统、复杂适应系统理论的研究成果，提出创意人才生态系统健康这一核心概念；打破传统的线性创新思维和价值创造模式，以多样维持、学习适应、进化发展、竞合共生等类生态机制为着眼点，研究创意群体的价值共享与价值实现模式，突出了创意人才在组织生态系统中的核心地位；突破传统企业人力资源管理能力的评价惯例，引入"健康"理念，从开放、动态、系统的视角来探究人、组织与环境的动态契合，扩大了企业人力资源管理研究的视野。具体创新之处体现在以下几个方面。

8.2.1　基于企业微观视角研究创意人才

目前国内外专门从创意经济、创意产业等宏观视角研究创意人才的相关成果较多，而相比之下却鲜有直接从企业微观视角来研究创意人才。本书首先从管理学的角度对创意概念进行界定，突出了创意的原生态内涵以及创意的商业属性。同时，在创新人才、创造性人才和知识型人才的基础上提出创意人才的定义，并从"创造""创新"和"创业"角度诠释了创意人才的基本特征。此外，本书还根据创意价值实现的内在机理，构建了以创意知识、创意能力以及创意特质为内容的创意人才胜任力金字塔模型，并结合组织能力以及创意氛围等因素诠释了创意人才在企业中的重要地位，为创意阶层理论情境化研究提供新视角。

8.2.2 植入创意生态理论研究创意人才

"创意生态"是创意经济理论与生态系统理论结合的产物，其基本逻辑是将创意与生态理论相结合，以生态学的思想和方法来诠释创意经济活动，并试图提供一个系统、环境、条件、过程以及相互衔接的种种关系，来探寻创意价值的实现路径。本书把创意人才这一不断崛起的社会阶层纳入组织生态范畴，提出创意人才生态系统的概念，并运用生态位理论和复杂适应系统理论来深入分析创意人才在组织生态系统中的核心地位以及关键性作用，不仅丰富和拓展了传统企业人力资源管理研究视角，同时也为创意生态理论研究的发展提供新见解。

8.2.3 系统研究创意人才生态系统健康影响因素

本书不仅利用生态系统运行原理来构建研究主题，而且还围绕创意产品的设计、生产、销售和管理等环节，突出了创意人才在组织生态系统运行中的独特之处。更重要的是，本书不是局限在对创意人才主体的片面探索，而是深入创意产业园区和创意企业内部，提出创意人才生态系统健康命题与概念模型，并利用大规模的实证调研来探究系统主体因素（胜任力）、组织因素（双元能力）以及环境因素（创意氛围）与创意企业绩效之间的互动关系，尤其是考虑了企业能力的中介作用以及环境因子的调节效应，较为全面地对企业创意人才生态系统构成要素的内在关系进行深入剖析，为创意人才的系统化研究提供新思路。

8.3 研究的不足

虽然本书从理论与现实的角度都具有重要意义，且研究工作也具有一定的科学性和创新性，但是受研究时间、研究经费、研究资料以及笔者个人学识方面的限制，仍存在几点不足之处。

8.3.1 理论模型的不足

本书从人、组织以及环境三个方面构建了创意人才生态系统健康模型，并从理论探讨与实证研究中证实了其内部结构与企业绩效之间的互动关系。但是，由于创意人才在我国仍属于新生事物，创意企业的发展也正处于初级阶段，本书提出的模型仅仅是做了一个初探。在理论研究和管理实践中，影响创意人才生存发展的内外部因素还有很多，如成长环境、教育背景、工作年限、企业规模、行业类型等，这些因素都没有在研究中进行深入探讨。此外，学界对胜任力、双元能力以及创意氛围的具体构成维度划分上仍然存在争议，由此也可能导致研究主题的验证结果存在偏差。因此，研究模型的完整性是本书研究的首要不足。

8.3.2 实证方法的不足

本书利用问卷调查法来搜集数据，这种方法主要依据受调查者的心理感知来判断，带有一定的主观倾向，尤其是针对企业绩效部分的衡量更是缺乏客观数据的支持，这是数据搜集中的一大遗憾。同时，本书涉及的测量量表绝大部分是参考或借鉴已有的研究成果，而这些量表又主要以欧美企业文化为背景，与中国企业的管理情境存在一定差异。尽管笔者已经对部分量表进行了优化和改良，实证数据也通过了信度和效度检验，但某些指标仍不太理想，如创意能力量表的平均变异抽取值为 0.48、探索能力量表的平均变异抽取值为 0.46，尚未得到 0.5 的理想值。因此，量表的科学性和价值性仍有待提高。此外，由于笔者对结构方程分析工具的掌握水平和运用能力有限，因此，未能通过对模型中各要素之间更加深层次的关系进行挖掘来获取更有价值的信息。

8.3.3 样本数据的不足

科学研究的根本目的是发现客观规律，从而使研究结果得到广泛运用。从地理分布来看，本书研究的区域仅仅集中在泉州、厦门和福州三地的创意产业园，数据的搜集渠道以及对象遴选具有一定的局限性。虽然已经通过统计工具对相关数据进行了必要筛选，但由于创意人才是个庞大的劳动群体，仅仅通过福建三地的数据来管窥整体显然不足，不同地区企业和人才的特殊性未能得到充分考虑，这弱化了研究结果的普适性。从时间跨度来看，本书中的实证研究仅仅是从静态的角度来获取企业的横向数据，仅代表创意人才某一时点的基本情况，这在一定程度上也影响了实证效果。此外，本书中有部分假设未能获得支持，甚至出现与理论和现实相反的结果，这有可能是因为样本量不足或数据失真所导致。

8.4 研究展望

8.4.1 夯实理论基础

第一，完善创意人才生态系统健康理论模型维度。本书提出的创意人才生态系统健康是一种管理语境的隐喻，强调的是创意人才与创意企业以及外界环境之间的动态匹配。在因素选择上，笔者主要提取了胜任力、双元能力和创意氛围三个维度。而事实上，领导特质、管理风格、组织文化等因素也有可能影响系统健康。因此，在后续研究中，可以在创意人才生态系统健康的理论构念上以及具体构成维度上进行更深入的挖掘和更系统的构建。

第二，创意人才生态系统健康内在机理的再研究。笔者认为，创意企业双元能力在创意人才胜任力与创意企业绩效之间起显著性的中介作用，也通过了实证检验；反之，创意人才胜任力能否发挥中介效应也有待进一步探讨。与此同时，本书将创意氛围作为影响创意人才胜任力、创意企业双元能力与创意企业绩效之间的调节变量，并且部分通过了实证验证，而至于创意氛围能否直接影响企业绩效、创意氛围在创意人才胜任力以及创意企业双元能力之间是否具有中介效果，这些也有待日后进一步深入研究。

第三，创意人才生态系统健康维持路径的研究。创意人才生态系统健康理论研究的最终目的是为创意企业持续竞争力的培育与提升提供理论依据，在未来的研究中，可以在企业创意系统内在运行机理的框架体系内，以创意人才为基点，从组织结构、管理制度、工艺流程、营销战略、财务体系等视角来探索维持系统健康的具体路径和措施。

8.4.2 优化研究设计

第一，扩大样本采集面，细化研究对象。例如，将调查区域延伸到除创意产业园以外的地区；将研究区域扩展到更多具有代表性的创意城市，如北京、上海、广州、深圳等地。

第二，引入时间跨度概念，采用时间序列方法。创意人才队伍在不断崛起，创意企业发展也日益迅速，不同生命周期中的人与组织所体现出来的特征也必然不同。此外，同一种因素对不同时期创意人才生态系统健康的影响效果也会有所差异。因此，从动态视角，根据创意企业的不同发展阶段来采集数据，以时间数据为基准来研究处于不同发展阶段的创意人才生态系统健康影响因素之间的动态因果关系将是日后实证研究的一个新方向。

第三，优化量表结构，完善测量题项。由于创意阶层是个舶来品，因而鲜有直接针对创意人才和创意组织特征测量的专业量表，本书研究中涉及的大多数测量题项采用理论推演和语义转换来确定，导致了部分量表的结构效度不是非常理想，在后续的研究中，应当更进一步针对我国创意人才和创意企业的特点来开发设计出既具有适应性和代表性又不失科学性和普适性的测量量表。

第四，改进数据搜集标准，提升实证数据质量。为了避免问卷调查所带来的主观偏差对研究结果的可靠性和准确性造成的影响，后续研究可以试图从部分创意企业或者地方政府的公开资料中提取客观数据来进行实证分析，从而确保研究结果更贴近管理实践。

8.4.3　扩展研究情境

第一，导入前因变量。本书仅仅从创意人才生态系统健康影响因素识别和验证出发，并没有对影响系统健康的前因，即能够对创意人才生态系统健康产生正向影响的关键变量展开研究。今后对影响创意人才生态系统健康的前因进行分析将是一个更加有意义和有价值的研究方向。如将组织结构、领导风格、人力资源管理实践等因素纳入前因变量的范畴；此外，调查问卷中的背景变量，即创意人才的工作年限、劳动类型、教育程度以及创意企业的行业性质也有可能成为前因变量。因此，通过前因变量的导入分析，将会使创意人才生态系统健康主题的研究更系统、更全面，更有利于科学识别影响健康的决定性因素。

第二，进行对比研究。创意人才是一个庞大的劳动群体，分布在不同区域、不同行业和不同类型的创意企业当中。受研究内容和篇幅所限，本书并没有针对特定的管理情景来开展独立研究，这也从另一层面印证了开展情境区分研究的必要性。因此，在后续的研究中，可以针对特定的情境，比如，上市企业创意人才与非上市创意人才、国有企业创意人才与民营企业创意人才、东部企业创意人才与西部企业创意人才、西方企业创意人才与我国企业创意人才的对比研究，进一步细化研究内容与层次。

附录 A 《企业创意人才生态系统健康》初始调查问卷

尊敬的先生/女士：

您好！

首先由衷地感谢您拨冗协助我完成本次问卷调查。

本调查旨在通过识别影响创意人才发展的个人、组织以及环境因素，以探索提升创意企业绩效水平的具体路径。

该问卷仅供科研使用，无须署名，打分无对错之分。调查结果也不会用于任何形式的个人评价，分析结果也不会泄露给他人。敬请放心。

首先请填写您个人以及所在企业的基本信息（请在与您匹配的"□"中打√）

您的年龄：□ 30 岁以下　□ 30～40 岁　□ 41～50 岁　□ 51 岁以上

您的性别：□ 男　□ 女

您参加工作的年限：□ 5 年以下　□ 6～10 年　□ 11～15 年

　　　　　　　　　□ 16～20 年以上

您的学历水平：□ 大专以下　□ 大专　□ 本科　□ 研究生

您的岗位性质：□ 研发设计岗位　□ 生产岗位　□ 执行岗位

　　　　　　　□ 管理岗位　□ 其他（请填写）

您的企业所在地：□ 泉州　　□ 福州　　□ 厦门

您的企业所从属行业：□ 文化艺术　　□ 新闻出版

　　　　　　　　　　□ 广播电视电影　　□ 软件网络及计算机服务

　　　　　　　　　　□ 广告会展　　□ 艺术品交易

　　　　　　　　　　□ 设计服务　　□ 旅游休闲娱乐

　　　　　　　　　　□ 其他（请填写具体行业）＿＿＿＿＿＿＿

下面进入问卷核心内容填写

填写说明：

下列题项中均有1、2、3、4、5、6、7共七个等级，请您根据主观感受在下面的每个项目上进行勾选，选择的数字越大，表示您越认同该描述。示例如下：

1	2	3	4	5	6	7
完全不符合	很不符合	比较不符合	一般	比较符合	很符合	完全符合

第一部分：请您根据自身感受和体会，判断该描述与您自身的符合程度。在相应的数字上打"√"。

题号	题项内容	完全不符合	很不符合	比较不符合	一般	比较符合	很符合	完全符合
CK01	我接受过系统的学历教育	1	2	3	4	5	6	7
CK02	我掌握了必备的文化基础知识	1	2	3	4	5	6	7
CK03	我有相关的专业背景资质	1	2	3	4	5	6	7
CK04	我有一定的行业从业经验	1	2	3	4	5	6	7
CK05	我对所处行业的发展有一定认识	1	2	3	4	5	6	7
CK06	我接受过本职工作的专业训练	1	2	3	4	5	6	7
CK07	我对本职工作涉及的专业知识很清楚	1	2	3	4	5	6	7
CK08	我能鉴别出企业产品与项目的文化和商业价值	1	2	3	4	5	6	7
CA09	我能与同事和谐相处	1	2	3	4	5	6	7
CA10	我能密切配合同事完成工作任务	1	2	3	4	5	6	7

续表

题号	题项内容	完全不符合	很不符合	比较不符合	一般	比较符合	很符合	完全符合
CA11	我能与外界相关部门保持良好关系	1	2	3	4	5	6	7
CA12	我主动参与企业组织的各项培训活动	1	2	3	4	5	6	7
CA13	我经常关注新知识、新技术和新领域	1	2	3	4	5	6	7
CA14	我对新事物具有良好的接受性	1	2	3	4	5	6	7
CA15	我敢于对传统和常识提出质疑	1	2	3	4	5	6	7
CA16	我愿意承担风险去尝试新方法	1	2	3	4	5	6	7
CP17	我能对自己做出客观的评价	1	2	3	4	5	6	7
CP18	我对目前从事的工作很迷茫	1	2	3	4	5	6	7
CP19	我不断追求卓越的工作成果	1	2	3	4	5	6	7
CP20	我喜欢有挑战性的工作任务	1	2	3	4	5	6	7
CP21	我渴望得到他人的认可	1	2	3	4	5	6	7
CP22	我对工作能做到言行一致	1	2	3	4	5	6	7
CP23	我能在指定时间内完成本职工作	1	2	3	4	5	6	7
CP24	我知道本职工作的重要性，并愿意承担相关责任	1	2	3	4	5	6	7

第二部分：请您根据自身感受和体会，判断该描述与您所在企业的符合程度。在相应的数字上打"√"。

题号	题项内容	完全不符合	很不符合	比较不符合	一般	比较符合	很符合	完全符合
ER01	企业经常通过各种途径了解行业发展现状和趋势	1	2	3	4	5	6	7
ER02	企业密切监控竞争对手的商业行为	1	2	3	4	5	6	7
ER03	企业经常和同行、顾客和供应商频繁交流	1	2	3	4	5	6	7
ER04	企业经常探索如何挖掘和满足顾客需求	1	2	3	4	5	6	7
ER05	企业能认识到环境变化并提前做好应对措施	1	2	3	4	5	6	7
ER06	企业密切跟踪行业领域的最新研究成果	1	2	3	4	5	6	7
ER07	企业在产品研发方面的投入很少	1	2	3	4	5	6	7
ER08	企业热衷于引进先进技术来提升产品竞争力	1	2	3	4	5	6	7
ER09	企业通过联盟或合作方式向成功企业学习	1	2	3	4	5	6	7
ER10	企业努力营造创新文化氛围	1	2	3	4	5	6	7

续表

题号	题项内容	完全不符合	很不符合	比较不符合	一般	比较符合	很符合	完全符合
ER11	企业拥有完善的员工培训体系	1	2	3	4	5	6	7
ER12	企业支持和奖励员工学习和创新行为	1	2	3	4	5	6	7
EI13	企业能够与同行保持良好的关系	1	2	3	4	5	6	7
EI14	企业从外界获取的新知识能够得到迅速转化	1	2	3	4	5	6	7
EI15	企业能及时向员工传播行业信息和市场信息	1	2	3	4	5	6	7
EI16	企业内部拥有顺畅的沟通机制	1	2	3	4	5	6	7
EI17	企业不同部门之间合作良好	1	2	3	4	5	6	7
EI18	企业目标能得到有效分解与落实	1	2	3	4	5	6	7
EI19	企业拥有规范的人力资源管理制度	1	2	3	4	5	6	7
EI20	企业人力资源管理部门参与战略决策	1	2	3	4	5	6	7
EI21	企业能够为员工发展提供平台	1	2	3	4	5	6	7
EI22	企业能够灵活调整组织结构	1	2	3	4	5	6	7
EI23	企业适时对工作流程和工作职能进行再设计	1	2	3	4	5	6	7
EI24	企业赋予不同部门一定的自主权	1	2	3	4	5	6	7

第三部分：请您根据自身感受和体会，判断该描述与您所在园区的符合程度。在相应的数字上打"√"。

题号	题项内容	完全不符合	很不符合	比较不符合	一般	比较符合	很符合	完全符合
PM01	园区所在地政府有出台促进产业发展的相关政策	1	2	3	4	5	6	7
PM02	园区有租金优惠政策	1	2	3	4	5	6	7
PM03	园区有财税优惠政策	1	2	3	4	5	6	7
PM04	园区有人才引进优惠政策	1	2	3	4	5	6	7
PM05	园区有知识产权保护政策	1	2	3	4	5	6	7
TTM06	园区所在位置交通便利	1	2	3	4	5	6	7
TTM07	园区有鲜明的产业特色和定位	1	2	3	4	5	6	7
TTM08	园区基础设施配套合理（如停车场、餐饮、商务中心等）	1	2	3	4	5	6	7
TTM09	园区管理水平良好（如物业服务、项目孵化服务等）	1	2	3	4	5	6	7

题号	题项内容	完全不符合	很不符合	比较不符合	一般	比较符合	很符合	完全符合
TTM10	园区入驻企业数量较多	1	2	3	4	5	6	7
CM11	园区所在地具有深厚的文化底蕴	1	2	3	4	5	6	7
CM12	园区内有相应的文化场馆（如图书馆、创意中心等）	1	2	3	4	5	6	7
CM13	园区经常举办各类文化艺术活动	1	2	3	4	5	6	7
CM14	园区具备"创新创造创业"的"三创"氛围	1	2	3	4	5	6	7
CM15	园区文化兼容并蓄，具有开放性、多样性和包容性	1	2	3	4	5	6	7
TEM16	园区内信息化程度较高（如网络、信息共享平台等）	1	2	3	4	5	6	7
TEM17	园区有专门的信息技术服务平台	1	2	3	4	5	6	7
TEM18	园区大量采用多媒体、数字技术	1	2	3	4	5	6	7
TEM19	园区经常举办技术交流活动	1	2	3	4	5	6	7
TEM20	园区为企业技术创新成果转化提供服务	1	2	3	4	5	6	7

第四部分：请您根据自身感受和体会，判断该描述与您所在企业的符合程度。在相应的数字上打"√"。

题号	题项内容（与主要竞争对手对比）	完全不符合	很不符合	比较不符合	一般	比较符合	很符合	完全符合
SP01	企业的投资回报率较高	1	2	3	4	5	6	7
SP02	企业的净利润水平较高	1	2	3	4	5	6	7
SP03	企业的销售利润率较高	1	2	3	4	5	6	7
SP04	企业的经营成本较低	1	2	3	4	5	6	7
SP05	企业的现金流量较多	1	2	3	4	5	6	7
LP06	企业产品市场占有率较高	1	2	3	4	5	6	7
LP07	企业新产品开发速度较快	1	2	3	4	5	6	7
LP08	企业的员工满意度较高	1	2	3	4	5	6	7
LP09	企业的顾客满意度较高	1	2	3	4	5	6	7
LP10	企业拥有良好的社会声誉	1	2	3	4	5	6	7

烦请您再次检查一下问卷填写部分是否有遗漏！

非常感谢您的合作。

若您对本项研究有任何问题或者建议，也请在空白处告诉我们。

_____

_____

_____

附录 B 《企业创意人才生态系统健康》 正式调查问卷

尊敬的先生/女士:

您好!

首先由衷地感谢您拨冗协助我完成本次问卷调查。

本调查旨在通过识别影响创意人才发展的个人、组织以及环境因素,以探索提升创意企业绩效水平的具体路径。

该问卷仅供科研使用,无须署名,打分无对错之分。调查结果也不会用于任何形式的个人评价,分析结果也不会泄露给他人。敬请放心。

首先请填写您个人以及所在企业的基本信息(请在与您匹配的"□"中打√)

您的年龄:□ 30 岁以下   □ 30～40 岁   □ 41～50 岁   □ 51 岁以上

您的性别:□ 男   □ 女

您参加工作的年限:□ 5 年以下   □ 6～10 年   □ 11～15 年
                 □ 16～20 年以上

您的学历水平:□ 大专以下   □ 大专   □ 本科   □ 研究生

您的岗位性质:□ 研发设计岗位   □ 生产岗位   □ 执行岗位
             □ 管理岗位   □ 其他(请填写)

您的企业所在地：□ 泉州　　□ 福州　　□ 厦门

您的企业所从属行业：□ 文化艺术　　□ 新闻出版　　□ 广播电视电影

□ 软件网络及计算机服务　　□ 广告会展

□ 艺术品交易　　□ 设计服务

□ 旅游休闲娱乐

□ 其他（请填写具体行业）＿＿＿＿＿＿

下面进入问卷核心内容填写

填写说明：

下列题项中均有 1、2、3、4、5、6、7 共七个等级，请您根据主观感受在下面的每个项目上进行勾选，选择的数字越大，表示您越认同该描述。示例如下：

1	2	3	4	5	6	7
完全不符合	很不符合	比较不符合	一般	比较符合	很符合	完全符合

第一部分：请您根据自身感受和体会，判断该描述与您自身的符合程度。在相应的数字上打"√"（仅限单选）。

题号	题项内容	完全不符合	很不符合	比较不符合	一般	比较符合	很符合	完全符合
CK01	我接受过系统的学历教育	1	2	3	4	5	6	7
CK02	我掌握了必备的文化基础知识	1	2	3	4	5	6	7
CK03	我有相关的专业背景资质	1	2	3	4	5	6	7
CK04	我有一定的行业从业经验	1	2	3	4	5	6	7
CK05	我对所处行业的发展有一定认识	1	2	3	4	5	6	7
CK07	我对本职工作涉及的专业知识很清楚	1	2	3	4	5	6	7
CK08	我能鉴别出企业产品与项目的文化和商业价值	1	2	3	4	5	6	7
CA09	我能与同事和谐相处	1	2	3	4	5	6	7
CA10	我能密切配合同事完成工作任务	1	2	3	4	5	6	7
CA11	我能与外界相关部门保持良好关系	1	2	3	4	5	6	7

续表

题号	题项内容	完全不符合	很不符合	比较不符合	一般	比较符合	很符合	完全符合
CA12	我主动参与企业组织的各项培训活动	1	2	3	4	5	6	7
CA13	我经常关注新知识、新技术和新领域	1	2	3	4	5	6	7
CA14	我对新事物具有良好的接受性	1	2	3	4	5	6	7
CA15	我敢于对传统和常识提出质疑	1	2	3	4	5	6	7
CA16	我愿意承担风险去尝试新方法	1	2	3	4	5	6	7
CP17	我能对自己做出客观的评价	1	2	3	4	5	6	7
CP18	我对目前从事的工作很迷茫	1	2	3	4	5	6	7
CP19	我不断追求卓越的工作成果	1	2	3	4	5	6	7
CP20	我喜欢有挑战性的工作任务	1	2	3	4	5	6	7
CP21	我渴望得到他人的认可	1	2	3	4	5	6	7
CP22	我对工作能做到言行一致	1	2	3	4	5	6	7
CP23	我能在指定时间内完成本职工作	1	2	3	4	5	6	7
CP24	我知道本职工作的重要性，并愿意承担相关责任	1	2	3	4	5	6	7

第二部分：请您根据自身感受和体会，判断该描述与您所在企业的符合程度。在相应的数字上打"√"（仅限单选）。

题号	题项内容	完全不符合	很不符合	比较不符合	一般	比较符合	很符合	完全符合
ER01	企业经常通过各种途径了解行业发展现状和趋势	1	2	3	4	5	6	7
ER02	企业密切监控竞争对手的商业行为	1	2	3	4	5	6	7
ER03	企业经常和同行、顾客和供应商频繁交流	1	2	3	4	5	6	7
ER04	企业经常探索如何挖掘和满足顾客需求	1	2	3	4	5	6	7
ER05	企业能认识到环境变化并提前做好应对措施	1	2	3	4	5	6	7
ER06	企业密切跟踪行业领域的最新研究成果	1	2	3	4	5	6	7
ER09	企业通过联盟或合作方式向成功企业学习	1	2	3	4	5	6	7
ER10	企业努力营造创新文化氛围	1	2	3	4	5	6	7
ER11	企业拥有完善的员工培训体系	1	2	3	4	5	6	7
ER12	企业支持和奖励员工学习和创新行为	1	2	3	4	5	6	7
EI13	企业能够与同行保持良好的关系	1	2	3	4	5	6	7

题号	题项内容	完全不符合	很不符合	比较不符合	一般	比较符合	很符合	完全符合
EI14	企业从外界获取的新知识能够得到迅速转化	1	2	3	4	5	6	7
EI15	企业能及时向员工传播行业信息和市场信息	1	2	3	4	5	6	7
EI16	企业内部拥有顺畅的沟通机制	1	2	3	4	5	6	7
EI17	企业不同部门之间合作良好	1	2	3	4	5	6	7
EI18	企业目标能得到有效分解与落实	1	2	3	4	5	6	7
EI19	企业拥有规范的人力资源管理制度	1	2	3	4	5	6	7
EI21	企业能够为员工发展提供平台	1	2	3	4	5	6	7
EI22	企业能够灵活调整组织结构	1	2	3	4	5	6	7
EI23	企业适时对工作流程和工作职能进行再设计	1	2	3	4	5	6	7
EI24	企业赋予不同部门一定的自主权	1	2	3	4	5	6	7

第三部分：请您根据自身感受和体会，判断该描述与您所在园区的符合程度。在相应的数字上打"√"（仅限单选）。

题号	题项内容	完全不符合	很不符合	比较不符合	一般	比较符合	很符合	完全符合
PM01	园区所在地政府有出台促进产业发展的相关政策	1	2	3	4	5	6	7
PM02	园区有租金优惠政策	1	2	3	4	5	6	7
PM03	园区有财税优惠政策	1	2	3	4	5	6	7
PM04	园区有人才引进优惠政策	1	2	3	4	5	6	7
TTM06	园区所在位置交通便利	1	2	3	4	5	6	7
TTM07	园区有鲜明的产业特色和定位	1	2	3	4	5	6	7
TTM08	园区基础设施配套合理（如停车场、餐饮、商务中心等）	1	2	3	4	5	6	7
TTM09	园区管理水平良好（如物业服务、项目孵化服务等）	1	2	3	4	5	6	7
TTM10	园区入驻企业数量较多	1	2	3	4	5	6	7
CM13	园区经常举办各类文化艺术活动	1	2	3	4	5	6	7
CM14	园区具备"创新创造创业"的"三创"氛围	1	2	3	4	5	6	7
CM15	园区文化兼容并蓄，具有开放性、多样性和包容性	1	2	3	4	5	6	7

续表

题号	题项内容	完全不符合	很不符合	比较不符合	一般	比较符合	很符合	完全符合
TEM16	园区内信息化程度较高（如网络、信息共享平台等）	1	2	3	4	5	6	7
TEM17	园区有专门的信息技术服务平台	1	2	3	4	5	6	7
TEM18	园区大量采用多媒体、数字技术	1	2	3	4	5	6	7
TEM20	园区为企业技术创新成果转化提供服务	1	2	3	4	5	6	7

第四部分：请您根据自身感受和体会，判断该描述与您所在企业的符合程度。在相应的数字上打"√"（仅限单选）。

题号	题项内容（与主要竞争对手对比）	完全不符合	很不符合	比较不符合	一般	比较符合	很符合	完全符合
SP02	企业的净利润水平较高	1	2	3	4	5	6	7
SP03	企业的销售利润率较高	1	2	3	4	5	6	7
SP04	企业的经营成本较低	1	2	3	4	5	6	7
SP05	企业的现金流量较多	1	2	3	4	5	6	7
LP07	企业新产品开发速度较快	1	2	3	4	5	6	7
LP08	企业的员工满意度较高	1	2	3	4	5	6	7
LP09	企业的顾客满意度较高	1	2	3	4	5	6	7
LP10	企业拥有良好的社会声誉	1	2	3	4	5	6	7

烦请您再次检查一下问卷填写部分是否有遗漏！

非常感谢您的合作。

若您对本项研究有任何问题或者建议，也请在空白处告诉我们。

_____

_____

_____

参考文献

［1］ Adner R. Ecosystem as Structure: An Actionable Construct for Strategy ［J］. Journal of Management，2017（1）：39 - 58.

［2］周升起，吕蓉慧．我国文化产品贸易国际竞争力及其影响因素研究——基于供给需求视角［J］．价格月刊，2019（7）：51 - 59.

［3］厉无畏．创意改变中国［M］．北京：新华出版社，2009.

［4］佛罗里达．创意经济［M］．方海萍，魏清江，译．北京：中国人民大学出版社，2006.

［5］波特．国家竞争优势［M］．李明轩，邱美如，译．北京：中信出版社，2007：75 - 80.

［6］佛罗里达．创意阶层的崛起［M］．司徒爱勤，译．北京：中信出版社，2010.

［7］金元浦．我国文化产业发展的历史进程与未来趋向［J］．人民周刊，2018（18）：62 - 63.

［8］刘平．英国、日本、韩国创意产业发展举措与启示［J］．社会科学，2009（7）：53 - 60.

［9］袁界平，张圆圆．我国创意人才匮乏现状、原因解析及对策思考［J］．科技管理研究，2009（5）：346 - 348.

［10］Mumford M D. Managing Creative People：Strategies and Tactics for Innovation ［J］. Human Resource Management Review, 2000, 10（3）：313 － 351.

［11］罗宾斯，库尔特. 管理学 ［M］. 孙健敏，译. 北京：中国人民大学出版社，2008：30 － 45.

［12］卢泰宏. 营销管理演进综述 ［J］. 外国经济与管理，2008（1）：39 － 45.

［13］钱磊. 试论创意的基本命题及其逻辑关系 ［D］. 武汉理工大学，2009.

［14］张向前. 基于和谐管理理论的知识型人才管理研究 ［M］. 北京：线装书局，2011.

［15］罗伯特·斯滕博格. 创造力手册 ［M］. 施建农，译. 北京：北京理工大学出版社，2005.

［16］Sternberg R J. Reform education：Teach wisdom and ethics ［J］. Phi Delta Kappan, 2013, 94（7）：44 － 47.

［17］Bono E D. Serious creativity：Using the power of lateral thinking to create new ideas ［M］. Harper Business, 1992.

［18］Anna R, Peter P. Learning Domains and the Process of Creativity ［J］. Australian Educational Researcher, 2004（2）：45 － 62.

［19］郭有遹. 创造心理学（第三版） ［M］. 北京：教育科学出版社，2002.

［20］林崇德. 关于思惟发展的研究方法 ［J］. 北京师范大学学报，1991（1）：8 － 16.

［21］林崇德，胡卫平. 创造性人才的成长规律和培养模式 ［J］. 北京师范大学学报（社会科学版），2012（1）：36 － 42.

［22］李娜. 创造性创意产生机理：一个有调节的中介模型 ［J］. 软科学，2021（8）：1 － 12.

［23］Dorsta K, Crossb N. Creativity in the design process：Co-evolution of problem-solution ［J］. Design Studies，2001（5）：425 – 437.

［24］ Dahlen M，Rosengren S，Toern F. Advertising Creativity Matters ［J］. Journal of Advertising Research，2008（3）：392 – 403.

［25］ 李喆. 创意劳动的生产劳动研究 ［J］. 西北大学学报（哲学社会科学版），2009（4）：111 – 115.

［26］ 祝帅，郭嘉. 创意产业与设计产业链接关系的反思 ［J］. 设计艺术研究，2011（1）：19 – 24.

［27］ 田晔. 中华优秀文化与戏剧影视创意的内在联系 ［J］. 中国出版，2021（3）：71.

［28］ 薛晓源，曹荣湘. 全球化与文化资本 ［M］. 北京：社会科学文献出版社，2005.

［29］ 联合国教科文组织. 创意经济报告（2013）［M］. 意娜，译. 北京：社会科学文献出版社，2013.

［30］ Florida R，Tinagli. Europe in the Creative Age ［R］. Carnegie Mellon Software Industry Center，2004.

［31］ 香港特别行政区政府民政事务局. 创意指数研究（2005）［EB/OL］. （2004 – 11 – 12）［2022 – 08 – 10］. http：//www. hab. gov. hk/file_ manager/tc/documents/policy_ responsibilities/arts_ culture_ recreation_ and_ sport/HKCI-InteriReport-printed. pdf.

［32］ 肖永亮，姜振宇. 创意城市和创意指数研究 ［J］. 同济大学学报（社会科学版），2010（3）：49 – 57.

［33］ 吕庆华，芦红. 创意城市评价指标体系与实证研究 ［J］. 经济地理，2011（9）：1476 – 1482.

［34］ 金元浦. 创意经济·版权·垄断——金元浦对话露丝·陶斯教授 ［J］. 北京联合大学学报（人文社会科学版），2021（2）：45 – 51.

［35］ Bilton C. Management and Creativity：From Creative Industries to Creative

Management［M］．John Wiley & Sons，2007．

［36］Fangqi X，Rickards T. Creative Management：A Predicted Development from Research into Creativity and Management［J］．Creativity and Innovation Management，2007（3）：216－228．

［37］Bastian L，Kalandides A，Stober B. Berlin's creative industries：Governing creativity？［J］．Industry and Innovation，2008（5）：531－548．

［38］Bilton C，Cummings S. Creative strategy：Reconnecting business and innovation［M］．John Wiley & Sons，2010．

［39］刘友金，赵瑞霞，胡黎明．创意产业组织模式研究——基于创意价值链的视角［J］．中国工业经济，2009（12）：46－55．

［40］魏秋江．创造与领导力的结合：创造型领导［J］．心理科学，2012（4）：937－942．

［41］杨张博，高山行．产业价值链视角下创意企业的创意管理研究［J］．科技进步与对策，2013，（6）：51－55．

［42］林炳坤，吕庆华，谢碧君．创意人才、工作特性与工作繁荣——基于同事关系的调节效应［J］．山西财经大学学报，2019（4）：63－77．

［43］朱桂龙，温敏瑢，王萧萧．从创意产生到创意采纳：员工创意过程分析框架构建［J］．外国经济与管理，2021（4）：123－135．

［44］Simonton D K. Creative Genius as a Personality Phenomenon：Definitions，Methods，Findings，and Issues［J］．Social and Personality Psychology Compass，2012（9）：691－706．

［45］黄进，胡甲刚．"三创教育"论纲［J］．武汉大学学报（社会科学版），2003（4）：516－521．

［46］吴江．尽快形成我国创新型科技人才优先发展的战略布局［J］．中国行政管理，2011（3）：11－16．

［47］Iansiti M，West J. Technology Integration：Turning Great Research into

Great Products [J]. Harvard Business Review, 1997 (3): 69 –80.

[48] Savioz P, Sannemann E. The Concept of the Integrated Innovation Process [J]. IEEE, 1999 (2): 137 –143.

[49] 李文涛, 苏琳. 制度创新理论研究述评 [J]. 经济纵横, 2001 (11): 61 –63.

[50] Chesbrough H W. Open innovation: The new imperative for creating and profiting from technology [M]. Harvard Business Press, 2003.

[51] Filippetti, Andrea. Innovation modes and design as a source of innovation: A firm-level analysis [J]. European Journal of Innovation Management, 2011 (1): 5 –26.

[52] Mannucci, Pier, Vittorio, et al. From Creativity to Innovation: The Social Network Drivers of the Four Phases of the Idea Journey [J]. Academy of Management Review, 2017 (1): 53 –79.

[53] 杨德林, 周亮, 吴贵生. 技术创新研究在中国 [J]. 技术经济, 2009 (1): 1 –10.

[54] 彭纪生. 中国技术创新系统的历史沿革、改革历程和现状比较 [J]. 研究与发展管理, 2000 (4): 4 –7.

[55] 王家斌, 展恩来, 姜凌. 中国企业管理创新的十大层面 [J]. 社会科学辑刊, 2002 (6): 71 –76.

[56] 段云龙. 技术创新与制度创新互动关系理论研究述评 [J]. 生产力研究, 2010 (5): 255 –256.

[57] 谢章澍, 许庆瑞. 论全面创新管理发展及模式 [J]. 科研管理, 2004 (4): 70 –76.

[58] 宋刚, 唐蔷, 陈锐, 等. 复杂性科学视野下的科技创新 [J]. 科学对社会的影响, 2008 (2): 28 –33.

[59] 宋刚, 张楠. 创新2.0: 知识社会环境下的创新民主化 [J]. 中国软

科学, 2009 (10): 60-66.

[60] 陈雪颂, 陈劲. 设计驱动型创新理论最新进展评述 [J]. 外国经济与管理, 2016 (11): 45-57.

[61] 庄芹芹, 于潇宇. 创新管理研究: 引进、本土化及再创新 [J]. 改革, 2019 (12): 44-55.

[62] 联合国教科文组织. 创意经济报告 (2013) [M]. 意娜, 译. 北京: 社会科学文献出版社, 2013.

[63] Richard L, Katz R. Managing creativity and innovation [M]. Harvard Business School Press, 2003: 83-84.

[64] Formaini, Robert L. The engine of capitalist process: Entrepreneurs in economic theory [J]. Federal Reserve Bank of Dallas, Economic and Financial Review, 2001 (4): 2-11.

[65] 熊彼特. 财富增长论——经济发展理论 [M]. 李默, 译. 西安: 陕西师范大学出版社, 2007.

[66] Timmons J, Stephen S. New venture creation: Entrepreneurship for the 21st century [M]. Homewood: Irwin, 1994.

[67] Drucker P. Innovation and entrepreneurship [M]. Harper Collins, 1999.

[68] Alexander A, Cardozo R, Ray S. A theory of entrepreneurial opportunity identification and development [J]. Journal of Business Venturing, 2003 (1): 105-123.

[69] Sarasona Y, Deanb T, Jesse F. Dillardc. Entrepreneurship as the nexus of individual and opportunity: A structuration view [J]. Journal of business venturing, 2006 (3): 286-305.

[70] Ireland R, Jeffrey G, Donale F. Conceptualizing Corporate Entrepreneurship Strategy [J]. Entrepreneurship Theory and Practice, 2009 (1): 19-46.

[71] Dems A, Gregoire, Dean A, et al. Technology-market combinations and

the identification of entrepreneurial opportunities：An investigation of the opportunity-individual nexus ［J］. Academy of Management Journal，2012（4）：753－785.

［72］Corbett J，Montgomery W. Environmental entrepreneurship and interorganizational arrangements：A model of socialbenefit market creation ［J］. Strategic Entrepreneurship Journal，2017（4）：420－440.

［73］Shelton L，Minniti M. Enhancing product market access：Minority entrepreneurship，status leveraging，and preferential procurement programs ［J］. Small Business Economics volume，2018（3）：481－498.

［74］林强，姜彦福，张健. 创业理论及其架构分析 ［J］. 经济研究，2001（9）：85－94.

［75］范巍，王重鸣. 创业倾向影响因素研究 ［J］. 心理科学，2004（5）：1087－1090.

［76］杨俊，张玉利. 基于企业家资源禀赋的创业行为过程分析 ［J］. 外国经济与管理，2004（2）：2－6.

［77］张玉利，李乾文，李剑力. 创业管理研究新观点综述 ［J］. 外国经济与管理，2006（5）：1－7.

［78］陆园园，张红娟. 中国创业问题研究文献回顾 ［J］. 管理世界，2009（6）：158－167.

［79］陈世清. 对称经济学 ［M］. 北京：中国时代经济出版社，2010.

［80］陈世清. 知识运营与二次创业 ［J］. 哲学动态，1999（2）：29－31.

［81］翟庆华，叶明海，苏靖. 创业活跃程度与经济增长的双螺旋模型及实证研究 ［J］. 科技进步与对策，2012（14）：1－5.

［82］蔡莉，于海晶，杨亚倩，等. 创业理论回顾与展望 ［J］. 外国经济与管理，2019（12）：94－111.

［83］Davidsson P，Wiklund J. Levels of Analysis in Entrepreneurship Research：Current Research Practice and Suggestions for the Future ［J］. Entrepreneurship Theory and Practice, 2001 (4): 81 – 99.

[84] Alter A, Kwan V. Cultural sharing in a global village: Evidence for extracultural cognition in European Americans. [J]. Journal of personality and social psychology, 2009 (4): 742 – 760.

[85] 王炳成, 闫晓飞, 张士强, 等. 商业模式创新过程构建与机理: 基于扎根理论的研究 [J]. 管理评论, 2020 (6): 127 – 137.

[86] Sawyer K, Dezutter S. Distributed Creativity: How Collective Creations Emerge From Collaboration [J]. Psychology of Aesthetics Creativity & the Arts, 2009 (2): 81 – 92.

[87] 厉无畏. 创意改变中国 [M]. 北京: 新华出版社, 2009.

[88] 易华. 创意产业勃兴与创意阶层崛起 [J]. 经济问题探索, 2009 (11): 45 – 50.

[89] 金元浦. 文化创意产业的多种概念辨析 [J]. 同济大学学报 (社会科学版), 2009 (1): 47 – 48.

[90] 蒋三庚, 王晓红, 张杰. 创意经济概论 [M]. 北京: 首都经济贸大学出版社, 2009.

[91] Howkins J. The Creative Economy: How People Make Money from Ideas [M]. Penguin Group, 2001.

[92] Øystein D. Fjeldstad, Christian H M, et al. Competitive advantage and the value network configuration: Making decisions at a Swedish life insurance company [J]. Long range planning, 2006 (2): 109 – 131.

[93] Lepak D P, Smith K G. Value Creation and Value Capture: A Multilevel Perspective [J]. Academy of management review, 2007 (1): 180 – 194.

[94] Csikszentmihalyi M. The creative person and the creative system [C] // Proceeding of the Seventh Acm Conference on Creativity & Cognition. ACM, 2009.

[95] Walsh J P, Lee Y N, Nagaoka S. Openness and innovation in the US:

Collaboration form, idea generation and implementation [J]. Research Policy, 2016 (8): 1660 – 1771.

[96] 胡彬. 创意产业价值创造的内在机理与政策导向 [J]. 中国工业经济, 2007 (5): 22 – 29.

[97] 邢华. 文化创意产业价值链整合及其发展路径探析 [J]. 经济管理, 2009 (2): 37 – 41.

[98] 徐蕾, 魏江. 创意性服务业作用于价值网络升级的机理研究 [J]. 科技进步与对策, 2010 (24): 75 – 78.

[99] 刘捷萍. 中国创意企业创新价值动力系统分析策略研究 [J]. 甘肃社会科学, 2011 (5): 221 – 223.

[100] 李艳, 杨百寅. 创意实施——创新研究未来走向 [J]. 心理科学进展, 2016 (4): 643 – 653.

[101] Florida R. The flight of the creative class: The new global competition for talent [M]. Harper Collins e-books, 2010.

[102] Machlup F. The production and distribution of knowledge in the United States [M]. Princeton University Press, 1962.

[103] Kelloway E K, Barling J. Knowledge work as organizational behavior [J]. International Journal of Management Reviews, 2000 (3): 287 – 304.

[104] Drucker P. The Age of Discontinuity: Guidelines to Our Changing Society [M]. Transaction Publishers, 1992.

[105] Tampoe M. Motivating knowledgeworkers—The challenge for the 1990s [J]. Long Range Planning, 1993 (3): 49 – 55.

[106] Davenport T H, Jarvenpaa S L, Beers M C. Improving Knowledge Work Processes [J]. Sloan management review, 1996 (4): 53 – 65.

[107] 张樨樨. 产业集聚与人才集聚的互动关系评析 [J]. 商业时代, 2010 (18): 119 – 120.

［108］Smith K G, Collins C J, Clark K D. Existing Knowledge, Knowledge Creation Capability, and the Rate of New Product Introduction in High-Technology Firms ［J］. Academy of Management Journal, 2005 (2): 346 – 357.

［109］雅各布斯. 城市经济 ［M］. 项婷婷, 译. 北京: 中信出版社, 2007.

［110］Florida R. The economic geography of talent ［J］. Annals of the Association of American geographers, 2002 (4): 743 – 755.

［111］Landry C. The creative city: A toolkit for urban innovators ［M］. Earthscan, 2008.

［112］Bell D. The coming of post-industrial society: A venture in social forecasting ［M］. Basic Books, 1973.

［113］Reich R B. The work of nations: Preparing ourselves for 21st century capitalism ［M］. Simon & Schuster, 1991.

［114］Zukin S. Loft living: Culture and capital in urban change ［M］. Rutgers University Press, 1989.

［115］Drucker P F. Knowledge-worker productivity ［J］. California management review, 1999, 41 (2): 79 – 94.

［116］Fussell P. Class: A guide through the American status system ［M］. Simon & Schuster, 1983.

［117］Brooks D. Bobos in Paradise: The New Upper Class and How They Got There ［M］. Thorndike Press, 2001.

［118］Leipzig C. Understanding the attractiveness of the metropolitan region for creative knowledge workers ［Z］. 2008.

［119］Peck J. Struggling with the creative class ［J］. International Journal of Urban and Regional Research, 2005 (4): 740 – 770.

［120］Kepsu K, Vaattovaara M. Creative knowledge in the Helsinki Metropolitan Area. Understanding the attractiveness of the metropolitan region for creative knowledge workers［M］. AMIDSt, University of Amsterdam, 2008.

［121］Eger J. The Creative Community: Forging the Links Between Art Culture Commerce & Community［M］. GRIN Verlag, 2010.

［122］Collins P K. Building a Local Design and Entrepreneurship Ecosystem［J］. Procedia Technology, 2015 (1): 258－262.

［123］He S J. The creative spatio-temporal fix: Creative and cultural industries development in Shanghai, China［J］. Geoforum, 2019 (106): 310－319.

［124］李津. 创意产业人才素质要求与胜任力研究［J］. 科学学与科学技术管理, 2007 (8): 193－195.

［125］王飞鹏. 文化创意产业发展与创意人才开发研究［J］. 未来与发展, 2009 (7): 19－22.

［126］李元元, 曾兴雯, 王林雪. 基于创意人才需求偏好的激励模型研究［J］. 科技进步与对策, 2011 (12): 150－155.

［127］张胜冰. 文化创意人才的地域集聚与环境要素的关系［J］. 福建论坛 (人文社会科学版), 2011 (10): 21－26.

［128］袁新敏, 李敖. 自发机制下创意人才集聚地演化过程分析: 基于大芬村的案例［J］. 中国科技论坛, 2017 (12): 139－147.

［129］向勇. 创意创业家精神: 文化产业管理专业人才培养的探索［J］. 中国大学教学, 2017 (10): 26－30.

［130］Mumford M D, Scott G M, Gaddis B, et al. Leading creative people: Orchestrating expertise and relationships［J］. The Leadership Quarterly, 2002 (6): 705－750.

［131］Howkins J. Creative Ecologies: Where Thinking Is a Proper Job［M］. Transaction Publishers, 2010.

［132］王飞鹏. 文化创意产业人才的开发与培育研究［J］. 人口与经济,

2009（5）：41 - 45.

[133] 杨燕英，张相林. 我国文化产业创意人才的素质特征与开发 [J]. 中国广播电视学刊，2010（9）：33 - 35.

[134] 易华. 创意阶层理论研究述评 [J]. 外国经济与管理，2010（3）：61 - 65.

[135] 王刚，牛维麟，杨伟国. 文化产业创意人才素质模型研究 [J]. 国家行政学院学报，2016（2）：117 - 121.

[136] 吴贵明. 文化创意产业研发人才胜任力的结构特征及其开发机制构建 [J]. 东南学术，2017（6）：110 - 116.

[137] 李程骅，赵曙明. 发达国家创意人才的培养战略及启示 [J]. 南京社会科学，2006（11）：1 - 5.

[138] Sands G, Reese L A. Cultivating the Creative Class：And What About Nanaimo?［J］. Economic Development Quarterly，2008（1）：8 - 23.

[139] Lorenz E, Lundvall B. Accounting for Creativity in the European Union：A multi-level analysis of individual competence, labour market structure, and systems of education and training ［J］. Cambridge Journal of Economics，2011（2）：269 - 294.

[140] 赵曙明，李程骅. 创意人才培养战略研究 [J]. 南京大学学报（哲学·人文科学·社会科学），2006（6）：111 - 118.

[141] 赵莉，贺艳. 企业培养开发创意人才的途径探讨 [J]. 北京社会科学，2011（4）：52 - 55.

[142] 马璐瑶. 新建地方本科高校创意环境建设探析 [J]. 四川文理学院学报，2017，27（6）：129 - 132.

[143] 叶莉，李聪慧. 新工科语境下文化创意人才的国际培养生态及模式研究 [J]. 美术大观，2019（6）：150 - 152.

[144] 雷毅. 深层生态学：阐释与整合 [M]. 上海：上海交通大学出版社，2012.

［145］Bilton C. Manageable creativity ［J］. International Journal of Cultural Policy, 2010 (3): 255 – 269.

［146］Kačerauskas T, Zavadskas E K. Creative ecology in academic environ-ment ［J］. Filosofija Sociologija, 2015 (3): 239 – 248.

［147］刘轶. "创意社群": 我国城市发展的新动力 ［J］. 云梦学刊, 2007 (4): 89 – 92.

［148］厉无畏, 王慧敏. 创意社群与创意产业的持续发展 ［J］. 社会科学, 2009 (7): 36 – 43.

［149］Hannan M, Freeman J. Organizational ecology ［M］. Harvard University Press, 1989.

［150］Hannan M. Structural Inertia and Organizational Change ［J］. American Sociological Review, 1984 (2): 149 – 164.

［151］Burgelman R A. Intraorganizational Ecology of Strategy Making and Or-ganizational Adaptation: Theory and Field Research ［J］. Organization science, 1991 (2): 239 – 262.

［152］Baum J, Singh J A. Evolutionary dynamics of organizations ［M］. Ox-ford University Press, 1994.

［153］Brown J S. Sustaining the ecology of knowledge ［J］. Leader To Leader, 1999 (3): 31 – 36.

［154］Carroll G R, Hannan M T. The Demography of Corporations and Indus-tries ［M］. Princeton University Press, 2000.

［155］George P, Molloy J. Nurturing systemic wisdom through knowledge ecolo-gy ［J］. The systems thinker, 2000 (8): 1 – 5.

［156］Seuring S. Industrial ecology, life cycles, supply chains: Differences and interrelations ［J］. Business Strategy and the Environment, 2004 (5): 306 – 319.

［157］Hearn G, Pace C. Value-creating ecologies: Understanding next generation business systems［J］．Foresight，2006．

［158］Hearna G，Roodhouseb S，Blakeyc J. From value chain to value creating ecology：Implications for creative industries development policy［J］．International Journal of Cultural Policy，2007（4）：419－436．

［159］席西民．经济管理基础（第二版）［M］．北京：高等教育出版社，2007．

［160］杨忠直，陈炳富．商业生态学与商业生态工程探讨［J］．自然辩证法通讯，2003（4）：55－61．

［161］何继善，戴卫明．产业集群的生态学模型及生态平衡分析［J］．北京师范大学学报（社会科学版），2005（1）：126－132．

［162］王发明，周颖，周才明．基于组织生态学理论的产业集群风险研究［J］．科学学研究，2006（1）：79－82．

［163］张艳辉．组织生态理论在创意产业研究中的应用［J］．当代财经，2007（4）：86－89．

［164］李朝辉，林岩．文化创意产业立体生态系统研究［J］．科技进步与对策，2012（3）：80－84．

［165］曹如中，史健勇，郭华，等．区域创意产业创新生态系统演进研究：动因、模型与功能划分［J］．经济地理，2015（2）：107－113．

［166］沈蕾，张悦，赵袁军．创意产业创新生态系统：知识演进与发展趋势［J］．外国经济与管理，2018（7）：44－58．

［167］Gernot G. The project ecology of advertising：Tasks，talents and teams［J］．Regional studies，2002（3）：245－262．

［168］Barabási A L. Network Theory——the Emergence of the Creative Enterprise［J］．Science，2005（5722）：639－641．

［169］Guimera R，Uzzi B，Spiro J，et al. Team assembly mechanisms determine collaboration network structure and team performance［J］．Science，2005

（5722）：697 – 702.

　　［170］Teece D J. Explicating dynamic capabilities：The nature and microfoundations of（sustainable）enterprise performance［J］. Strategic management journal，2007（13）：1319 – 1350.

　　［171］Meyskens M，Carsrud A L，Cardozo R N. The symbiosis of entities in the social engagement network：The role of social ventures［J］. Entrepreneurship & Regional Development，2010，22（5）：425 – 455.

　　［172］Sarasvathy S D，Menon A R，Kuechle G. Failing firms and successful entrepreneurs：Serial entrepreneurship as a temporal portfolio［J］. Small business economics，2013（2）：417 – 434.

　　［173］Benghozi P J，Salvador E. How and where the R&D takes place in creative industries? Digital investment strategies of the book publishing sector［J］. Technology Analysis & Strategic Management，2016（5）：568 – 582.

　　［174］张卓. 企业知识管理——战略、过程和组织生态［J］. 企业经济，2003（7）：43 – 45.

　　［175］蔺楠，覃正，汪应洛. 基于 Agent 的知识生态系统动力学机制研究［J］. 科学学研究，2005（3）：406 – 409.

　　［176］黄梅，吴国蔚. 人才生态链管理——现代人才管理的新视角［J］. 科技管理研究，2008（7）：313 – 314.

　　［177］张白玉，孙启明. 创意企业组织生态关系模型［J］. 北京邮电大学学报，2010（2）：24 – 28.

　　［178］陈雄辉，王传兴. 基于生态位的技术创新人才竞争力模型分析［J］. 自然辩证法研究，2011（8）：77 – 82.

　　［179］颜爱民. 人力资源生态系统导论［M］. 北京：经济管理出版社，2011.

　　［180］Yan A M. Concept，Composition and Self-adaptive Regulation Mechanism of Human Resource Ecosystem ［C］// International Conference on Management Science & Engineering. IEEE Xplore，2007.

［181］戴勇，范明. 跨国经营背景下企业人力资源生态系统研究——基于知识链视角［J］. 江海学刊，2008（4）：76－80.

［182］熊澄宇，张学骞. 集群跃升视域下创意产业要素的构成与整合［J］. 江淮论坛，2020（1）：135－140.

［183］蔡晓明，蔡博峰. 生态系统的理论和实践［M］. 北京：化学工业出版社，2012.

［184］Jorgensen S E. Explanation of ecological rules and observation by application of ecosystem theory and ecological models［J］. Ecological Modelling，2002（3）：241－248.

［185］Hooper D U，Chapin F S，Ewel J J，et al. Effects of biodiversity on ecosystem functioning：A consensus of current knowledge［J］. Ecological monographs，2005（1）：3－35.

［186］Cadenasso M L，Pickeett S T A，Grove J M. Dimensions of ecosystem complexity：Heterogeneity，connectivity，and history［J］. Ecological Complexity，2006（1）：1－12.

［187］Labiosa W B，Forney W M，Esnardc A M，et al. An integrated multi-criteria scenario evaluation web tool for participatory land-use planning in urbanized areas：The Ecosystem Portfolio Model［J］. Environmental Modelling ＆ Software，2013（3）：210－222.

［188］柳新伟，周厚诚，李萍，等. 生态系统稳定性定义剖析［J］. 生态学报，2004（11）：2635－2640.

［189］党承林，李永萍，彭明春，等. 生态系统的可靠性及其稳定性的维持［J］. 云南大学学报（自然科学版），2006（3）：257－261.

［190］柏智勇. 生态系统特征的系统科学思考［J］. 中南林业科技大学学

报，2007（6）：174－178.

[191] 马世骏.20世纪生态科学的过去、现在与未来［J］.城市与区域规划研究，2009（1）：145－150.

[192] Odum E P. Ecology：A bridge between science and society［M］. Sinauer Associates Incorporated，1997.

[193] 李丽，王心源，骆磊，等.生态系统服务价值评估方法综述［J］.生态学杂志，2018（4）：1233－1245.

[194] Rapport D J，Böhm G，Buckingham D，et al. Ecosystem health：The concept，the ISEH，and the important tasks ahead［J］. Ecosystem health，1999（2）：82－90.

[195] Rapport D J. What constitutes ecosystem health［J］. Perspectives in biology and medicine，1989（1）：120－132.

[196] Constanza R，Norton B G，Haskell B D. Ecosystem health：New goals for environmental management［M］. Washington，D. C：Island Press，1992.

[197] Jackson L E，Daniel J，Mccorkle B，et al. Linking ecosystem services and human health：The Eco-Health Relationship Browser［J］. International Journal of Public Health，2013，58（5）：747－775.

[198] 袁兴中，刘红，陆健健.生态系统健康评价——概念构架与指标选择［J］.应用生态学报，2001（4）：627－629.

[199] 许凯扬，叶万辉.生态系统健康与生物多样性［J］.生态科学，2002（3）：279－283.

[200] 肖风劲，欧阳华，牛海山.生态系统健康与相关概念的逻辑关系［J］.生态学杂志，2003（2）：56－59.

[201] 董经纬，蒋菊生，阚丽艳.产业生态系统健康评价初探［J］.现代农业科技，2007（23）：218－219.

[202] 张文红.商业生态系统健康评价方法研究［J］.管理现代化，2007

（5）：40 −42.

[203] 胡斌，章仁俊，邵汝军. 企业生态系统健康的基本内涵及评价指标体系研究 [J]. 科技管理研究，2006（1）：59 −61.

[204] 李玉琼. 企业生态系统健康诊断探析 [J]. 当代财经，2007（9）：70 −73.

[205] 姚艳虹，高晗，笪傲. 创新生态系统健康度评价指标体系及应用研究 [J]. 科学学研究，2019（10）：1892 −1901.

[206] 岳天祥，马世骏. 生态系统稳定性研究 [J]. 生态学报，1991（4）：361 −366.

[207] 杨斌，隋鹏，陈源泉，等. 生态系统健康评价研究进展 [J]. 中国农学通报，2010（21）：291 −296.

[208] Sonstegard R A, Leatherland J F. Great lakes coho salmon as an indicator organism for ecosystem health [J]. Marine environmental research, 1984（14）：1 −4.

[209] Goralczyk K. Nematodes in a coastal dune succession: Indicators of soil properties? [J]. Applied Soil Ecology, 1998（1）：465 −469.

[210] 李春华，叶春，赵晓峰，等. 太湖湖滨带生态系统健康评价 [J]. 生态学报，2012（12）：3806 −3815.

[211] 肖风劲，欧阳华，傅伯杰，等. 森林生态系统健康评价指标及其在中国的应用 [J]. 地理学报，2003（6）：803 −809.

[212] 张秀娟，周立华. 基于 DFSR 模型的北方农牧交错区生态系统健康评价——以宁夏盐池县为例 [J]. 中国环境科学，2012（6）：1134 −1140.

[213] 文祯中. 生态学概论 [M]. 南京：南京大学出版社，2011：30 −43.

[214] 吕鸿江，刘洪，程明. 多重理论视角下的组织适应性分析 [J]. 外国经济与管理，2007（12）：56 −64.

[215] 杨张博，高山行. 产业价值链视角下创意企业的创意管理研究 [J]. 科技进步与对策，2013（6）：51 −55.

[216] 李絜, 朱金兆, 朱清科. 生态位理论及其测度研究进展 [J]. 北京林业大学学报, 2003 (1): 100 – 107.

[217] 霍兰. 隐秩序——适应性造就复杂性 [M]. 周晓牧, 韩晖, 译. 上海: 上海科技教育出版社, 2011.

[218] 张嗣瀛. 复杂性科学, 整体规律与定性研究 [J]. 复杂系统与复杂性科学, 2005 (1): 71 – 83.

[219] 李士勇. 非线性科学与复杂性科学 [M]. 哈尔滨: 哈尔滨工业大学出版社, 2006: 191 – 192.

[220] Florida R. South Korea: Moving into the Creative Age 2010 [Z]. 2010.

[221] 颜爱民. 人力资源生态系统刍论 [J]. 中南大学学报 (社会科学版), 2006 (1): 67 – 71.

[222] 颜爱民, 李顺. 企业人力资源生态系统稳定性影响因素实证研究 [J]. 统计与决策, 2009 (18): 167 – 170.

[223] 李强, 揭筱纹. 基于商业生态系统的企业战略新模型研究 [J]. 管理学报, 2012 (2): 233 – 237.

[224] Mcclelland D C. Testing for Competence Rather Than for "Intelligence" [J]. American Psychologist, 1973 (1): 1 – 14.

[225] Spencer L M, Spencer S M. Competence at Work Models for Superior Performance [M]. New York: Wiley, 1993.

[226] Boyatzis R E. The Competent Manager: A Model for Effective Performance [M]. New York: Wiley, 1982: 12 – 15.

[227] Pillay H, Goddard R, Lynn W. Well-being, burnout and competence: Implications for teachers [J]. Australian Journal of Teacher Education, 2005 (2): 22 – 33.

[228] Graham J R, Harvey C R, Hai Huang. Investor competence, trading frequency, and home bias. [J]. Management Science, 2009 (7): 1094 – 1106.

［229］Astrachan J H. Strategy in family business：Toward a multidimensional research agenda ［J］. Journal of Family Business Strategy，2010（1）：6 – 14.

［230］Xiao Y Q，Liu J K，Pang Y S. Development of a competency model for real-estate project managers：Case study of China ［J］. International Journal of Construction Management，2019（4）：317 – 328.

［231］向勇. 创意领导力：创意经理人胜任力研究 ［M］. 北京：北京大学出版社，2011.

［232］周霞，景保峰，欧凌峰. 创新人才胜任力模型实证研究 ［J］. 管理学报，2012（7）：1065 – 1070.

［233］Wright K. Personal knowledge management：Supporting individual knowledge worker performance ［J］. Knowledge Management Research & Practice，2005（3）：156 – 165.

［234］Scott S G，Bruce R A. Determinants of innovative behavior：A path model of individual innovation in the workplace ［J］. Academy of management journal，1994（3）：580 – 607.

［235］王飞鹏. 文化创意产业人才的开发与培育研究 ［J］. 人口与经济，2009（5）：41 – 45.

［236］Florida R. Cities and the Creative Class ［J］. City & Community，2003（1）：3 – 19.

［237］陈要立. 基于胜任力模型的文化创意产业人才培养模式研究 ［J］. 经济问题探索，2011（8）：129 – 133.

［238］Mumford M D，Scott G M. Leading creative people：Orchestrating expertise and relationship ［J］. The Leadership Quarterly，2002（13）：705 – 750.

［239］Duncan R B. The ambidextrous organization：Designing dual structures for innovation ［J］. The management of organization，1976（1）：167 – 188.

［240］March J G. Exploration and Exploitation in Organizational Learning ［J］.

Organization Science, 1991 (1): 71 – 87.

[241] Levinthal D A, March J G. The myopia of learning [J]. Strategic management journal, 1993 (S2): 95 – 112.

[242] Katila R, Ahuja G. Something old, something new: A longitudinal study of search behavior and new product introduction [J]. Academy of management journal, 2002 (6): 1183 – 1194.

[243] Jansen J. Ambidextrous organizations: A multiple-level study of absorptive capacity, exploratory and exploitative innovation and performance [M]. Erasmus University, Rotterdam, 2005.

[244] 奉小斌, 陈丽琼. 探索与开发之间的张力及其解决机制探析 [J]. 外国经济与管理, 2010 (12): 19 – 26.

[245] Rothenberg A. The emerging goddess: The creative process in art, science, and other fields [M]. University of Chicago Press, 1979.

[246] 李桦, 储小平, 郑馨. 双元性创新的研究进展和研究框架 [J]. 科学学与科学技术管理, 2011 (4): 58 – 65.

[247] Neill S, Daryl M, Gregory M R. Developing the organization's sensemaking capability: Precursor to an adaptive strategic marketing response [J]. Industrial Marketing Management, 2007 (6): 731 – 744.

[248] Weick K E, Sutcliffe K M, David Obstfeld. Organizing and the process of sensemaking [J]. Organization science, 2005 (4): 409 – 421.

[249] O'reilly C A, Tushmanb M L. Ambidexterity as a dynamic capability: Resolving the innovator's dilemma [J]. Research in Organizational Behavior, 2008 (28): 185 – 206.

[250] Zott C. Dynamic capabilities and the emergence of intraindustry differential firm performance: Insights from a simulation study [J]. Strategic management journal, 2003 (2): 97 – 125.

［251］杜健，姜雁斌，郑素丽，等．网络嵌入性视角下基于知识的动态能力构建机制［J］．管理工程学报，2011（4）：145-151．

［252］Rothaermel F T, Hess A M. Building Dynamic Capabilities: Innovation Driven by Individual-, Firm-, and Network-Level Effects［J］. Organization Science, 2007（6）: 898-921.

［253］Adler PS, Kwon S W. Social capital: Prospects for a new concept［J］. Academy of management review, 2002（1）: 17-40.

［254］肖丁丁，朱桂龙．跨界搜寻对组织双元能力影响的实证研究——基于创新能力结构视角［J］．科学学研究，2016（7）：1076-1085．

［255］Ballou R, Gilbert S M, Mukherjee A. New Managerial Challenges from Supply Chain Opportunities［J］. Industrial Marketing Management, 2000（1）: 7-18.

［256］Baker W E, Faulkner R. Social networks and loss of capital［J］. Social Networks, 2004（2）: 91-111.

［257］Helfat C E, Peteraf M A. The dynamic resource-based view: Capability lifecycles［J］. Strategic management journal, 2003（10）: 997-1010.

［258］Subbanarasimha P N. Strategy in turbulent environments: The role of dynamic competence［J］. Managerial and decision Economics, 2001（4-5）: 201-212.

［259］王敏，陈继祥．二元组织协同下人力资源管理的功能研究［J］．中国人力资源开发，2008（6）：6-9．

［260］娄雅婷，刘臻玮．基于二元组织的人力资源管理功能探析［J］．中国人力资源开发，2012（11）：61-64．

［261］胡京波，欧阳桃花，曾德麟，等．创新生态系统的核心企业创新悖论管理案例研究：双元能力视角［J］．管理评论，2018（8）：291-305．

［262］Camagni R. Introduction: From the local 'milieu' to innovation through cooperation networks［J］. Innovation Networks: spatial perspectives, 1991: 1-9.

［263］厉无畏．创意产业导论［M］．上海：学林出版社，2006：66-78．

［264］张逦英．创意企业的文化与绩效［M］．上海：上海世纪出版股份有限公司，2011．

［265］Andersson A. Creativity and regional development［J］．Papers of the Regional Science Association，1985（1）：5－20．

［266］Cunningham S. The creative industries after cultural policy a genealogy and some possible preferred futures［J］．International Journal of Cultural Studies，2004（1）：105－115．

［267］陈颖．创意企业集聚区环境优化设计——基于竞争优势视角的研究［J］．财贸经济，2012（6）：124－130．

［268］Aertsa K，Matthyssensc P，Vandenbempt K. Critical role and screening practices of European business incubators［J］．Technovation，2007（5）：254－267．

［269］何金廖，曾刚．城市舒适性驱动下的创意产业集聚动力机制——以南京品牌设计产业为例［J］．经济地理，2019（3）：134－142．

［270］Maurizio C. Culture，communication and cooperation：The three Cs for a proactive creative city［J］．International Journal of Sustainable Development，2009（2）：124－133．

［271］Currah A. Managing creativity：The tensions between commodities and gifts in a digital networked environment［J］．Economy and Society，2007（3）：467－494．

［272］陈颖．亚洲"四小龙"创意产业发展的实践及启示［J］．亚太经济，2011（6）：13－17．

［273］黄斌，向勇．创意者网络：互联网语境下创意阶层的演化研究［J］．深圳大学学报（人文社会科学版），2017（2）：50－54．

［274］Lumpkin G T，Dess G. Clarifying the Entrepreneurial Orientation Construct and Linking it to Performance［J］．Academy of management Review，1996（1）：135－172．

［275］Li H Y，Gima K A. Product innovation strategy and the performance of new technology ventures in China ［J］. Academy of Management Journal, 2001 (6)：1123 – 1134.

［276］Wu L Y. Resources, dynamic capabilities and performance in a dynamic environment：Perceptions in Taiwanese IT enterprises ［J］. Information & Management, 2006 (4)：447 – 454.

［277］Dowlatshahi S, Cao Q. The relationships among virtual enterprise, information technology, and business performance in agile manufacturing：An industry perspective ［J］. European Journal of Operational Research, 2006 (2)：835 – 860.

［278］Newbert S L. Value, rareness, competitive advantage, and performance：A conceptual-level empirical investigation of the resource-based view of the firm ［J］. Strategic Management Journal, 2008 (7)：745 – 768.

［279］贾生华, 陈宏辉, 田传浩. 基于利益相关者理论的企业绩效评价——一个分析框架和应用研究 ［J］. 科研管理, 2003 (4)：94 – 101.

［280］陆庆平. 以企业价值最大化为导向的企业绩效评价体系——基于利益相关者理论 ［J］. 会计研究, 2006 (3)：56 – 62.

［281］江瑶, 高长春. 中国创意产业空间集聚与企业绩效的实证分析 ［J］. 研究与发展管理, 2018 (2)：61 – 70.

［282］陈颖, 高长春. 创意企业竞争优势评价研究 ［J］. 技术经济与管理研究, 2013 (4)：36 – 40.

［283］张一弛, 李书玲. 高绩效人力资源管理与企业绩效：战略实施能力的中介作用 ［J］. 管理世界, 2008 (4)：107 – 114.

［284］George J M, Zhou J. When openness to experience and conscientiousness are related to creative behavior：An interactional approach ［J］. Journal of Applied Psychology, 2001 (3)：513 – 524.

［285］向勇. 文化产业创意经理人胜任力素质研究 ［J］. 同济大学学报 (社会科学版), 2009 (5)：57 – 62.

[286] 程聪. 知识流入、企业创意与创新绩效关系研究 [J]. 研究与发展管理, 2012 (5): 83-89.

[287] 汤书昆, 李健, 刘颖. 基于素质模型的知识员工价值评估方法初探 [J]. 科学学与科学技术管理, 2006 (5): 157-160.

[288] 周楠, 丁孝智. 基于能力的人力资源优化配置与企业竞争优势 [J]. 商业研究, 2006 (10): 96-99.

[289] 张铮, 陈雪薇. 文创人如何在工作中"如鱼得水"? ——"个体—情境"互动机制下创造性人格对绩效的影响研究 [J]. 同济大学学报 (社会科学版), 2021 (1): 24-35.

[290] 臧金娟, 李垣, 魏泽龙. 双元模式选择对企业绩效的影响——基于跨层视角的分析 [J]. 科学学与科学技术管理, 2012 (9): 105-112.

[291] Han M, Celly N. Strategic ambidexterity and performance in international new ventures [J]. Canadian Journal of Administrative Sciences, 2010, 25 (4): 335-349.

[292] 李乾文, 赵曙明, 张玉利. 组织探索能力、开发能力与企业绩效的实证研究 [J]. 当代财经, 2009 (6): 71-76.

[293] 何红渠, 沈鲸. 环境不确定性下中国国际化企业双元能力与绩效关系 [J]. 系统工程, 2012 (8): 30-37.

[294] 张延平, 冉佳森. 创业企业如何通过双元能力实现颠覆性创新——基于有米科技的案例研究 [J]. 中国软科学, 2019 (1): 117-135.

[295] He Z L, Wong P K. Exploration vs. Exploitation: An Empirical Test of the Ambidexterity Hypothesis [J]. Organization Science, 2004 (4): 481-494.

[296] Jansen J, Van D, Volberda H W. Exploratory Innovation, Exploitative Innovation, and Performance: Effects of Organizational Antecedents and Environmental Moderators [J]. Management Science, 2006 (11): 1661-1674.

[297] Rothaermel F T, Alexandre M T. Ambidexterity in Technology Sourcing: The Moderating Role of Absorptive Capacity [J]. Organization Science, 2009 (4):

759 – 780.

［298］Volery T, Mueller S, Vonsiemens B. Entrepreneurs' ambidexterity：A study of entrepreneurs' behaviours and competencies in growth-oriented SMEs［J］. International Small Business, 2015（2）：109 – 129.

［299］Sandberg J. Understanding Human Competence at Work：An Interpretative Approach［J］. Academy of Management Journal, 2000（1）：9 – 25.

［300］Tippins M J, Sohi R S. IT competency and firm performance：Is organizational learning a missing link? ［J］. Strategic Management Journal, 2003（8）：745 – 761.

［301］Collins C J, Clark K D. Strategic Human Resource Practices, Top Management Team Social Networks, and Firm Performance：The Role of Human Resource Practices in Creating Organizational Competitive Advantage［J］. Academy of Management Journal, 2003（6）：740 – 751.

［302］Boselie P, Dietz G, Boon C. Commonalities and contradictions in HRM and performance research［J］. Human Resource Management Journal, 2005（3）：67 – 94.

［303］崔毅，李伟铭，黎春燕. 基于创业胜任力的竞争优势模型分析——以中小创业型企业为研究对象［J］. 山西大学学报（哲学社会科学版），2008（4）：77 – 82.

［304］Marsh S J, Stock G N. Creating Dynamic Capability：The Role of Intertemporal Integration, Knowledge Retention, and Interpretation［J］. Journal of Product Innovation Management, 2006（5）：422 – 436.

［305］Liao J, Kickul J R, Hao M. Organizational dynamic capability and innovation：An empirical examination of internet firms［J］. Journal of Small Business Management, 2009（3）：263 – 286.

［306］冯军政，魏江. 国外动态能力维度划分及测量研究综述与展望

［J］. 外国经济与管理，2011 (7)：26 – 33.

　　［307］胡望斌，张玉利. 新企业创业导向的测量与功效：基于中国经验的实证研究［J］. 管理评论，2012 (3)：40 – 48.

　　［308］Cohen S，Kaimenakis N. Intellectual capital and corporate performance in knowledge-intensive SMEs［J］. The Learning Organization，2007 (3)：241 – 262.

　　［309］Juma N，Mcgee J. The relationship between intellectual capital and new venture performance：An empirical investigation of the moderating role of the environment［J］. International Journal of Innovation and Technology Management，2006 (4)：379 – 405.

　　［310］李冬伟，汪克夷. 智力资本与高科技企业绩效关系研究——环境的调节作用［J］. 科学学研究，2009 (11)：1700 – 1707.

　　［311］Goll I，Johnson N B，Rasheed A. Rasheed. Knowledge capability，strategic change，and firm performance：The moderating role of the environment［J］. Journal of Management History，2007 (2)：161 – 179.

　　［312］王念新，仲伟俊，梅姝娥. 信息技术、核心能力和企业绩效的实证研究［J］. 管理科学，2010 (1)：52 – 64.

　　［313］刘井建. 创业学习、动态能力与新创企业绩效的关系研究——环境动态性的调节［J］. 科学学研究，2011 (5)：728 – 734.

　　［314］卫军英，吴倩."互联网 +"与文化创意产业集群转型升级——基于网络化关系的视角［J］. 西南民族大学学报 (人文社科版)，2019 (4)：148 – 154.

　　［315］Siggelkow N，Levinthal D A. Temporarily divide to conquer：Centralized，decentralized，and reintegrated organizational approaches to exploration and adaptation［J］. Organization Science，2003 (6)：650 – 669.

　　［316］Simsek Z. Organizational Ambidexterity：Towards a Multilevel Understanding［J］. Journal of Management Studies，2009 (4)：597 – 624.

　　［317］Cao Q，Gedajlovic E，Zhang H P. Unpacking Organizational Ambidexterity：Dimensions，Contingencies，and Synergistic Effects［J］．Organization Science July，2009（4）：781-796.

［318］焦豪．企业动态能力、环境动态性与绩效关系的实证研究［J］．软科学，2008（4）：112-117.

［319］项国鹏，张旭，徐立宏．环境动态性对战略柔性与企业绩效关系的调节效应——基于浙江民营企业的实证研究［J］．浙江工商大学学报，2012（1）：52-58.

［320］徐汉明，周箴．基于环境效度影响因素分析下的创意产业园区评估指标体系研究［J］．中国软科学，2017（3）：164-177.

［321］吴明隆．问卷统计分析实务——SPSS 操作与应用［M］．重庆：重庆大学出版社，2010.

［322］Simsek Z. Organizational ambidexterity：Towards a multilevel understanding［J］．Journal of Management Studies，2009（4）：597-624.

［323］耿帅．共享性资源与集群企业竞争优势的关联性分析［J］．管理世界，2005（11）：112-119.

［324］许正良，王利政．企业持续营销能力与企业绩效关系的研究［J］．吉林大学社会科学学报，2007（5）：62-70.

［325］吴明隆．结构方程模型——AMOS 的操作与应用［M］．重庆：重庆大学出版社，2009.

［326］侯杰泰，温忠麟，成子娟．结构方程模型及其应用［M］．北京：教育科学出版社，2010.

［327］朱桂龙，温敏瑢．从创意产生到创意实施：创意研究评述［J］．科学学与科学技术管理，2020（5）：69-88.

［328］王寅，孙毅，王丹丹，等．创新生态系统的双元能力判别及其演化路径分析——基于 1998-2018 年的跨案例研究［J］．华东经济管理，2020（11）：29-42.

［329］赵友宝. 创意产业：发达国家发展政策的国际比较及其启示［J］. 科学学与科学技术管理，2007（2）：57-62.

［330］李具恒. 创意人力资本"信念硬核"认知［J］. 中国软科学，2007（10）：68-75.

［331］Peter H. Creative cities and economic development［J］. Urban Studies，2000（4）：639-649.

［332］臧志彭. 数字创意产业全球价值链重构战略研究——基于内容、技术与制度三维协同创新［J］. 社会科学研究，2018（2）：45-54.